PRACTICAL TIPS
ON
CORPORATE LEGAL COUNSEL

公司法律顾问
实务锦囊

编委会主任/吴长生
主　编/宋朝武　李寅武　执行主编/李伟明

法律出版社 LAW PRESS · CHINA
北京

图书在版编目(CIP)数据

公司法律顾问实务锦囊 / 宋朝武，李寅武主编. --
北京 : 法律出版社，2022(2022.9 重印)
ISBN 978-7-5197-6784-6

Ⅰ. ①公… Ⅱ. ①宋… ②李… Ⅲ. ①公司法-研究
-中国 Ⅳ. ①D922.291.914

中国版本图书馆 CIP 数据核字(2022)第091463号

公司法律顾问实务锦囊
GONGSI FALÜ GUWEN SHIWU JINNANG

吴长生　编委会主任
宋朝武　李寅武　主编
李伟明　执行主编

策划编辑 朱轶佳　程　岳
责任编辑 朱轶佳
装帧设计 汪奇峰

出版发行 法律出版社
编辑统筹 司法实务出版分社
责任校对 王晓萍　王语童
责任印制 胡晓雅
经　　销 新华书店

开本 710毫米×1000毫米　1/16
印张 21.25　　**字数** 340千
版本 2022年7月第1版
印次 2022年9月第2次印刷
印刷 三河市兴达印务有限公司

地址：北京市丰台区莲花池西里7号(100073)
网址：www.lawpress.com.cn
投稿邮箱：info@lawpress.com.cn
举报盗版邮箱：jbwq@lawpress.com.cn

销售电话：010-83938349
客服电话：010-83938350
咨询电话：010-63939796

书号：ISBN 978-7-5197-6784-6　　**定价**：76.00元
凡购买本社图书，如有印装错误，我社负责退换。电话：010-83938349

编 委 会

PREFACE 序　言

英国作家狄更斯在《双城记》的开篇就写道:“这是最好的时代,也是最坏的时代”。就企业法律顾问律师而言,一方面,随着改革开放的不断深入,“市场经济就是法治经济”的观念已深入人心,这在客观上催生了广泛的企业法律顾问服务需求,因为有效的法律风险管理是保障企业在激烈的市场竞争和波诡云谲的时代格局下生存和发展的基本要素。另一方面,我国企业对于专业法律力量的重视与投入程度,包括聘请法律顾问的数量均明显偏低。2018 年的公开数据显示,我国企业中聘请常年法律顾问的有 70 多万家,仅占当年度我国企业数量的 2% 左右。以北京为例,北京 2018 年度有 160 余万家企业,而聘请常年法律顾问的企业数量仅为 4 万家左右,整体占比不到 3% 。

2017 年 7 月,北京天驰君泰律师事务所汇集本所及各地分所三十余名专职法律顾问律师和数百名各领域专业律师资源,依托中国政法大学企业法律风险管理研究中心,设立法律顾问中心,打造纯公司化运营的法律顾问服务团队。经过近五年的探索和努力,法律顾问中心已累计服务顾问单位四百余家,出具专项法律咨询意见近万份。本书正是此背景下的知识成果和智慧结晶。

法律的生命在于实践。本书作者均为法律顾问中心专职从事公司法律顾问服务的顾问律师,他们深刻理解公司法律顾问服务不仅需要“懂专业”,更需要“懂行业、懂商业、接地气、能把关”。他们也深知在帮助企业解决现实法律问题的同时,更需要引导企业做好法律风险管理的制度性设计。本书着眼于企业经营过程中的常见法律问题及其解决之道,结构设计和编写思路说明如下:

1. 全面梳理,系统性强。本书共分七章,对公司日常经营过程中普遍涉及的合同签订、劳动人事、公司治理、知识产权、合规经营、股权投资及涉诉案件应对等问题进行了系统梳理和总结。应当说,本书选取的咨询问题本身,在具有“工具箱”参考意义的同时,系统性和可读性亦较强。

2. 素材典型,针对性强。本书选取的问题和案例均具有广泛的选编基础,在兼顾解决企业实际问题全面性和实用性的基础上,绝大部分为各省市中级人民法院以上以及最高人民法院近些年审结的典型案例和判决,并结合我国《民法典》以及现行有效的法律法规、司法解释进行全面梳理和汇总。应当说,本书的针对性和实践指引价值较高。

3. 注重实务,实用性强。本书各章节中选取的咨询问题,均来自作者日常法律顾问服务实践。律师们在基于法律依据和典型案例进行答疑解惑的同时,更对公司制度建设与合规经营提出了有针对性的管理建议和意见。应当说,这些建议和意见,从企业制度建设的细处入手,对于企业预防和管控法律风险具有较强的实用和借鉴价值。

本书各章节的写作均按照法律顾问中心律师的专业侧重进行分工和安排。除相关编写人员外,法律顾问中心的王正倩、潘昊、韩香莉、高倩四位律师对本书的出版亦有贡献,在此一并表示感谢。

“路漫漫其修远兮,吾将上下而求索”!

公司法律风险管理与全面经营合规的前行之路,依然漫长和艰辛。对公司法律顾问服务的探索与努力,我们依然在路上……

是为序。

编委会主任 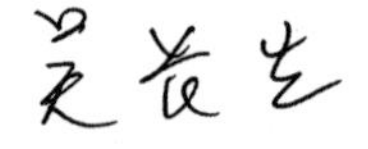

2022 年 6 月 28 日

CONTENTS 目　录

第三章 CHAPTER 3

公司治理与注销

第四章 CHAPTER 4

知产保护与反不正当竞争

第五章
CHAPTER 5

公司经营与合规

第六章
CHAPTER 6

股权投资与风险防范

第七章
CHAPTER 7

公司涉诉案件管理与应对

CHAPTER 1

第一章

合同的签订与效力

1 如何认定合同中“背靠背”条款的效力?

咨询问题 ▶▶

我公司承接建筑工程项目分包业务,在签订分包合同时,付款条件大多被约定为“背靠背”形式,即建设单位向发包方付款后,发包方再同比例向我方支付。近期,我公司承接的某项目已完成施工,但发包方以业主方还未结算为由不与我方进行结算。另据悉,发包方存在延期、消极施工等行为。

请问:该“背靠背”条款是否有效?我公司应如何应对?

律师答疑 ▶▶

“背靠背”条款(Pay When Paid/Pay If Paid)通常是指在上下游供应关系的合同中,合同一方将自己与上游采购方合同中约定的责任和义务以同样或类似的形式转移给下游供应方,以采购方给付、履约作为向供应方支付、履约的前提条件,相当于将未来合同履行的不确定性风险向下转移。该责任和义务在理论上范围不限,包括支付价款,提供货物、服务等。实践中,将支付合同价款的限制条件设置为“背靠背”条款最为常见,其中建设工程合同中工程款的支付尤为典型。工程款支付的“背靠背”条款实质上是合同一方向下分散合同风险,缓解在合同履行过程中垫资、融资压力的手段。司法实践中,对“背靠背”条款的效力存在不同的认识和判定。

一、“背靠背”条款有效论

“背靠背”条款在司法实践中被判定有效,法院主要认为,双方在签订合同时,下游供应方完全有根据自身风险承受能力决定是否签约的自由,即其有是否接受“背靠背”条款的选择权;双方在合同中约定的付款条件是其接受风险的真实意思表示。另外,在建设工程领域,由于发包方和分包方就分包工程对建设单位承担连带责任,发包方有理由对分包方的建设工作进行一定程度的监督,“背靠背”条款也正是发包方对分包方监督的方式之一。因此,有的法院已明确认可了“背靠背”条款的效力。如北京市高级人民法院《关于审理建设工程施工合同纠纷案件若干疑难问题的解答》第22条明确规定:“分包合同中约定待总包人与发包人进行结算且发包人支付工程款后,总包人再向分包人支付工程款的,该约定有效……”笔者也曾就相关案例进行检索,发现认定有效的判例在所检索的“背靠背”条款纠纷案件中占一半以上,达50.5%。但同时,大部分法院在审判中会考察提出“背靠背”条款的一方是否积极推进付款条件的成就,或是否存在阻却付款条件成就的情形。

二、“背靠背”条款无效论

(一)突破合同相对性

基于合同的相对性,“背靠背”条款涉及的合同,其各自义务原本在法律上并不关联;但这种条款的设计,在合同上下游独立的合同义务之间建立了关联,突破了合同的相对性。司法实践中,这正是有的法院对“背靠背”条款的效力不予认可的主要原因。

(二)违反公平原则

笔者在检索案例时发现,对于“背靠背”条款究竟属于法律上的“附条件”条款还是“附期限”条款,存在不同观点。有的观点认为,其属于附期限条款,因为合同一方应当付款属于确定的事项,只是期限长短的问题。尤其在建设工程领域,即使业主破产,基于建设工程价款优先受偿权,总包方最终还是可以就工程折价拍卖取得工程价款。但司法实践中同时也有观点认为其在性质上属于附条件的合同条款,在徐州基桩工程公司与江苏汉皇安装集团有限公司建设工程施工合同纠纷案①中,江苏省徐州市中级人民法院认为:“‘背靠背’条款性质上属于附条件的合同条款,即一方向另一方付款,以约定的条件成就为前提。”

可以看出,无论属于“附条件”条款还是“附期限”条款,“背靠背”条款的支付时间、成就条件均存在不明之处,有的法院认为,这种情况属于一方利用在合同中的优势地位,将另一方的权利置于未知的情形中,使其权利面临不能实现的风险,有违民事主体的平等性原则和立法精神。

(三)因约定不明视为未约定

有的法院认为,“背靠背”条款如约定不明,则视为没有约定,主张权利的

---

① 参见江苏省徐州市中级人民法院民事判决书,(2019)苏03民终25号。

一方可随时要求履行,相对方无法以“背靠背”条款进行抗辩。如认为对于合同中“发包人在收到建设人支付的本协议工程结算款后5个工作日内支付给承包人”的约定,应理解为旨在明确发包方付款的最迟间隔时间,而并非约定以“背靠背”形式支付合同款。因此,在建设单位未按期向发包方支付工程结算款的情况下,发包方不因此取得可迟延支付工程结算款的抗辩权利。[①]

三、“背靠背”条款其他观点

1. 有的法院认为,“背靠背”条款应当约定明确,如“背靠背”条款存在约定不明的情形,出于公平原则或格式条款的适用规则,应当做出有利于下游分包方即接受条款一方的解释。如并未明确表述为“建设单位不付款则总包方无须支付”的,下游分包方即可以在竣工验收后的合理期限内主张工程款。

2. 提出条款的一方不能证明自身积极推进付款条件成就的,可能无法对抗下游分包方的付款请求。法院通常在诉讼中考察提出条款的一方是否积极向建设单位主张支付货款等行为。在与建设单位产生纠纷后,应当积极寻求解决方案,不能“怠于行使权利”。如对自身的权利主张持放任态度,则可能被认定为关于尚未达到付款条件的抗辩不能成立。

3. 建设单位已支付的款项高于提出条款的一方应向下游分包方支付的款项,且提供条款的一方不能证明该款项对应的特定项目,则不能对抗下游分包方的付款请求。通常“背靠背”条款中“一方向我方付款”的前提不能扩大解释为“一方向我方支付全款”,因此,提出条款的一方如无法证明建设单位支付的款项属于其他的特定项目,则向下游分包方付款的条件即获满足。

4. 如下游分包方能证明提出条款的一方存在延期、消极怠工等阻却付款条件成就的行为,则可能视为付款条件已成就。该裁判观点援引的是《民法典》第159条的规定:“附条件的民事法律行为,当事人为自己的利益不正当地阻止条件成就的,视为条件已经成就……”实践中,有些法院将“怠于行使权利”的情形也认定为对条件成就的消极阻止。

因此,关于本咨询问题,如业主方未与发包方结算的原因是发包方怠于行使催收款项的权利,或存在消极怠工等阻却付款条件成就的行为,则发包方以“背靠背”条款进行支付抗辩更大概率上将得不到支持。

---

① 参见重庆市第一中级人民法院民事判决书,(2018)渝01民终6065号。

四、律师建议

基于以上分析，对于如何在“背靠背”条款下保护自身权利，提出如下实务建议：

（一）审慎考察提出条款一方的资信、履约能力

作为接受条款的一方，应审慎考察提出条款一方的信用和履约能力，尽量排除因其在上游合同中有过错、违约行为而导致其拒绝给付的情形。同时可以在合同中明确约定，如提出条款一方提供的产品或服务未能符合要求、存在延期履行等违约情形，该相对方不能援引“背靠背”条款来对抗另一方的支付、履约请求。

（二）行使知情权，尽量争取增设兜底条款

建设工程合同中，分包方亦可要求发包方适当披露建设单位的相关情况，自行选择、综合判断是否继续开展合作；进一步降低双方适用背靠背条款的风险。另外，在“背靠背”条款无法避免的情况下，通过谈判尽量增设兜底条款，如“付款时间不迟于货到现场后 12 个月/竣工验收后 6 个月”“两者以先到为准”等内容。

（三）积极行使自身权利

从前面的论述可知，法院认可“背靠背”条款的有效性，大部分情况会考察提出条款一方是否积极促进付款条件的成就。因此，作为发包方，要达到有效抗辩的效果，就应当提供建设单位拒付、拖欠、迟延支付的证据或已向建设单位主张或行使权利的证据（索赔申请书、签证文件、付款申请书、催告函、律师函、谈判纪要等）；另外，还应举证己方已严格履行合同的相关证据。同时，可考虑在合理期限内提起诉讼、仲裁，通过司法途径确认己方积极主张权利的状态。

而作为下游分包方，一方面，可以在签约时要求发包方提供己方与建设单位的合同复印件备查（主动要求去信息化）；另一方面，可以通过收集发包方怠于行使权利或不正当阻却付款条件成就的证据，如未及时催收、未按约定施工、工期不正当延误、被建设单位要求返工、检验不合格等的证据，证明其“不正当阻却付款条件成就”。如已了解到发包方存在延期、消极施工等行为，建议收集相关证据，证明其对付款条件成就存在不正当阻却行为。

2 怎样签订还款协议能最大限度保护债权人的利益?

咨询问题 ▶▶

我公司有数个长期合作的采购商,与我公司签有框架协议,向我公司采购货物并滚动支付货款。我公司财务制度要求当采购商未结算款项达到一定数额时,业务人员就要与采购商进行对账,并与其签订还款协议。

请问:签订还款协议有无必要?怎样签订能最大限度保护债权人的利益?

律师答疑 ▶▶

还款协议作为合作双方后期合意补充的协议,在实践中往往能够作为关键证据使用,具有重要意义,因此建议公司按照财务要求,及时与采购商协商还款协议签订事宜;但同时,还款协议作为合同双方在实际发生诉讼纠纷前一次难得的"友好"协商并行文落地的机会,存在较多需要注意的细节,只有认识其重要性,更加全面地把握,才能切实保障债权人的利益。

一、还款协议的必要性和作用

1. 降低债权人的举证难度。尤其是公司与老客户之间采用"框架协议 + 长期采购 + 下订单滚动发货"的合作形式时,采购方支付的每笔货款未必能够按照订单形成的时间顺序和金额一一对应,时间一长,双方往来收发货物及账目难免因繁杂导致分歧。适时签订还款协议能够厘清双方发货和账目情况,在未来产生纠纷涉及诉讼时,能够极大降低债权人的举证难度,提高审判效率,增加获得有利判决的概率。

2. 能够中断诉讼时效,或形成新的履约承诺,规避时效经过导致丧失胜诉权的风险。实践中经常出现由于合同当事人未及时催要,账款诉讼时效届满或即将届满的情况;如能签订还款协议,相当于债务人作出了新的履约承诺(时效经过时),或是中断诉讼时效重新计算(时效即将届满时)。值得注意的是,关于"诉讼时效期间届满",2020 年修正的最高人民法院《关于审理民事案件适用诉讼时效制度若干问题的规定》第 19 条新增了第 2 款规定:"当事人双方就原债务达成新的协议，债权人主张义务人放弃诉讼时效抗辩权的，人民法院应予支持。”《民法典》第192条第2款规定：“诉讼时效期间届满后，义务人同意履行的，不得以诉讼时效期间届满为由抗辩；义务人已经自愿履行的，不得请求返还。”此两条新增规定认为，双方当事人在诉讼时效届满后就原债务签订新的协议即视为债务人“放弃时效抗辩”；而双方如未签订新协议，但债务人单方面同意履行时，则其“不得以诉讼时效期间届满为由抗辩”。可以看出，新增规定明显强化了书面协议在时效抗辩中的作用，书面还款协议的重要性凸显。

3. 还款协议也可以充当双方原合同补充协议的角色，甚至原合同无效可能也不会对还款协议的效力产生影响。在钱某凯等诉灌云县板浦镇人民政府合同纠纷案①中，江苏省连云港市中级人民法院认为，工程挂靠承包人在工程竣工后与发包方对工程款进行结算所签还款协议有效，发包方明确拒绝履行的，构成违约。因此，相对来说更具有主导地位的债权人可以利用机会，对原合同中未明确的或不利己方的内容在还款协议中一并进行约定或变更，查缺补漏。如可在还款协议中争取变更司法管辖约定，增加违约责任、增设合同解除条件等。

二、签订还款协议的注意事项

作为债权人，应当重视并把握签订还款协议的机会，并在签订时注意以下方面：

1. 写明详细还款金额及每期还款时间。在笔者接触过的案例里，常见到客户在还款协议中以“尾款”“余款”的字样指代最后一笔还款，而在这种表述下欠款的总金额实际是不明确的，还款协议也无法起到确定欠款金额的作用。因此，还款协议中应当载明每一笔还款的具体金额。

2. 在分期还款的情况下，注意应当约定“如任意一笔款项到期未还，则视为全部欠款到期”的条款。在签订分期还款协议后，债务人往往存在消极履行、拖延还款的情形；而这通常预示着债务人支付能力较弱或支付意愿较低，剩下的分期还款履行难度加大。如未约定任意一笔到期未还即视为全部到期，则前面的欠款到期时，后期的欠款支付条件尚未达成，债权人无法以全部

---

① 参见江苏省连云港市中级人民法院民事判决书，(2000)连民初字第26号。

欠款金额主张债务人的违约责任,因此陷入被动并增加时间成本和诉讼成本。

3. 应注意避免提及或将双方合同履行中存在的其他争议事项描述在还款协议中,如双方对货物质量、验收、维修保养等方面曾提出的主张或发生的争议,以及其他可能涉及己方违约、对方要求承担责任等事项。一方面,关于这些事项的责任双方未能达成结论,沟通及解决需要花费时间成本,影响还款协议的及时订立;另一方面,这些争议的解决、责任的免除可能被债务人要求作为其还款的前提条件,反而让债权人不得不让渡一部分利益换取协议的签订。因此,还款协议的内容应尽量明确且单一。

4. 争取要求由信誉较好的第三方提供担保。但需要注意的是,与《担保法》(已失效)的规定截然不同,按照《民法典》的规定,当事人在保证合同中对保证方式没有约定或者约定不明确的,按照一般保证承担保证责任(如当事人在保证合同中约定,债务人不能履行债务时,由保证人承担保证责任的,会被认定为一般保证);对保证期间没有约定或者约定不明确的,保证期间将推定为主债务履行期限届满之日起六个月。因此,第三人提供担保的,债权人应当明确约定担保方式为连带保证,并明确约定保证期间。需要说明的是,虽然我国法律并未明确限制保证期间的上限,但根据笔者的实践经验,原则上建议约定以不超过三年为宜,即与主债务诉讼时效期间保持一致。

另需注意的是,当担保人为公司时,根据《全国法院民商事审判工作会议纪要》的相关规定,债权人应当有一定的形式审查程序来证明自身的善意:当公司为股东或者实际控制人提供关联担保时,债权人应当证明其在订立担保合同时对股东(大)会决议进行了审查;当公司为股东或者实际控制人以外的人提供非关联担保时,除非公司能够证明债权人明知公司章程对决议机关有其他明确规定,债权人应当证明其在订立担保合同时对董事会决议或者股东(大)会决议进行了审查,同意决议的人数及签字人员符合公司章程的规定。

5. 可考虑以第三人加入债务或增加债务清偿方式等途径,更大限度保障债权实现。《民法典》第 522 条中新增了债务加入制度,该制度与担保制度具有相似的制度功能,但相较之下也存在明显优势。例如,与连带保证责任的从属性不同,债务加入后形成的债的关系并非从债务关系,而是形成了新债务人、原债务人与债权人之间的单一的债务关系,且新债务人并不享有保证人拥有的、保证期间的抗辩权利。可以看出,相比保证制度,债务加入制度限缩了新债务人的抗辩范围和期限保护,对应地,债权人的权利在这一制度下更加能够得到保障。关于增加债务清偿方式，在瑞丽市宝佳房地产开发经营有限公司与云南天景房地产开发有限公司合同纠纷案①中，双方当事人在债务人逾期还款的情况下签订了《还款协议》《债务清偿协议》，其中《债务清偿协议》约定了以物抵债的还款方式。最高人民法院认为，上述以物抵债的协议如未约定消灭原有的金钱给付债务，应认定系双方当事人另增加一种清偿债务的方式，与旧债务并存，债权人既可以根据新债主张继续履行、违约责任，也可以恢复旧债务的履行。

如前面所提醒的，签订还款协议时，公司可基于原合同内容、诉讼成本等角度考虑，争取变更诉讼管辖或增设其他对己方有利的条款。但必须注意规范化表述，避免因表述不当丧失有关权利。例如，在债务加入的还款协议中，应当明确"第三人加入债务"的意思表示，而非仅表述为"由第三人还款"，使还款协议实质上成为债的转移协议，豁免了原债务人的责任。

如公司业务人员经过沟通，确无法与多次发货、滚动支付的采购商达成还款协议，且债务人支付款项时并未指定所履行的债务时，根据《民法典》的相关规定，将按照以下原则确定履行顺序：(1)债务人未做指定的，应当优先履行已经到期的债务；(2)数项债务均到期的，优先履行对债权人缺乏担保或者担保最少的债务；(3)均无担保或者担保相等的，优先履行债务人负担较重的债务；(4)负担相同的，按照债务到期的先后顺序履行；(5)到期时间相同的，按照债务比例履行。

① 参见最高人民法院民事判决书，(2021)最高法民申 1460 号。

3 手续不全会导致房屋租赁合同无效吗？

咨询问题 ▶▶

我公司将尚未获得权属凭证的房屋租赁给A公司，租赁期限至2022年6月30日。考虑权属凭证缺失可能会对A公司办理工商注册带来不便，故在签订了房屋租赁合同之后，又对房屋权属凭证获得前的租金收取等进行了约定。之后，A公司对房屋进行了较大装修。截至2022年4月，我公司因故仍未取得上述权属凭证，但租期将届满。租赁期间我公司并未实际收取A公司任何房屋租金。

请问：此种情况下，我公司到期能否正常收回房屋，要承担违约责任吗？

律师答疑 ▶▶

根据上述提及问题的背景介绍及从相关工作人员处了解到的信息，笔者将从以下几个方面作出分析：

一、房屋租赁合同效力分析

最高人民法院《关于审理城镇房屋租赁合同纠纷案件具体应用法律若干问题的解释》（以下简称《城镇房屋租赁合同司法解释》）第2条的规定："出租人就未取得建设工程规划许可证或者未按照建设工程规划许可证的规定建设的房屋，与承租人订立的租赁合同无效。但在一审法庭辩论终结前取得建设工程规划许可证或者经主管部门批准建设的，人民法院应当认定有效。"结合所提供的信息可知，租赁房屋始终未取得相关权属凭证系房屋建设不符合规划要求，未通过验收等原因所致，故此可以推断出上述提及房屋租赁合同存在被裁判机关认定为无效的风险。

二、出租人是否有权收回租赁房屋

情况一：若房屋租赁合同有效（一审法庭辩论终结前取得建设工程规划许可证或者系经主管部门批准建设），根据房屋租赁合同之约定，出租人有权在约定的租赁期限届满后要求A公司腾房。情况二:若房屋租赁合同无效,根据《民法典》第157条的规定:"民事法律行为无效、被撤销或者确定不发生效力后,行为人因该行为取得的财产,应当予以返还;不能返还或者没有必要返还的,应当折价补偿。有过错的一方应当赔偿对方由此所受到的损失;各方都有过错的,应当各自承担相应的责任。法律另有规定的,依照其规定。"出租人有权在租赁期间届满时收回租赁房屋。

除此之外,虽然因建设规划原因导致出租人一直未取得租赁房屋的权属凭证,但从相关规划许可、建设资金、土地使用权等方面基本可认定出租人对租赁房屋享有相关财产性权利。若A公司在合同无效的情况下仍然继续占有、使用租赁房屋,应属无权占有,出租人有权要求A公司进行腾退。

三、房屋租赁合同被认定无效后的法律后果

根据《民法典》第157条的规定,应根据合同双方的过错划分各自应承担的责任。(1)作为出租人,有义务保证租赁房屋本身的合法性,即出租人有权利进行出租且保证租赁房屋应符合双方签订合同所约定的用途。如果由于租赁房屋未能取得建设工程规划许可证或其他原因而导致合同无效,出租人应当承担全部或者主要责任。(2)在判断A公司作为承租人是否应承担相应责任时,应根据承租人在合同中应尽的义务去认定具体的责任。例如,承租人在租赁房屋的过程中应当尽到谨慎义务,包括但不限于要求出租人出示房屋的产权证件或审批手续,若出租人系合法转租,也应当要求转租出租人出示相应的转租权属文件。如果承租人未能尽到上述必要的审核义务,则其对于相关损失的产生也应当承担一定的责任。

具体到本文所述可能发生的争议问题,A公司在承租租赁房屋时并没有审查租赁房屋的相关审批手续等,若后续双方发生争议,向法院提起诉讼时,承办法官可根据在案的证据来判断A公司是否存在过错,若认定其存在过错,相应责任应由其自行承担。

四、出租人是否需要承担违约责任

情况一:在合同有效的前提下,因租赁期限届满、A公司已实际占有并使用租赁房屋且房屋租赁合同中并无出租人就A公司未能完成公司注册地工商登记等事宜而承担相应不利后果等约定的,通常情况下,出租人无须承担违约

责任;情况二:在合同无效的前提下,违约责任条款亦应认定为无效,出租人亦无须承担违约责任。涉及可能造成损失承担问题的,应参照上文中责任划分的相应内容进行处理。

五、出租人可否要求 A 公司支付房屋使用费

根据《城镇房屋租赁合同司法解释》第 4 条第 1 款“房屋租赁合同无效,当事人请求参照合同约定的租金标准支付房屋占有使用费的,人民法院一般应予支持”之规定,出租人可以考虑根据具体情况,参照合同约定尝试要求 A 公司支付对应的房屋占有使用费。

六、租赁房屋中装修费用的承担

《城镇房屋租赁合同司法解释》第 7 条规定:“承租人经出租人同意装饰装修,租赁合同无效时,未形成附合的装饰装修物,出租人同意利用的,可折价归出租人所有;不同意利用的,可由承租人拆除。因拆除造成房屋毁损的,承租人应当恢复原状。已形成附合的装饰装修物,出租人同意利用的,可折价归出租人所有;不同意利用的,由双方各自按照导致合同无效的过错分担现值损失。”在合同无效的情况下,若 A 公司的装修等行为已经取得出租人的同意,出租人可参照上述规定进行处理;若未取得出租人同意,则可参照该解释第 11 条“承租人未经出租人同意装饰装修或者扩建发生的费用,由承租人负担。出租人请求承租人恢复原状或者赔偿损失的,人民法院应予支持”的规定进行处理。

综上,对于房屋租赁合同内容的审查需注意以下内容:

(1)确保出租人有权利对租赁房屋进行出租,如查看房产权属凭证等,力争从合同签订前期规避可能因租赁房屋权属不清引发的潜在风险。

(2)实地查看房屋情况,确保符合房屋使用需求。

(3)确保租赁房屋上的权利负担情况不影响使用,包括但不限于是否存在抵押、居住权等。

(4)明确租赁物范围。

(5)确保租赁物的消防验收等均已合格。

(6)明确租赁期限,涉及免租期约定的,需双方对具体的时间区间进行准确描述。

(7)列明租赁物中的配套设施(可采用书面清单等形式)。

(8)明确房租的标准与支付方式。

(9)约定租金税费及其他费用承担。

(10)评估各方违约责任设置程度。

(11)约定提前解除合同的责任承担。

(12)明确合同解除或终止后的装修、装饰物归属和折价处理方案。

(13)列明转租条款(如需)。

(14)列明用于注册公司的条款(如需)。

(15)在优先购买权条款中约定具体行权情形及通知期限。

(16)约定明确的租赁发票的开具条件及情形(如需)。

作为出租人,更要以上述基础条款内容为参考,在关注承租人义务内容的同时,兼顾双方权利义务内容的公平性与合理性,依约履行己方义务,为双方顺利履约、减少争议发生的概率提供有利条件。

4 电子签名的文件，能否作为有效证据使用？

咨询问题 ▶▶

最近，我公司的某客户要求与其订立的合同、订单等交易文件，均需在某第三方电子签章服务平台上完成签署。但双方在合同、订单等文件上加盖的均为电子签名，而非传统纸质合同签章。

请问：如果双方产生合同争议，加盖电子签名的文件，能否作为有效的证据在诉讼中使用？如果对方不认可文件真实性，我公司如何举证？

律师答疑 ▶▶

电子印章技术是以先进的数字技术模拟传统实物印章，其管理、使用方式符合实物印章的习惯和体验，其加盖的电子文件具有与实物印章加盖的纸张文件相同的外观、相同的有效性和相似的使用方式。电子印章产品目前在实务中运用的范围也越来越广泛，可实现电子财务对账、业务报价、投递电子标书、异地合同确认等。尤其是异地合同的确认，当所签文件量较大时，使用电子文档可节省大量纸张、印油、快递、装订、人工等费用，合同确认往来仅需数秒；而电子印章解决了电子文档的签字盖章问题，提高了办事效率，大大降低了企业的办公成本。但如果当事人因通过电子签名订立的合同产生争议，这些合同在司法程序中，是否仍然可以具备与传统纸质合同同样的法律效力呢？当满足法律规定的特定条件时，答案是肯定的。

一、电子签名的效力及适用范围

《民法典》第469条第3款明确规定，以电子数据交换、电子邮件等方式能够有形地表现所载内容，并可以随时调取查用的数据电文，视为书面形式。《电子签名法》第14条亦规定，可靠的电子签名，与手写签名或者盖章具有同等法律效力。在劳动人事领域，人力资源和社会保障部办公厅在《关于订立电子劳动合同有关问题的函》中，更是明确了一旦用人单位能够保证电子劳动合同的生成、传递、储存等满足《电子签名法》等法律法规规定的关于电子签名可靠性的要求，确保其完整、准确、不被篡改，则电子劳动合同一经签订即对用人单位及劳动者具有法律约束力。

结合上述法律规定，“可靠的电子签名”需同时满足以下条件：(1)锁定签名主体真实身份，仅能由电子签名人所控制；(2)签署时电子签名制作数据仅由电子签章人控制；(3)签署后对电子签章的任何改动能够被发现；(4)签署后对数据电文内容和形式的任何改动能够被发现。

目前禁止使用电子签章的范围包括：涉及婚姻、收养、继承等人身关系的；涉及土地、房屋等不动产权益转让的；涉及停止供水、供热、供气、供电等公用事业服务的。至于其他领域，目前并无法律明文规定禁止适用电子签章。

二、电子签名服务提供商的资质审查

电子签名属于商用密码产品，根据我国《商用密码管理条例》的相关规定，第三方服务商应取得由国家密码管理局颁发的证书，如商用密码产品型号证书、商用密码产品销售许可证、商用密码产品生产定点单位证书，或取得具备上述资质的机构之授权。

目前市面上的电子签名服务提供商，如法大大、e签宝、上上签等，所提供的电子签名文件的效力，已在较多的司法判例中被法院或仲裁机构认可，尤其是在互联网金融、电子商务以及快递物流等领域。该等第三方平台通过用户身份实名认证、数字证书以及签名验证等方式，确保平台上生成的电子合同可以不被伪造或篡改，确保文件的完整性、准确性以及签名的真实有效性。某种程度上，电子合同的效力甚至高于传统的纸质盖章合同。

而对于境外电子签名服务提供商生成的电子合同的法律效力，实务中存在一定的争议。目前使用较多的境外电子签名服务提供商有 DocuSign 及 Adobe EchoSign，这类平台的用户以外资企业居多。以 DocuSign 平台的签名流程为例，通常由该平台的注册用户向另一方签字人的邮箱发送相应的签名链接，签字人点击链接即可转换至该平台阅览待签字的文件，签字人在平台上点击签署后，平台会自动生成电子签名并将签字后的文件回传给发送方，最后 DocuSign 平台还会生成一份文件签署情况说明。一般而言因签字人的邮箱，应仅能由签字人所控制，同时该平台上生成的文件和电子签名也无法被任意篡改，所以，理论上，Docusign 平台上生成的电子签名属于“可靠的签名”。但实务中，在该类平台上签署的电子文件，却出现了不被法院认可的情况，原因在于相关法院认为 Docusign 作为电子签名服务提供商，未能取得国内主管部门许可，不具备在我国境内开展电子签名认证的合法资格，或认为 Docusign 未提供相应的身份认证服务。

在北京新聚思信息技术有限公司（以下简称聚思公司）与马某、耨某劳动争议案[①]中，用人单位聚思公司以严重违纪为由单方解除了与员工马某的劳动合同关系。为证明其单方解除行为合法，聚思公司举示了曾通过 DocuSign 平台向员工马某送达公司相关规章制度的证据，由员工马某在该平台上签署确认。但在双方的劳动争议诉讼中，北京市第一中级人民法院未认可在该平台上生成的电子文件之效力，该院认为，DocuSign 未在中国注册，且未取得中国国务院电子信息产业主管部门颁发的电子认证许可证书，不具备在中国开展电子签名认证的合法资格，对其出具的认证的真实性不予认可。DocuSign 的认证表明"安全级别：电子邮件，账户身份验证（无）"，可见该电子签名并未进行账户身份验证，不可能是可靠的电子签名，对其真实性不认可。最终，法院判决聚思公司属于违法解除劳动合同，并应承担相应的经济赔偿金。

可以看出，相比境内的电子签名服务提供商，法院对境外电子签名服务提供商的审查意见具有一定的不确定性。如需批量签署业务及劳动人事相关合同，笔者建议先做进一步观察。

此外，一般情况下，笔者不建议选择由另一方当事人自行开发（或委托第三人开发）的平台来签署电子合同，原因在于一旦该方当事人在平台后台删除相关数据电文，而诉讼或仲裁中该方当事人否认该等数据电文的真实性（否认真实性的情况下，该方当事人必然不会配合出具任何技术验证报告），则己方可能无从证明双方之间电子合同的真实性。

三、司法程序中的举证责任分配

由于加盖电子签名的合同体现的形式与"复印件"的形式无异，肉眼难以鉴别签名的"真实性"。故司法实践中，提出主张的当事人一方负有证明"电子签名可靠性"的举证责任。例如，以金融机构为出借人的借款合同纠纷，出借人在诉讼或仲裁程序中，一般会委托生成电子签章的第三方平台，就签章真实性、签名者身份信息的有效性、文件是否被修改、哈希值校验结果等事项出具

---

① 参见北京市第一中级人民法院民事判决书，(2016)京01民终726号。

相应的电子合同验证报告。而法院或仲裁机构通常会结合该等验证报告来判别电子签名的可靠性以及电子合同的真实性,从而认定该等电子合同是否对签章主体双方产生法律约束力。

基于电子合同纠纷的司法程序中举证责任之分配原则,笔者建议公司在选择电子签名服务提供商时,除了解其服务商资质外,也应进一步确认如下信息:服务提供商对电子数据的储存功能、储存期限及安全性等问题的责任承担范围;服务提供商是否提供附加法律服务,尤其是使用电子签章的合同发生争议时,服务提供商是否配合提供认证文件、技术验证报告,或配合司法鉴定等。

5 电子合同和电子签章的法律效力如何？怎样进行风险防范？

咨询问题 ▶▶

我公司为特定工业行业设备、备件生产和贸易厂商，日常业务中存在大批量的供货订单和协议，因纸质订单和协议数量较多，保管难度大，存在丢失、毁损等情况，且纸质文件快递寄送成本较高，我公司考虑采用相关方建议的电子签约模式。

请问：电子签约模式中，电子合同和电子签章存在哪些风险？又该如何防范？

律师答疑 ▶▶

电子合同相较于传统的纸质合同，在签署、管理等方面更加高效便捷，解决了纸质合同存在的管理不便、异地签署成本高、潜在风险大等问题。当下，电子合同基于技术的成熟和完善，逐渐成为公司签约的重要方式之一，其推广和应用也得到越来越多公司的认可。但电子合同如何签署才能确保有效，是很多公司在考虑该种签约方式前的疑问。

基于非面对面的技术性辅助签约方式，电子合同涉及电子签章、数字证书、时间戳、电子存证等技术手段问题。商务部发布的《电子合同在线订立流程规范》规定，有效电子合同需采用第三方电子合同订立系统进行签署，并由第三方存证机构进行存证。

一、电子合同的效力

电子合同是以数据电文为载体，并以一定技术性手段辅助形成的书面合同，受《民法典》《电子签名法》等法律调整。电子合同的法律效力来自签署过程的真实性和签署结果的不可篡改性。签署人具备相应的民事行为能力、相关签署主体意思表示真实，以及签名和签名时间形成过程真实有效，均为电子合同有效的关键要素。

1. 合同双方当事人可以约定采用电子签名，真实且均有真实性鉴定可能性的电子签名与手写签名或者盖章具有同等的法律效力。

2. 生成、储存或者传递数据电文方法可靠、内容保存完整、可鉴别相关签署主体的电子合同可以作为合法证据。

二、电子合同的订立

根据《电子签名法》第 5 条的规定,能够有效地表现所载内容并可供随时调取查用,能够可靠地保证自最终形成时起内容保持完整、未被更改,视为满足法律、法规规定的原件形式要求。

1. 电子合同须通过第三方电子合同平台来签订。

基于电子合同的形成和保管对于合同所载内容有效性的重要性,一般建议在第三方电子合同平台签订电子合同。第三方电子合同平台提供包括支持安全、可验证的电子签名及存储备份电子合同两方面的服务,因此其须同时拥有制作电子签名及信息系统安全保护两方面的资质及认证。

(1)电子签章制作单位应持有商用密码产品生产定点单位证书及商用密码产品销售许可证,制作的电子签章产品应包含在商用密码产品销售许可证列明的产品类型范围内。

(2)电子签章制作单位通过公安部信息安全产品检测中心的检测,并持有计算机信息系统安全专用产品销售许可证。

(3)第三方电子合同平台应当持有信息系统安全等级保护备案表和符合相应技术标准的信息安全管理体系认证证书。

2. 签署主体需要通过前期向第三方电子合同平台进行身份登记及签署当时的安全登录方式来完成签署双方主体的身份验证工作。

3. 合格有效的电子合同应可以下载和验证,并可出具验证报告,保证用户的利益和知情权。

三、电子签章模式法律效力的认定

(一)电子签章相关法律规定和司法认定

根据《电子签名法》第 3 条、第 13 条以及第 14 条的规定,符合一定条件的电子签名或签章与传统的手写签名或盖章具有同等法律效力。同时,笔者检索了公司租赁电子合同签约平台合作方深圳法大大网络科技有限公司关于电子签章及线上签约的涉诉案件,从现有结果来看,“法大大”系统内的协议的法律效力以及该线上电子签署模式均得到了裁判机构的一致认定。

（二）上传公司信息至平台

根据《电子签名法》第20条、《电子认证服务管理办法》的规定，电子认证服务提供者需要依法对电子签名人的身份进行查验，并对有关材料进行审查。电子签名人应提供真实、完整和准确的信息。因此，上传必要的相关公司信息，是进行电子签约必需的环节。

（三）电子签章合作模式的风险

电子签章合作模式存在的风险，主要有以下三点：

1. 身份认证阶段被冒用：他人使用公司的单位信息注册平台账户。

2. 签署验证阶段被冒用：他人使用公司已经注册完毕的电子签章进行签约。

3. 认证机构失信：此为非常极端的情形，在这种情形下，认证机构及相关签署方可能伪造、冒用电子印章，公司在该平台电子签章里的信息将无法被信赖。

以上三种情形中，第1种和第2种尚可通过公司自身降低风险产生的可能性，如注意保存重要证件及其信息、避免告知他人密码及验证码，以避免出现冒用身份、盗用账号的机会；第3种情形则需要政府监管、认证机构和平台的内部管理，并非公司可以控制的因素。

《电子签名法》第3条规定："民事活动中的合同或者其他文件、单证等文书，当事人可以约定使用或者不使用电子签名、数据电文。当事人约定使用电子签名、数据电文的文书，不得仅因为其采用电子签名、数据电文的形式而否定其法律效力。前款规定不适用下列文书：（一）涉及婚姻、收养、继承等人身关系的；（二）涉及停止供水、供热、供气等公用事业服务的；（三）法律、行政法规规定的不适用电子文书的其他情形。"

第13条规定："电子签名同时符合下列条件的，视为可靠的电子签名：（一）电子签名制作数据用于电子签名时，属于电子签名人专有；（二）签署时电子签名制作数据仅由电子签名人控制；（三）签署后对电子签名的任何改动能够被发现；（四）签署后对数据电文内容和形式的任何改动能够被发现。当事人也可以选择使用符合其约定的可靠条件的电子签名。"

第14条规定："可靠的电子签名与手写签名或者盖章具有同等的法律效力。"

四、电子劳动合同的订立和规范

2021 年 7 月 1 日，人力资源和社会保障部办公厅发布《电子劳动合同订立指引》，明确指出，电子劳动合同应用需要通过电子劳动合同订立平台，确保电子劳动合同信息的订立、生成、传递、储存等符合法律法规规定，满足真实、完整、准确、不可篡改和可追溯等要求。

电子劳动合同，是指用人单位与劳动者按照《劳动合同法》《民法典》《电子签名法》等法律法规的规定，经协商一致，以可视为书面形式的数据电文为载体，使用可靠的电子签名订立的劳动合同。依法订立的电子劳动合同具有法律效力，用人单位与劳动者应当按照电子劳动合同的约定，全面履行各自的义务。

电子劳动合同的订立需要注意：

1. 电子劳动合同信息的管理、调取和应用要符合《网络安全法》《互联网信息服务管理办法》等法律法规，不得侵害信息主体合法权益。

2. 电子劳动合同订立平台及其所依赖的服务环境，要按照《信息安全等级保护管理办法》第三级的相关要求实施网络安全等级保护，确保平台稳定运行，提供连续服务，防止所收集或使用的身份信息、合同内容信息、日志信息泄露、篡改、丢失。

3. 电子劳动合同订立平台要建立健全电子劳动合同信息保护制度，不得非法收集、使用、加工、传输、提供、公开电子劳动合同信息。

4. 未经信息主体同意或者法律法规授权，电子劳动合同订立平台不得向他人非法提供电子劳动合同查阅、调取等服务。

针对电子合同和电子签约，公司需要注意的是，在设计整体数字化系统架构时，需要提前做好规划，与外部电子签约平台进行互动。从指引的方向来看，政府将来也会有进一步利用外部平台大数据来提升政务效率的趋势。有了外部存储的电子劳动合同，在获取相关权限的前提下，政府在办理老百姓的落户、社会保险、退休等事务时可能就再也不用员工提供劳动合同了，避免了现在要验证纸质合同，或者劳动合同丢失所引发的一系列问题。

6 业务人员签订买卖合同时应当如何把握？

咨询问题 ▶▶

我公司有的合作方要求以其提供的模板签订业务合同，有的合作方比较强势，合同调整余地较小。有时合作方不回传合同原件，要求用扫描件、传真件的方式签订合同。

请问：业务人员签订这种对方提供的合同时应当如何整体把握？可否以扫描件、传真件等方式签订合同？

律师答疑 ▶▶

对公司而言，每一份合同、每一笔业务的沟通、开拓和实际落地，其背景和内在需求都存在区别，需要结合双方的商业地位、交易流程、商事惯例、风险偏向来确定合同具体内容，选择最适合的签署方式。因此，并不存在完全适配某一类交易关系的模板合同。但当双方的合作已经进入合同签订前的谈判阶段，业务人员把握合同的重点，实际是把握相对方的履约能力，并在“签单”和“防范合同风险”之间寻找平衡点。具体而言，可以试着从合同签约背景、合同内容、合同形式等方面来综合把握。

一、合同签约背景

在合同签订前，业务人员首先需要对相对方，尤其是没有合作过的相对方进行资质、信誉等方面的背景考察。一方面，应明确签约代理人是否具有代理权限、是否具有真实且完备的代理手续等；另一方面，要了解签约企业的资信情况，用以衡量对方的履约能力和风险承担能力。关于代理权限，虽然法律规定了表见代理制度，但其通常在被代理人存在疏于管控代理权等过错的情况下，才发生合同权利义务关系及于被代理人的情形，否则并不会产生表见代理的法律效果。

2020 年 6 月 29 日，深圳市腾讯计算机系统有限公司（以下简称腾讯公司）对贵阳南明老干妈风味食品销售有限公司及贵阳南明老干妈风味食品有限责任公司(以下统称老干妈公司)价值1624.06万元的财产申请保全一案,引起广泛关注。次日,老干妈公司用两个“从来”进行了回应:从来未与腾讯公司签署过合作协议,从来未与腾讯公司进行过任何商业合作,并且表示已经向警方报案。该案的起因正是某犯罪团伙涉嫌伪造老干妈公司印章,且冒充老干妈公司的工作人员与腾讯公司签订市场推广协议。这里引出一个问题,即假章签订的合同是否一定无效?《全国法院民商事审判工作会议纪要》第41条规定,人民法院在审理案件时,应当主要审查签约人于盖章之时有无代表权或者代理权,从而根据代表或者代理的相关规则来确定合同的效力。由此可见,合同是否有效并不以公章真假为绝对、唯一的判断依据,而最终还是会回归到对签约人代理权限,即是否构成表见代理的考察上来。

关于公司的资信情况,则建议公司业务人员在签约前,先在公开渠道(如企业信用信息公示系统、裁判文书网、中国执行信息公开网等)初步了解相对方的基本信息及司法涉诉、执行、质押冻结、行政处罚、舆情等信息。涉及重大交易的,不排除采取现场实地考察的方式进行调研。如果属于必须具备特殊资质才能从事相关行业、提供服务的,如与医药、危废处置、建设工程、鉴定等行业的公司合作时,在签约前必须考察其是否具备相应资质,以及资质是否在有效期限内,否则双方签订的合同将面临被认定为无效的风险。

二、合同内容

有关合同内容方面的把握,主要在于对合同重要条款的审查和完善。笔者建议,对合同中下列条款应当重点权衡,把握其合理性,包括付款条件、检验异议期、质保、违约责任、合同约定解除条件、管辖、送达条款等。当然,买卖双方因合同义务和出发点不同,对相关条款重要性的偏向也不同;如作为卖方,会更注重付款条件、检验异议期、质保期及质保金条款,买方则更注重供货、检验、质保条件、合同解除条件等约定。值得注意的是,2020年9月1日施行的《保障中小企业款项支付条例》对机关、事业单位和大型企业采购货物、工程、服务支付中小企业款项等事项作出了规定,要求上述单位不得要求中小企业接受不合理的付款期限、方式、条件和违约责任等交易条件,也不得违约拖欠中小企业的货物、工程、服务款项;并在结算付款时间、投标保证金、融资担保、逾期利息等方面,对保障中小企业利益做出了保护性规定。条例还规定,中小企业与机关、事业单位、大型企业订立合同时,应当主动告知其属于中小企业。

这一规定可为与机关、事业单位和大型企业开展合作的中小企业在合同内容的起草上提供重要参考,即应在合同中明确自身中小企业的地位,可以根据相关规定获得倾斜性保护。

送达条款属于重要但常常被公司和业务人员忽视的内容。送达条款,即在签订业务合同时对双方发送往来函件的地址、沟通形式、发出后视为送达的时间等约定明确,并明确涉及诉讼或仲裁时也按约定地址、方式进行送达。最高人民法院《关于进一步加强民事送达工作的若干意见》规定,当事人拒绝确认送达地址或故意躲避、规避送达的,如当事人在诉讼所涉及的合同中对送达地址有明确约定的,法院即可以约定的地址为送达地址。鉴于此,在合同中约定明确送达条款,对完成司法送达、省略公告送达周期有重要意义。虽然在司法实践中,仍有法院在合同已约定了送达地址的情况下坚持完成公告送达的程序;但在合同中约定送达条款并不会增加合同的签订成本,也能在较大概率上节省原告时间,缩短诉讼进程。

三、合同形式

民事法律关系中合同订立的形式向来不拘泥于书面,以口头或其他方式订立的合同的效力也同样得到法律认可。这体现了民法的开放性,亦是合同自由原则的反映;但因为交易的多样性和复杂性,在公司商事关系中仍以书面合同的形式为要。而对书面形式的选择,在具体的业务关系中也可以存在区别。如在零散交易、款到发货、标的额小的明显风险可控的业务中,可以简易订单、电子合同等“短平快”的形式签订合同,目的是高效交易;而在大额交易、分期付款的业务中,当然应尽量以签订完善、规范的书面合同为方向,结合双方的交易地位及商业目的,平衡合同内容;如果是长期交易、滚动发货的合作形式,则可以采取“框架合同 + 订单”的方式,将合同目的、双方权利义务等内容约定在框架合同中,实际采购时只需以订单形式列明产品型号、数量、供货时间等简易信息,即可简明、高效地开展交易。

在长春市腾新电气有限责任公司与东北变压器集团齐齐哈尔变压器有限责任公司买卖合同纠纷案[①]中,黑龙江省齐齐哈尔市中级人民法院认为,以传真件、扫描件等方式签订的合同,其效力仍然受到法律保护,但传真件、扫描件

---

① 参见黑龙江省齐齐哈尔市中级人民法院民事判决书,(2011)齐商三终字第 52 号。

因为其形式欠缺,通常不能作为孤证存在,需要有其他证据证明其真实性。如双方往来沟通函件、发货单、签收单、付款记录等信息,如果能够与合同内容对应,形成能够证明交易关系的证据链,则可以得到真实性的认定。值得一提的是,上面所列举的证据,也同样是在交易双方没有书面合同的情况下,法院认定合同关系的证据。最高人民法院《关于审理买卖合同纠纷案件适用法律问题的解释》第 1 条规定:"当事人之间没有书面合同,一方以送货单、收货单、结算单、发票等主张存在买卖合同关系的,人民法院应当结合当事人之间的交易方式、交易习惯以及其他相关证据,对买卖合同是否成立作出认定。对账确认函、债权确认书等函件、凭证没有记载债权人名称,买卖合同当事人一方以此证明存在买卖合同关系的,人民法院应予支持,但有相反证据足以推翻的除外。"

在交易中,有时公司会遇到较为强势的合同相对方,要求签订由其提供的模板合同,且不予协商,不接受任何修改。实际上,这类合同对于合同相对方而言也并非完全有利。因为这类合同通常为对方以重复使用之目的预先拟定的格式合同,按照《民法典》的有关规定,提供格式条款一方应当遵循公平原则确定双方的权利和义务,并按照另一方的要求,对相关条款予以说明。提供格式条款一方如未履行提示或者说明义务,致使另一方没有注意或者理解与其有重大利害关系的条款的,则另一方可以主张该条款不成为合同的内容。同时,提供格式条款一方对已尽合理提示及说明义务承担举证责任。当格式条款存在不合理地免除或者减轻提供该条款一方的责任、加重对方责任、限制或者排除对方主要权利的,该格式条款无效。另外,公司应注重后期的合同管理,加强合同履行中的证据保存和固定,也能极大地降低交易风险。

7 假印章签订的合同是否有效?

咨询问题 ▶▶

2019 年 10 月 20 日,我公司与 Y 公司签署了施工合同,约定由 Y 公司承包某工程。我公司已按照合同约定向 Y 公司支付了 80% 工程款,因 Y 公司施工工程存在瑕疵,我公司未进行结算,现 Y 公司起诉我司支付合同尾款,并提供了加盖我公司印章的验收合格书作为证据。然而,经核实我公司并未对该验收合格书加盖印章。

请问:我公司应该如何举证证明该验收合格书上印章并非我公司印章?

律师答疑 ▶▶

一般认为,公司印章是公司法人人格的象征和外化表现形式,印章的持有人在文件上加盖公司印章的行为,一般情况下会被推定为公司作出的真实意思表示。然而,印章真实不等于协议真实。如公司确未加盖印章,则存在印章遗失、被盗取、被抢夺或被伪造的情形,又或者存在未经公司授权的人加盖的情形。故就本咨询问题而言,若该公司能证明验收合格书上加盖的印章系伪造、盗用,或加盖印章的人不具有代理权且对 Y 公司不构成表见代理,则本咨询问题中的验收合格书对该公司不产生法律效力,即能证明支付条件未成就。

该公司与 Y 公司的争议焦点在于工程结算,所咨询的验收合格书的效力,仅为 Y 公司证明其施工工程符合结算条件的证据之一,除该份证据外,还需根据本案公司未能结算的具体缘由及合同约定的具体情况分析。

一、印章不真实

《民法典》第 490 条第 1 款规定:“当事人采用合同书形式订立合同的,自当事人均签名、盖章或者按指印时合同成立……”一般情况下,加盖印章会被推定为公司真实意思表示,如无其他约定生效情形的,合同自当事人签名或盖章后即生效。但在日常的民商事活动中,存在印章遗失、被盗取、被抢夺或被伪造的情形。发生类似情况后,公司需注意核查验收合格书中的印章是否真实。一般而言，判断印章是否真实需借助司法鉴定，司法鉴定会从文字、印章形成时间等方面加以鉴定。在申请司法鉴定前，公司可根据加盖的印章状态作出初步判断，主要包括：(1)加盖的印章是否与公司印章完全一致，如印章是否为公司现行使用的印章、印章是否有瑕疵等情况；(2)公章加盖与文字形成的先后顺序，根据文件形成的习惯，一般为形成合同内容后双方分别加盖印章，在此种情况下，应当为“红压黑”，而如存在“黑压红”情形的，该证据存在瑕疵的可能性较大；(3)审查验收合格书中的具体内容是否与公司管理等事实相符。

二、印章真实、合同不真实

虽然在一般情况下，如印章真实则推定合同内容真实有效，但若有足够的证据证明加盖行为并非公司真实意思表示，即使公司印章真实，法院仍可否定合同真实性，此情况即为“印章真实、合同不真实”。

《全国法院民商事审判工作会议纪要》明确，法院在审理盖章行为的法律效力纠纷时，应当主要审查签约人于盖章之时有无代表权或者代理权，从而根据代表或者代理的相关规则来确定合同的效力。该纪要明确了法院对合同效力的审查“看人不看章”的审理思路，而不是“唯章而论”。在刘某军与焦作市政工程建设集团有限公司（以下简称焦作市政公司）民间借贷纠纷案①中，四川省高级人民法院认为，证据显示“焦作市政公司在项目实施过程中，其加盖的印章既有有‘不得用于签定合同’字样的情形，也有无‘不得用于签定合同’字样的情形。同时××对外公示的身份是项目部副经理，××将修建甘青大桥的履约保证金票据交由出借人刘某军持有，以上事实足以使刘某军相信××的行为代表项目部，并将款项用于项目。焦作市政公司对××对外借款的授权虽然不明确，但××的行为已经构成表见代理”。

如经查验印章真实，还可核查加盖印章的人是否有代理权限，如能够证明加盖印章的人无权代理，且相对方明知加盖印章的人没有代理权限的，验收合格书对公司不发生效力。

因法定代表人与其他授权代表的权利来源不同，法定代表人的权利来源系根据法律规定，而其他授权代表的权利来源为被代理人出具的授权委托文

---

① 参见四川省高级人民法院民事判决书，(2014)川民终字第368号。

件或职务代理，故对法定代表人与其他授权代表是否有代理权的判断，需根据盖章人的不同进行分析，具体为：

1. 如加盖公章的人为法定代表人，除对外提供担保等法律对其职权有特别规定的情形外，一般均认为法定代表人有代理权限，其代表公司所实施的行为产生的法律后果由公司承担。

2. 如加盖公章的人为除法定代表人之外的授权代表，需审查其是否具有相应授权权限的书面文件。除此之外，还需注意判断对相对方而言其是否构成表见代理，即如果加盖印章的人或公司的行为足以使相对方相信加盖印章的人或公司具有代理权，该加盖印章的代理行为发生与有权代理同样的法律后果，即使公章为假，合同亦有效，公司应受合同拘束。

司法实务中，法院认定"印章真实、合同不真实"将否定一般判断，故其审查标准高于"高度盖然性"。对此，法院一般从形式、内容等方面对合同进行全面审查，如认定合同在形式上存在严重瑕疵，内容违背基本的逻辑或交易习惯且无法合理说明，以及合同相对方有接触使用公章的高度便利性等情况的，法院将否定合同的效力，该处证明难度极大。如本咨询问题所述情况属于该种情形，该公司将承担更大的举证责任，具有更大的诉讼风险。

三、律师建议

最高人民法院《关于在审理经济纠纷案件中涉及经济犯罪嫌疑若干问题的规定》第5条规定，行为人盗窃、盗用单位的公章、业务介绍信、盖有公章的空白合同书，或者私刻单位的公章签订经济合同，骗取财物归个人占有、使用、处分或者进行其他犯罪活动构成犯罪的，单位对行为人该犯罪行为所造成的经济损失不承担民事责任。但如单位有明显过错，且该过错行为与被害人的经济损失之间具有因果关系的，单位对该犯罪行为所造成的经济损失，依法应当承担赔偿责任。

根据前述规定及分析，公司印章是公司法人人格的象征和外化表现形式，是公司法律风险防控的一个重要组成部分，如公司对印章管理不严，除可能给公司本身造成损失外，还存在对其他第三方赔偿损失的风险。司法实践中，一般会被认定存在明显过错的常见情形包括：伪造印章知情、长期多枚公章共存、使用过假章签订其他合同等。公司对印章的管理主要为制度建立及落实，具体如下：

1. 建立健全印章管理制度。印章的刻制、保管、使用、挂失等的相关制度，包括确认印章管理人、确立管理原则、用章审批流程及原则等。

2. 公司在确定印章保管人时应当尽量避免采购人员或销售人员，法定代表人印章与财务专用章也应当分开保管。

3. 保管人在管理印章时，应当具备风险防控意识，严格对印章的用途、去向、使用人做好相关记录。

4. 严禁将印章外借、外带，必须外带时须按照规章制度，做好登记并经公司领导签同意书，并指定监印人陪同。

5. 印章被抢、被盗、丢失等需要重新制作的，应当及时在所在地省级以上公开发行的报刊上声明原印章作废，并办理印章注销登记。

6. 发现印章被仿冒、伪造要及时报案，并在所在地省级以上公开发行的报刊上澄清说明，以免被追究民事责任。

综上，关于印章效力的判断较为复杂，需要根据印章真实性以及公司日常管理进行判断。根据笔者的实务经验来看，如出现合同上加盖的公司印章为真，但合同内容并非公司的真实意思表示的情形，一般是公司对印章管理不善，其他人擅自使用公司公章、对外提供加盖公司印章的空白合同书等不规范行为导致的，该种情形容易被认定为构成表见代理或存在重大过错等，公司面临的诉讼风险较大。另外，具体到题述问题，虽仅提及验收合格书中的印章效力如何判断，但主要争议焦点还涉及工程是否具有结算条件、公司是否应当履行结算义务等问题，针对工程结算相关问题的分析还需结合双方签订的合同以及施工具体瑕疵情形进行具体分析。

8 当前形势下的新冠肺炎疫情,能否被认定为不可抗力?

咨询问题 ▶▶

我公司长期从事进出口贸易,从国外原厂进口货物后再销售给国内的客户,交期有时会受到货物原厂所在国家或地区的一些疫情管控措施或其他客观不可控制因素的影响。

请问:新冠肺炎疫情从暴发至今已经2年多的时间了,现在是否仍然可以被认定为不可抗力?如果不属于不可抗力,是否属于情势变更?

律师解答 ▶▶

一、新冠肺炎疫情能否被认定为不可抗力

《民法典》第180条吸收了《合同法》(已失效)第117条关于不可抗力的定义,即构成不可抗力需同时满足“不可预见”“不能避免”“不能克服”这三个条件。虽然新冠肺炎疫情已经发生了一段时间,在国内已逐步被控制,疫情本身难以定性为“不可预见”;但就目前全球的疫情发展态势来看,新冠肺炎疫情在国外多地仍未能得到有效控制,甚至在个别国家呈爆发性增长的趋势,世界卫生组织更是预测此次疫情将会成为全球范围内的长期大流行病。也就是说,无论是国内还是其他国家或地区后续所采取的管制措施,仍具有一定的不可预见性,也较难有效地避免和克服,尤其是对涉外贸易而言,该等管制措施的“不可预见”程度显然会更高。

由于法律并不会对构成“不可抗力”的事件进行逐一列举,笔者建议可以在合同中明确将我国及其他国家或地区因新冠肺炎疫情已经并将持续采取的多项管制措施,约定为一种“不可抗力”,且供方将免于承担因其导致的延迟交货、履行服务的违约责任。但也必须提请注意的是,该条款能否最终让供方免责,还是在于供方是否能够证明,我国或其他国家或地区因新冠肺炎疫情所采取的防疫措施直接、根本地阻却了合同的正常履行。

二、新冠肺炎疫情能否被认定为情势变更

《民法典》第533条在最高人民法院《关于适用〈中华人民共和国合同法〉若干问题的解释(二)》(已失效,以下简称《合同法司法解释(二)》)第26条的基础上,进行了吸收以及部分变更,适用情势变更原则的前提为"合同成立后,合同的基础条件发生了当事人在订立合同时无法预见的、不属于商业风险的重大变更"。较之于《合同法司法解释(二)》的规定,《民法典》将"不可抗力因素"造成的重大变更,也纳入了情势变更的审查范围。也就是说,即便新冠肺炎疫情及其相应的管制措施具有"不可抗力"性质,但如果其导致当地原材料、生产或用工成本大幅上涨,继续按原合同价格供货对供方已明显不公平的,供方是可以援引情势变更原则主张变更或解除合同的。

但经检索目前已生效的与新冠肺炎疫情相关的案例,实务中支持新冠肺炎疫情所带来的经济下行效应属于情势变更的情况非常少见。在北京梯影传媒科技有限公司(以下简称北京梯影公司)与中扶东岳有限公司(以下简称中扶公司)合同纠纷案[①]中,北京梯影公司认为疫情属情势变更,如继续履行其与中扶公司的合同将对梯影公司明显不公,从而主张减免部分应付合同款项。但北京市第三中级人民法院认为:"……疫情及其防控措施对涉案合同的自身履行并不存在难以克服的直接障碍。梯影公司所强调的合同履行困难主要指的是疫情背景下所引发的短期内经济下行所导致的客户广告需求减少、广告行业收入减少等经营方面的问题,但梯影公司并未在审理期间对自身受到的影响程度、与本案合同有关的客户合同等情况向法院提供充分的证据,从原因力分析,梯影公司所称的影响主要系对自身经营状况的影响,并不必然导致涉案合同的无法履行,在未能就合同解除或变更与相对人协商一致的情形下,一审法院未支持梯影公司要求解除合同的请求并无不当,本院对梯影公司要求减免费用的请求亦难以支持。"可见,司法实践中,对于情势变更原则的把控仍然比较严格,疫情引发的经济下行和履约成本上涨等问题,并不必然构成情势变更,受影响的一方证明由此导致合同基础条件发生重大变化的举证难度也是比较高的。

---

① 参见北京市第三中级人民法院民事判决书,(2021)京03民终6690号。

三、情势变更情形下先行协商的前置要求

《民法典》第533条中,引入了当事人继续协商的提倡性规定,即"受不利影响的当事人可以与对方重新协商;在合理期限内协商不成的,当事人可以请求人民法院或者仲裁机构变更或者解除合同",通过鼓励当事人继续协商谈判以达到鼓励交易这一立法目的。但我们也可以看到,《民法典》并没有对当事人应在何时提出继续协商、如怠于继续协商应承担的不利后果进行明确规定。也就是说,合同中即便约定当事人怠于协商时另一方当事人有权单方调整合同价格,该等条款可能也难以发生强制的法律约束力。所以,无论是新冠肺炎疫情还是其他"无法预见的、不属于商业风险的重大变更"所导致的一方当事人履约成本的明显增加、明显不公的情形,供方调整合同价格本质上仍然属于对合同的变更。而合同变更是一种请求权,当事人需要通过诉讼或仲裁行权,由裁判机关基于公平原则对合同予以调整。如供方不经任何协商就有权单方调整合同价格的条款,笔者认为亦有"排除对方权利,免除己方责任"之嫌。

当然,从商务角度考虑,笔者建议在合同中约定"卖方有权在协商通知发出后第××日起在合理的范围内适当调整本合同的价格,调整价格的通知将在送达买方后生效"。一方面,在发生相关事由时给予卖方可与买方谈判的空间;另一方面,笔者也倾向于认为,在买方无理拒绝或恶意拖延协商而致讼时,法院或仲裁机构可能会将当事人是否恶意阻碍继续协商或是否违反诚实信用原则作为其通盘考虑裁判结果的因素之一。

四、律师建议

《民法典》第496条、第497条及第498条对格式条款进行了规定,在原《合同法》第39条至第41条的基础上,进行了吸收以及一定程度的修改。首先,原《合同法》要求提供格式条款的一方履行提示和说明义务的条款范围是免除或者限制其责任的条款,而《民法典》将提示说明的范围扩大至与合同对方有重大利害关系的条款。其次,原《合同法》仅规定了提供格式条款的一方有提示和说明义务,但并未具体规定未履行或未完全履行该义务有何法律后果。而《民法典》通过设置"不成为合同内容"一环,达到促使合同当事人都充分知悉并理解合同内容的前提下再讨论条款效力问题的目的,如果提供格式条款的一方未尽提示或说明义务,致使相对方没有理解与其有重大利害关系

的条款,相对方可主张该条款不成为合同的内容。一方当事人的“免责”或“单方调整合同”的条款,显然属于与合同相对方有重大利害关系的条款,提供格式条款的一方当然需要履行提示和说明义务。

为尽量降低因疫情原因“免责”或“单方调整合同”的相关条款被认定为“无效”格式条款的风险,首先,建议将类似条款以加黑、加粗或加下划线的形式予以体现,同时就可能产生的法律后果向合同相对方进行合理的提醒与说明。其次,除合同条款的效力本身,此类客观情况、合同基础条件发生重大变化而致讼的合同纠纷中,更重要的还是受不利影响的一方当事人需尽到充分的举证义务。实操中,受不利影响的一方应特别注意搜集及固定主动协商合同变更、善意推动合同履行的书面记录(电子邮件、公函等),同时也应提供证明合同价格变更合理性、必要性的证据(如提供下游供应商的调价/缺货通知、航线调整/停航的公告、原厂地区工人罢工的新闻、地方政府做出的行政命令/“红头文件”等,以体现客观情况、合同基础条件发生变化;提供财务报表以体现严重亏损等)。如果只是援引法律条款提出主张,而不举示充分的证据,法院或仲裁显然难以支持“免责”或“变更合同”的相关请求。

9 不可抗力、情势变更与商业风险有什么区别?

咨询问题 ▶▶

我公司在2020年年初新冠肺炎疫情期间,好几个业务合同的履行遇到困难,花费了大量精力协调沟通,甚至几乎面临诉讼;2021年,国际市场原材料价格上涨,又出现合同签订后,供应商无法供货的违约情形。

请问:不可抗力、情势变更、商业风险的相关规定和区别是什么?请针对上述合同履行中的问题进行分析。

律师答疑 ▶▶

笔者在近两年的服务过程中,确实遇到了更多涉及不可抗力、情势变更、商业风险等方面的咨询;总体而言,由于新冠肺炎疫情全球大流行、国际经济形势严峻、外国对华制裁等多种因素的影响,波及国内企业——尤其是制造业企业,以致在合同履行上呈现各种问题。单因新冠肺炎疫情的影响,就造成了有关买卖、房屋租赁、建设工程等多类企业合同的履行困境。2021年的国际市场大宗原材料价格上涨和贸易摩擦,又使得部分制造业企业面临即使有订单也不敢开工的尴尬局面,因为一开工就意味着收益将无法覆盖成本;因此不得不推延供货期,导致合同违约。但在公司日常经营管理中,以不可抗力或情势变更作为合同违约、变更、解除等的抗辩理由而引发纠纷的案例也并不鲜见。

一、不可抗力情形下的合同履行

不可抗力是不能预见、不能避免且不能克服的客观情况。“不能预见”,是指根据现有的技术水平,对某事件的发生无法预知。“不能避免且不能克服”,是指事件的发生和其所造成的后果具有必然性。不可抗力通常包括自然灾害(地震、台风、洪水、海啸、旱灾等)、政府行为(征收、征用、行政制裁)、重大社会异常事件(战争、暴动)等。2020年暴发并延续至今的新冠肺炎疫情,就已经被全国人大常委会法制工作委员会明确界定为不可抗力事件。

《民法典》第590条规定，当事人一方因不可抗力不能履行合同的，根据不可抗力的影响，部分或者全部免除责任，但是法律另有规定的除外。因不可抗力不能履行合同的，应当及时通知对方，以减轻可能给对方造成的损失，并应当在合理期限内提供证明；同时，“不可抗力致使不能实现合同目的”也是合同的法定解除事由之一，理论上无须司法介入，当事人可直接行使该权利。但应当注意的是，大多数情况下，不可抗力免除的是不能履行合同一方所产生的违约责任，并非免除其履行合同的义务。合同义务的免除应该基于公平原则，结合案件实际情况，以利益均衡作为价值判断标准进行裁量；如直接将不可抗力作为免除合同义务的抗辩，反而会带来新的不公平。

二、情势变更原则的限制适用

《民法典》第533条关于情势变更原则的规定为：“合同成立后，合同的基础条件发生了当事人在订立合同时无法预见的、不属于商业风险的重大变化，继续履行合同对于当事人一方明显不公平的，受不利影响的当事人可以与对方重新协商；在合理期限内协商不成的，当事人可以请求人民法院或者仲裁机构变更或者解除合同。人民法院或者仲裁机构应当结合案件的实际情况，根据公平原则变更或者解除合同。”

相比最高人民法院《关于适用〈中华人民共和国合同法〉若干问题的解释（二）》（已失效），《民法典》关于情势变更原则的规定有了新的变化。主要在于，一方面，《民法典》删除了原先将情势变更限定为“非不可抗力”的规定，自此在法律规定层面，“不可抗力”和“情势变更”不再泾渭分明，情势变更也可能由不可抗力事件引起，从而避免了将两者机械区别适用。王轶教授也曾发文称：“疫情及其防控属于不可抗力规则范围内的事项，由于疫情及其防控导致继续履行合同对于一方当事人显失公平的，理应认可情势变更制度的适用。”①但应当明确，情势变更的适用不能导致已发生的合同义务及违约责任的免除。另一方面，《民法典》将“重大变化”的主体规定为“合同的基础条件”，而上述司法解释中对这一主体表述为“客观情况”。这一表述的改变，强调了情势变更原则适用的严谨性，明确了情势变更原则得以适用的前提不能只是客观情况的重大变化，而应是合同基础条件的重大变化，即合同赖以存在的基础。另

---

① 参见王轶：《新冠肺炎疫情、不可抗力与情势变更》，载《法学》2020年第3期。

外,《民法典》还在当事人请求司法机构变更解除合同之前,增加了双方当事人协商的前提条件。

对于情势变更原则的适用,一直都有较为严格的限制。2009 年最高人民法院发布的《关于正确适用〈中华人民共和国合同法〉若干问题的解释(二)服务党和国家的工作大局的通知》规定,对于情势变更原则,法院适用必须谨慎,如果根据案件的特殊情况,确需在个案中适用的,应当由高级人民法院审核,必要时应报请最高人民法院审核。虽然目前《合同法》已废止,还没有具体出台适用情势变更原则是否仍由高级法院审核的规定,但谨慎适用的原则仍然一以贯之;司法实践中,基层人民法院或中级人民法院仍可能遵循该审核制度。最高人民法院《关于当前形势下审理民商事合同纠纷案件若干问题的指导意见》中也明确了情势变更原则应当"严格审查""慎重适用"。在吴某霖与王某羽房屋租赁合同纠纷案①中,最高人民法院对情势变更原则的适用进行了如下阐述:(1)契约严守为合同法的基本原则。合同成立后,因不可归责于合同当事人的原因导致合同目的落空,强行维持合同原有效力将导致合同当事人之间的利益严重失衡时,才能适用情势变更原则。(2)继续履行合同是否显失公平,并不能简单以合同签订时的价格与合同履行时的价格进行纵向比较,只有在合同的履行利益低于维持利益时,方宜认为构成"继续履行合同对一方当事人明显不公平"之情形。

三、商业风险

所谓商业风险,是指在商业活动中,由于各种不确定因素引起的,给商业主体带来获利或损失的机会或可能性的一切客观经济现象。最高人民法院《关于当前形势下审理民商事合同纠纷案件若干问题的指导意见》中指出,商业风险属于从事商业活动的固有风险,诸如尚未达到异常变动程度的供求关系变化、价格涨跌等。在构成商业风险的情况下,通常当事人在缔结合同时已将此种风险合理地计算在内并形成相应的合同价格,故由一方当事人自行承担并不会发生不公平的后果。因此,商业风险在合同中属于风险自担的事项。

---

① 参见最高人民法院民事裁定书,(2017)最高法民申 3380 号。

四、合同中常见的不可抗力、情势变更情形

(一)疫情导致的合同纠纷

2020年年初新冠肺炎疫情暴发的半年内,是合同纠纷集中爆发的时期。就笔者接触到的咨询来看,买卖合同纠纷、房屋租赁纠纷、建设工程纠纷是其间最常见的纠纷类型。但必须明确的是,即使疫情已经被定义为不可抗力,就每个具体案例而言,并不能一概断定能够全部或部分免除违约责任,或构成合同解除的法定事由。能否适用不可抗力规定必须结合具体案例予以判断。例如,在苏州某机械设备有限公司与邯郸市某机械科技有限公司买卖合同纠纷案[①]中,邯郸市中级人民法院认为,因新冠肺炎疫情属于不可抗力,根据法律规定,应综合考虑不可抗力的影响,部分或者全部免除邯郸某机械公司的违约责任。虽然在签订买卖合同时部分地区已暴发新冠肺炎疫情,但双方都无法预知疫情的发展和各地的管控措施及复工复产规定,邯郸某机械公司未能按期交货,系受新冠肺炎疫情防控措施的影响,故对苏州某设备公司要求支付违约金和预期利润损失的诉讼请求,法院不予支持。而因为管制措施、交通限制措施、出入境政策的不同,同样是延期交付货物,在华垦国际贸易有限公司与山西伦达肉类工业有限公司买卖合同纠纷案[②]中,山西省高级人民法院认为,在"非典"疫情中并没有封锁交通的因素影响,不能因此而免除供货方的违约责任。同样,如在疫情暴发前就已经存在逾期交货的违约情形,也不能因为疫情进一步加重了违约责任而主张不可抗力从而免除责任。

对于因疫情产生房屋租赁纠纷是否适用不可抗力抗辩,司法实践中法院会结合房屋的经营业态、疫情持续时间长短、政府采取的强制措施、因果关系等因素,以公平原则为考量作出判断。有的案例中,法院也会判决免除部分房屋租金,即免除部分合同责任本身。在疫情导致的建设施工合同纠纷中,关于工期顺延、停工损失、赶工费用,法院一般以"有约从约""公平原则""受益者承担"的角度考量。另外,防疫费用的支出(疾控用品、消杀用品、隔离费用等)通常由发包人承担,如山东、四川、江苏等地的住建部门均有政策文件进行规定。

最后需要说明的是,鉴于电子支付的普遍应用,不可抗力事件与企业能否

---

① 参见河北省邯郸市中级人民法院民事判决书,(2021)冀04民终1434号。

② 参见山西省高级人民法院民事判决书,(2017)晋民终93号。

如期偿还金钱债务之间没有必然的因果关系。除债务清偿期限于自然人债务人隔离治疗期间届满等特殊情形外,金钱给付、借款偿还责任通常不得因不可抗力而免除。

（二）国际原材料价格上涨

原材料价格上涨,通常考虑是否构成情势变更或者商业风险。正如最高人民法院在前述吴某霖与王某羽房屋租赁合同案中所阐述的观点,继续履行合同是否显失公平,并不仅以合同签订与履行时的价格进行纵向比较。只有在合同的履行利益低于维持利益时,方宜认为构成"继续履行合同对一方当事人明显不公平"。就公司面临的现实情况而言,如原材料价格严重上涨的情况在签订合同时确实无法预料,且供应商也能证明其确实存在亏损的现实可能性,公司更高效的解决方式还是与供应商进行协商,变更合同条款,双方共同公平分担原材料价格上涨带来的成本增加。但是,在情势变更事项发生前即已产生的合同义务和违约责任,供应商无权主张免除。相应地,那些合理范围内的、超出程度不大的原材料价格涨跌,将会更多地被认定为属于商业风险,商事行为的参与方应当预料而未预料的,仍需要自行承担相关成本支出。

⑩ 中标通知书出具后，招标人拒不签署书面合同，合同关系是否成立？

咨询问题 ▶▶

我公司参与投标了一个项目(非法律规定的强制招投标项目)，后我公司中标，且招标人也给我公司出具了相应的中标通知书。但招标人迟迟不与我公司签署书面合同，后口头告知我公司其选择了与另外一家供应商签约。

请问：招标人出具中标通知书后拒不签署书面合同，合同关系是否成立？中标人能否追究招标人的违约责任？非强制招投标项目，是否不受《招标投标法》的约束？

律师答疑 ▶▶

一、中标通知书的法律性质

结合《民法典》第 472 条、第 479 条以及第 483 条的规定，要约是希望与他人订立合同的意思表示；承诺即同意要约的意思表示，承诺在送达要约人时合同成立；如果接受要约的一方表示需以对原要约做出实质性变更(如标的物规格、标的物价款、数量、质量标准、交期等)为条件而订立合同，则这种变更条件的意思表示即受约人发出的新要约，而非承诺；相应地，要约人对新要约再度做出承诺后，合同才视为成立。

具体而言，招标人公示的招标文件构成一种“要约邀请”，而各投标人根据招标文件制作并递交的投标文件属于一种“要约”。至于能否追究招标人的违约责任，在于中标通知书应当被认定为一种“要约”还是“承诺”。如果属于新要约，合同在中标通知书送达中标人时当然尚未成立；如果属于承诺，则双方的合同关系即告成立。

对中标通知书性质的认定，在《民法典》出台前，各地法院的意见并不统一。有的法院认为，招投标程序完成后，招标人拒绝与投标人签订合同或者投标人拒绝与招标人签订合同，项目也未实际施工，可考虑按《合同法》(已失效)

关于缔约过失责任的规定处理(认为合同并未成立)。也有的法院认为,中标通知书发出后,招标人拒绝签订合同的,除中标无效外,中标人要求招标人承担违约责任的应予支持,即认为合同已成立。

但就司法实务的主流观点而言,多数生效判例认为招标人发出招标通告或投标邀请书是一种要约邀请,投标人进行投标是一种要约。而招标人确定中标人的行为属于承诺,该中标通知书送达中标人时合同成立。在中国石化集团资产经营管理有限公司长岭分公司与岳阳经济技术开发区富兴房地产开发有限公司合资、合作开发房地产合同纠纷案①中,最高人民法院认为:"在招标活动中,当中标人确定,中标通知书到达中标人时,招标人与中标人之间以招标文件和中标人的投标文件为内容的合同已经成立。"在中国电建集团新能源电力有限公司(原贵州电力建设第二工程公司)与贵州赤天化桐梓化工有限公司建设工程施工合同纠纷案②中,最高人民法院认为,签订书面合同只是对招标人与投标人之间已成立的合同关系的一种书面细化和确认,其目的是履约的方便以及对招投标活动进行行政管理的方便,并非合同成立的实质要件。

《民法典》的配套司法解释的出台,变相认可了中标通知书属于承诺的性质。最高人民法院《关于审理建设工程施工合同纠纷案件适用法律问题的解释(一)》第22条明确规定:"当事人签订的建设工程施工合同与招标文件、投标文件、中标通知书载明的工程范围、建设工期、工程质量、工程价款不一致,一方当事人请求将招标文件、投标文件、中标通知书作为结算工程价款的依据的,人民法院应予支持。"

二、缔约过失责任和违约责任的选择

缔约过失责任,又称先契约责任,是指在合同缔结过程中,一方当事人违反了以诚实信用为基础的先契约义务,造成了另一方当事人的损害,因此应承担的法律后果。《民法典》第500条规定:"当事人在订立合同过程中有下列情形之一,造成对方损失的,应当承担赔偿责任:(一)假借订立合同,恶意进行磋商;(二)故意隐瞒与订立合同有关的重要事实或者提供虚假情况;(三)有其他违背诚信原则的行为。"违缔过失的赔偿范围包括因信赖对方要约邀请或要约而与对方联系、赴实地考察、为缔约做各种准备等支出的合理费用,但一般不

---

① 参见最高人民法院民事裁定书,(2019)最高法民申2241号。

② 参见最高人民法院民事判决书,(2019)最高法民终1356号。

包括错失的机会损失、合同履行后的可得利益损失（如利润损失）。

违约责任，是指当事人不履行合同义务或履行义务不符合合同约定时，依法应承担的责任。根据《民法典》第 577 条及第 584 条的规定，违约责任的承担方式包括继续履行、采取补救措施或者赔偿损失，损失赔偿范围包括合同履行后可以获得的利益。通常而言，缔约过失责任的赔偿范围比违约责任的赔偿范围要小，且中标人无法要求招标人继续履行合同。

综合而言，在合同有效成立的情况下，招标人违约，中标人可要求其承担违约责任。在招标人原因导致合同无效、不成立、被撤销的情况下，中标人可要求其承担缔约过失责任。但如前所论述，因中标通知书送达中标人时，双方的合同关系已经成立，如招标人拒不签署书面合同，中标人可请求招标人依据法律规定以及合同约定（以招标文件、中标人的投标文件及中标通知为内容的合同）承担相应的违约责任。

三、《招标投标法》的适用范围

结合《招标投标法》第 3 条、《必须招标的工程项目规定》、《必须招标的基础设施和公用事业项目范围规定》，以及《关于进一步做好〈必须招标的工程项目规定〉和〈必须招标的基础设施和公用事业项目范围规定〉实施工作的通知》的相关规定可以看出，工程建设项目的勘察、设计、施工、监理以及与工程建设有关的重要设备、材料的采购属于特定范围的将必须组织招投标。对于此处的“特定范围”，笔者简要归纳如下：

1. 使用预算资金 200 万元以上，并且该资金占投资额 10% 以上的国有资金投资或者国家融资的项目。

2. 使用国有企业事业单位资金，并且该资金占控股或者主导地位的工程项目。

3. 大型基础设施、公用事业等关系社会公共利益、公众安全的工程项目，具体包括：（1）煤炭、石油、天然气、电力、新能源等能源基础设施项目；（2）铁路、公路、管道、水运，以及公共航空和 A1 级通用机场等交通运输基础设施项目；（3）电信枢纽、通信信息网络等通信基础设施项目；（4）防洪、灌溉、排涝、引（供）水等水利基础设施项目；（5）城市轨道交通等城建项目。

4. 使用世界银行、亚洲开发银行等国际组织贷款、援助资金的工程项目，或使用外国政府及其机构贷款、援助资金的工程项目。

如果属于上述范围内的工程项目，其勘察、设计、施工、监理以及与工程建设有关的重要设备、材料等的采购金额达到下列标准之一的，必须招标：

1. 施工单项合同估算价在400万元以上；

2. 重要设备、材料等货物的采购，单项合同估算价在200万元以上；

3. 勘察、设计、监理等服务的采购，单项合同估算价在100万元以上；

4. 如果招标人（发包人）对工程以及与工程建设有关的货物、服务全部或者部分实行总承包发包，总承包中施工、货物、服务等各部分的估算价中，只要有一项达到上述标准的，则整个总承包发包应当招标。

如果不属于上述强制招投标范围的工程项目，是否就不受《招标投标法》的约束，就不用遵守在中标通知书出具后必须签署书面合同的规定呢？就目前的司法实践来看，答案是否定的。

从《招标投标法》第2条规定的表述可以看出，凡是在我国领域内发生的招投标活动均受该法所约束，并没有对强制招标活动、非强制招标活动作出区分。在黑龙江新陆建筑工程集团有限公司与林口县华邦房地产开发有限公司建设工程施工合同纠纷案①中，最高人民法院就认为，凡是在我国领域内发生的招投标活动均应符合《招标投标法》的规定；即便不属于必须招标的项目，在组织了招投标程序后，就不应违反《招标投标法》的规定来签订合同。也就是说，如果招标人对于非强制招标项目组织了招投标程序，说明招投标人自愿受《招标投标法》的约束，如出具了相应的中标通知书却拒绝签署书面合同，属于违反《招标投标法》的情形。与此同时，如果招标人选择了非中标人的第三方就招投标项目签订了合同，则该合同的订立也违反了《招标投标法》的规定，应当被认定为无效。

然而，并非每一起纠纷最终都会通过诉诸法院或仲裁予以解决，对于招标人出具了中标通知书后悔标的，笔者建议中标人可以合同已成立为由向招标人主张违约责任而非缔约过失责任，以期在谈判过程中掌握更多的主动权。

---

① 参见最高人民法院民事裁定书，（2019）最高法民申4527号。

11 公司应如何做好合同签订后的管理？

咨询问题 ▶▶

我公司签订业务合同后，通常由销售部对业务合同自行归档管理，具体业务人员对接客户。我公司发现这种管理方式存在许多不规范之处，如资料丢失或不齐备，业务人员离职后相关合同履行情况交接不清、未及时通知财务对账等。

请问：公司应当如何做好合同签订后的管理以规避风险？

律师答疑 ▶▶

总体来说，意识到合同管理的长期性和动态性，是做好合同管理的第一步。实务中，很多企业对于合同起草、审查的重要程度已经有了足够的认识。大多数企业招聘法务、与外部律所合作，主要目的也是对合同签订前端的风险控制。因此，合同“重审签、轻履行”的情况一直存在，业务人员脱离合同做业务的情况也很常见。但需要了解的是，合同作为企业交易活动载体的法律文件，并非孤立存在。它包含了交易双方对于商业行为的期待，是商业活动的指引，也是未来风险的屏障；因此合同管理是一种全周期、动态的理念。合同起草审查并不等于合同管理，合同管理是贯穿合同签订、履行、纠纷处置、企业内部职能划分等多个方面的全面管理，合同起草审查只是其中的一个重要环节。尤其是交易地位中偏弱势的一方，在合同签订时话语权不足，可能无法在具体条款中获得有效支持。这种情况下，合同签订后的管理就显得尤为重要。

合同签订后的管理，根据交易地位的不同，可以区分为收入方管理和支出方管理。作为收入方，也就是大多数情况下的合同乙方，在合同签订后的管理中通常应更加注重货物/服务的交期、对账催收、账期、违约责任等方面；而作为支出方，则更应重点关注付款节点、签验收、维修质保等内容。笔者作为律师，在合同管理方面给出的一个更为高效的建议，就是试着从诉讼的角度去理解、反推合同管理中的要点。也就是说，假设某份业务合同将涉诉，从罗列诉讼请求和证据收集的角度往胜诉的方向所要做的准备工作，也就是实务中通常应当注意的合同管理要点。

一、合同归口部门和业务流程衔接

很多公司在合同管理中存在诸多不规范之处,如合同签订后的履行主要由对接的业务人员跟进,导致相关人员一旦离职即无法顺利进行工作衔接等情况,究其缘由就是没有合同管理的固定归口部门和负责人员。如前所述,业务人员单独跟进业务、脱离合同做业务常常会对合同管理造成障碍。因此,即使由销售、业务部门作为合同的归口管理部门,也应当指定一至两名主管人员对业务合同进行统一管理;如公司有法务部门作为归口部门,则能实现更专业的管理。为了管理上的便利性,可以考虑在上述"收入方""支出方"的维度项下各延伸两个分支——"标准合同"和"非标准合同"。区分的原则在于,签订的合同是否为本公司原有的或较少改动的合同标准文本。非标准合同,指那些由交易相对方提供的或在合同标准文本上进行了较大幅度补充、修订、删除等操作的合同。显然,非标准合同对合同管理的要求更高,需要公司更加注意后期跟进,使交易环节形成闭环。合同标准文本可以高效覆盖企业基础业务的法律服务工作;而一个企业的基础业务从业务管理层面已经相对成熟,也有条件制定对应合同标准文本,规模性提高合同文本质量。再做进一步延伸,合同管理部门也可主动发挥合同综合管理优势,协同业务部门、外部律师梳理分析公司新型商业模式,及时编写制定合同标准文本,提高交易效率。

在不考虑具体业务特殊性的情况下,总体来看,合同风险等级从大到小大致为:作为收入方签订的非标准合同 > 作为支出方签订的非标准合同 > 作为收入方签订的标准合同 > 作为支出方签订的标准合同。对业务合同进行维度和标准化的区分,是为了便于企业在不同的交易背景下建立合同台账,总结出行之有效的管理手段,以形成制度化操作流程。这样,即使在业务人员保持流动性的情况下,应当侧重关注哪些业务,某一笔业务履行到了什么阶段、需要补充什么文件、下一步应当沟通什么内容、提示到什么部门,将更加清晰明确,避免企业因业务人员流动造成合同违约。

具体工作中应注意一些工作原则。例如,订立合同必须采用书面合同形式;《民法典》第 469 条第 3 款规定,以电子数据交换、电子邮件等方式能够有形地表现所载内容,并可以随时调取查用的数据电文,视为书面形式。因此,未以书面形式签订的合同,应当有可以随时调取的数据文档,电子签名应真实可靠。另外,关联合同(担保书、中标通知书、补充协议、变更协议、招标文件、订货单等),以及一个合同关系下的全部文件(送货单、签收单、验收单、维修单、洽商单等)应当归到一起管理,做好台账记录,保持内容上的连续性、完整性。

二、签收、验收凭证和文件管理

前面所提到的,以诉讼思维去理解、反推合同管理的要点,实际上就是需要合同管理人员常常假设“如果要打官司,什么证据会对我方有利”？合同管理的工作,很多情况下都是从证据管理的角度展开的。因为在合同履行的过程中,总是会产生额外衍生的文件与资料,而这些“非合同文件”往往可能成为诉讼中重要的证据。即使在良性的、规律的扩张发展过程中,公司也几乎不可能做到“无讼”的状态,但可以通过贯彻诉讼思维的合同管理工作,让公司接近“止讼”的目的。

无论是作为“支出方”还是“收入方”,均需抱持的一个重要诉讼思维,就是“成文形式”的意识。正常交易行为中产生的文件单据自不必说,签收单、验收单、发票、收款证明、售后凭证、培训记录、电子邮件等双方书面往来的文件单据,均应妥善建档保留。还有一些特殊情况,需要及时作出证据补强的反应,例如,合同签订后,采购方临时告知要求变更交货地或委托第三方付款;供货方供货时,签收人并非合同上指定的收货人,甚至无人签字盖章等。应对这些情况,如果与相对方沟通出具变更说明、指示书无果,公司自身应及时向相对方书面或以合同约定的联络方式发函确认,通知对方收货、申请验收,收集物流企业的运输证明等;也可以售后、客户回访的方式,甚至短信、电话录音的方式,固定自身履行合同义务的事实。

值得一提的是,实践中经常有客户询问,如已开具发票且对方完成抵扣,是否可以证明其完成了交货义务？最高人民法院《关于审理买卖合同纠纷案件适用法律问题的解释》第5条规定:“出卖人仅以增值税专用发票及税款抵扣资料证明其已履行交付标的物义务,买受人不认可的,出卖人应当提供其他证据证明交付标的物的事实。合同约定或者当事人之间习惯以普通发票作为付款凭证,买受人以普通发票证明已经履行付款义务的,人民法院应予支持,但有相反证据足以推翻的除外。”因此应当注意,是否开具发票并不能证明是否履行供货义务,而且,普票对付款义务的证明力要强于专票对交货义务的证明力。因为增值税专用发票是记载商品销售额和增值税税额的财务收支凭证，是买方纳税义务和进项税额的合法凭证，但并不能证明双方存在债权债务的必然性；而普通发票在市场交易中的功能之一就是收付款凭证，因此对收付款行为具有一定的证明效力。

三、对账单和催款函发送要点

正如很多公司所遇到的情况，未及时对账、催收，往往成为公司无法实现合同目的的终极原因。很多公司因为忽视对此环节的把控，轻则增加了诉讼中的举证责任和难度，重则因为诉讼时效经过而丧失了胜诉权；一旦合同相对方在庭审中提出了诉讼时效抗辩，公司将直接面临被法院判决驳回诉讼请求的结果。因此，还请公司务必重视对账和催款的必要性。另外需要提醒的是，公司如作为供货方发函要求对账时，应避免类似“本函仅作对账之用”的表达。从中断诉讼时效的角度考虑，催款方应当明确催款的意思表示。每一次发送对账函，也不应只有核对账目这一个目的，更是希望其作为中断诉讼时效的证据。因此，公司应避免自行排除催款的意思表示，且最好能直接表明希望尽快还款或履行其他合同义务的意图。同样重要的是发送上述函件时的方式选择，以及面单填写的规范，如双方合同约定可以采取邮件送达，公司可以邮件方式发送并通知对接人；如采取书面函件方式，应当选择 EMS 作为投递主体，且在面单的“文件品名”栏写明函件内容，并保留盖邮戳的邮递底单作为投递的证据。

12 合同中的违约责任应如何约定？是否只有守约方有权解除合同？

咨询问题 ▶▶

我公司签订过的业务合同中，关于违约责任的约定各有不同，大部分约定了返工或维修、赔偿损失、支付违约金等，没有固定的标准。甚至有的合同中约定，违约金的金额为合同金额的两倍。

请问：合同中的违约责任应当如何约定？高额违约金是否会得到支持？是否只有守约方有权解除合同？

律师解答 ▶▶

违约责任是合同违约方不履行（不能履行、拒绝履行等）或履行不符合约定（迟延履行、履行不适当等）时，对相对方承担的民事责任。其责任负担的形式多样，有要求继续履行、采取补救措施、支付违约金、定金罚则、赔偿损失等，总体呈现互补关系。2021 年《民法典》施行后，又增加了两类特定情况下的违约责任：一是当事人违约且债务性质不适合强制履行的，相对方可以请求其负担由第三人替代履行的费用（第 581 条）；二是债权人无正当理由拒绝受领债务人履行的债务，债务人可以请求债权人赔偿增加的费用（第 589 条第 1 款）。

违约责任可以由当事人在法律规定的范围内约定，具有一定程度的任意性，不排除可以同时约定。如《民法典》第 585 条第 1 款规定，“当事人可以约定一方违约时应当根据违约情况向对方支付一定数额的违约金，也可以约定因违约产生的损失赔偿额的计算方法”。司法实践中，有法院就认为违约金与利息、罚息、复利从法律属性上不是同一概念，法律并不禁止同一违约行为可以进行多种处罚。在中国华融资产管理股份有限公司云南省分公司（以下简称华融资产云南分公司）与武定县华翔经贸有限公司（以下简称武定华翔公司）债权转让合同纠纷案①中，云南省高级人民法院认为：“利息、罚息和复利是

① 参见云南省高级人民法院民事判决书，(2019)云民终 202 号。

对资金占用收取的权益约定,违约金是债务人及担保人对违约后还应该另行承担的责任,在没有法律禁止的前提下,根据契约自由的法律精神,不能相互替代。"

但也应注意的是,违约责任并非可以随意组合约定——有些违约责任无法并行适用,例如,同时约定了违约金和定金,一方违约时,对方择一适用[①]。又如,继续履行和定金也不可并用,因为定金的功能在于对债务的担保,其适用前提是"合同不履行",当主债务履行后,定金应当抵作价款或者收回。在债务人有根本违约情况时,债权人可以选择要求债务人继续履行主债务,或要求适用定金罚则,即实现定金的担保功能。如选择适用定金罚则,就相当于债权人接受了合同目的不能实现的事实,放弃了要求债务继续履行的权利。因此,违约责任的约定虽然有一定的任意性,但完全随意地选择约定也并不会得到支持。对于公司而言,有关违约责任应了解的一个主要原则,即违约责任的承担以"补偿为主,惩罚为辅",法律并不会使合同一方从对方的违约行为中获得过高的利益,而会作出必要的限制。在前面提到的华融资产云南分公司与武定华翔公司的案例中,法院最终认定,在当事人既主张利息、罚息、复利,又主张违约金的情况下,其总额未超过年利率24%的,不属于调减范围。[②]

一、违约金

根据合同的履行情况,合同约定的违约金可以分为迟延履行违约金、瑕疵履行违约金、不履行违约金三类。值得一提的是,通常情况下,在这三类违约金与"合同继续履行"的关系中,仅有迟延履行违约金和合同继续履行可以完全并用。不履行违约金自不必说,其适用的前提即为相应合同义务不再履行。在合同履行有瑕疵的情况下,当违约方支付瑕疵履行违约金后,关于合同瑕疵部分的履行义务就此豁免,但不影响双方合同其他事项的履行。

合同双方对违约金有约定的,原则上可按照合同约定处理;但当事人可以向法院或仲裁机构请求增加或减少违约金。法律规定,约定的违约金低于造

---

① 但定金不足以弥补损失的,可以同时请求赔偿损失(《民法典》第588条)。

② 依据为最高人民法院《关于审理民间借贷案件适用法律若干问题的规定》(2015年)第30条:"出借人与借款人既约定了逾期利率,又约定了违约金或者其他费用,出借人可以选择主张逾期利息、违约金或者其他费用,也可以一并主张,但总计超过年利率24%的部分,人民法院不予支持。"2020年该规定修正后,相关规定在第29条,后半部分改为"但是总计超过合同成立时一年期贷款市场报价利率四倍的部分,人民法院不予支持"。

成的损失的,法院或者仲裁机构可以根据当事人的请求予以增加;约定的违约金过分高于造成的损失的,则可以根据当事人的请求予以适当减少。2021 年 4 月 9 日最高人民法院印发的《全国法院贯彻实施民法典工作会议纪要》对这一规定展开阐述:当事人请求人民法院增加违约金的,增加后的违约金数额以不超过《民法典》第 584 条[①]规定的损失为限,约定的违约金超过根据《民法典》第 584 条规定确定的损失的 30% 的,一般可以认定为《民法典》第 585 条第 2 款规定的"过分高于造成的损失"。当事人主张约定的违约金过高,请求予以适当减少的,应当承担举证责任;相对人主张违约金约定合理的,也应提供相应的证据。

由此可知,违约金的约定并非越高越好。一方面,根据上述规定,相对人主张违约金约定合理的,也应提供证据证明。另一方面,根据最高人民法院《关于当前形势下审理民商事合同纠纷案件若干问题的指导意见》的相关规定,法院对违约金的性质应坚持以补偿性为主、以惩罚性为辅的原则,切实防止以意思自治为由而完全放任当事人约定过高的违约金;并且,对以合同不成立、合同未生效、合同无效或者不构成违约进行免责抗辩的违约方,即使其未提出违约金调整请求,法院仍可以就当事人是否需要主张违约金过高问题主动进行释明。总体而言,法院会兼顾合同的履行情况、当事人的过错程度等因素,根据公平原则和诚信原则对违约金标准予以衡量后做出裁判。但值得注意的是,在乐平华润置业有限公司与洪客隆百货投资(景德镇)有限公司租赁合同纠纷案[②]中,当事人在合同中明确约定了放弃调整违约金的条款,最高人民法院以双方意思自治且不违反法律规定为由,支持合同约定的违约金标准。

二、赔偿损失

赔偿损失,也称违约损害赔偿,是指违约方以支付金钱的方式弥补受害方因违约行为所减少的财产或者所丧失的利益的责任形式。《民法典》第 584 条规定,当事人一方不履行合同义务或者履行合同义务不符合约定,造成对方损失的,损失赔偿额应当相当于因违约所造成的损失,包括合同履行后可以获得

---

① 《民法典》第 584 条规定:"当事人一方不履行合同义务或者履行合同义务不符合约定,造成对方损失的,损失赔偿额应当相当于因违约所造成的损失,包括合同履行后可以获得的利益;但是,不得超过违约一方订立合同时预见到或者应当预见到的因违约可能造成的损失。"

② 参见最高人民法院民事裁定书,(2019)最高法民申 3344 号。

的利益;但是,不得超过违约一方订立合同时预见到或者应当预见到的因违约可能造成的损失,可以看出,关于法定的违约损害赔偿,应当遵循以下原则:(1)完全赔偿原则,即违约方应赔偿守约方因其违约行为导致的实际损失,使守约方因违约方的违约行为遭受的损失得到充分的填平。(2)合理预见原则,即违约方应赔偿守约方因其违约行为导致的守约方在合同履行后可得的预期利益;同样,也限制了守约方不因违约方的违约行为而额外获益。另外,作为守约方还应遵循"损失减轻原则",即应当采取适当措施防止损失的扩大;守约方没有采取适当措施致使损失扩大的,不得就扩大的损失请求赔偿。

三、行权主体

合同解除,分为约定解除和法定解除。在约定解除的情况下,双方当事人协商一致,或双方约定的解除条件成就时,即可以发生解除合同的法律效果。在法定解除的情形下,除不可抗力致使合同目的不能实现之外,合同的解除权归属于守约方。

但违约方并非完全不具有合同解除权,最典型的案例为江苏省南京新宇房产开发有限公司与冯某梅商铺买卖合同纠纷案①,法院认为:"当违约情况发生时,继续履行是令违约方承担责任的首选方式。但是,当违约方继续履约所需的财力、物力超过双方履行合同所能获得的利益时,合同已不具备继续履行的条件,为平衡双方利益,可以允许违约方的解除合同请求;但违约方须向守约方承担赔偿责任,以保证守约方现实既得利益不因合同解除而减少。"最高人民法院在《全国法院民商事审判工作会议纪要》中也有规定:违约方不享有单方解除合同的权利。但是,在一些长期性合同如房屋租赁合同履行过程中,双方形成合同僵局,一概不允许违约方通过起诉的方式解除合同,有时对双方都不利。在此前提下,符合下列条件,违约方起诉请求解除合同的,法院依法予以支持:(1)违约方不存在恶意违约的情形;(2)违约方继续履行合同,对其显失公平;(3)守约方拒绝解除合同,违反诚实信用原则。

另外也有观点认为,《民法典》第580条的内容,实质上规定的就是违约方的合同解除权。该条规定,当事人一方不履行非金钱债务或者履行非金钱债

① 载《最高人民法院公报》2006年第6期。

务不符合约定的，对方可以请求履行，但是有三种情形除外[①]。有除外情形之一，致使不能实现合同目的的，法院或者仲裁机构可以根据当事人的请求终止合同权利义务关系，但是不影响违约责任的承担。

四、律师建议

1. 违约责任的约定在符合法律规定的情况下具有一定的任意性，但总体而言以“补偿为主，惩罚为辅”为原则。

2. 违约金的约定原则上尊重意思自治，但在一方申请增加或减少的情况下，法院会兼顾合同的履行情况、当事人的过错程度等综合因素，根据公平原则和诚信原则作出调整。作为主张调整或维持违约金的一方，要承担相应的举证责任。

3. 在重要的商事合同中，受违约行为影响较大的一方，应在合同中明确违约行为可能造成的严重影响，并尽量约定双方同意放弃违约金调整的条款，以限制相对方的行为。

4. 即使作为守约方，在发生合同损害赔偿情形时，亦应当积极采取适当措施防止损失的扩大。另外，对于对方违约给己方造成的损失，应当注意保存证据予以证明。

5. 应尽可能在合同中约定合同解除的条件、解除权行使期间、通知方式等，并根据交易地位争取主动权。行使合同解除权时，应及时书面通知相对方，并做好通知发送及签收的证据保存。作为交易的相对方，在收到解除合同通知时，应及时给予反馈；若无法达成一致意见，应及时借助诉讼或仲裁方式维护权益。

---

① 三种情形为：(1)法律上或者事实上不能履行；(2)债务的标的不适于强制履行或者履行费用过高；(3)债权人在合理期限内未请求履行。

CHAPTER 2

第二章

劳动人事关系处理

1 未签书面劳动合同,用人单位需要承担什么样的法律责任?

咨询问题 ▶▶

2016 年 4 月 1 日,张三入职我公司业务部门,任经理一职,双方签订劳动合同,约定合同期限自 2016 年 4 月 1 日起至 2019 年 3 月 31 日止。2019 年年初,因张三涉嫌严重违反公司规章制度,公司领导决定暂不与其续签劳动合同,待调查清楚后再决定是否与其续签劳动合同,但双方的劳动关系自合同期限届满后仍实质履行。张三于 2020 年 5 月 1 日申请劳动仲裁。

请问:在这种情况下,公司需要承担什么样的法律责任?

律师答疑 ▶▶

一、未签书面劳动合同的法律规定

(一)未签书面劳动合同的法定情形

根据《劳动合同法》的相关规定,劳动合同分为固定期限劳动合同、无固定期限劳动合同和以完成一定工作任务为期限的劳动合同。公司与员工建立劳动关系后,应当订立书面劳动合同。故除不可归责于用人单位的原因外,用人单位未与劳动者签订书面劳动合同应当承担相应的法律责任。《劳动合同法》第 82 条规定:"用人单位自用工之日起超过一个月不满一年未与劳动者订立书面劳动合同的,应当向劳动者每月支付二倍的工资。用人单位违反本法规定不与劳动者订立无固定期限劳动合同的,自应当订立无固定期限劳动合同之日起向劳动者每月支付二倍的工资。"

实践中,如下几种情形用人单位需承担未签劳动合同的法律责任:(1)首次入职超过 1 个月未签订书面劳动合同的;(2)原劳动合同届满到期,双方未续签并继续工作的;(3)应签无固定期限劳动合同而未签的。而在本案中,公司在与张三的劳动合同期限届满后继续用工,不存在其他法定例外情形的情况下,公司应与张三签订书面劳动合同,但公司并未与其签订合同,公司应当承担未签书面劳动合同的法律责任。

（二）未签书面劳动合同的法律责任

根据《劳动合同法》第 82 条的规定，公司承担的未签书面劳动合同的法律责任主要是“向劳动者每月支付二倍的工资”以及“视为已订立无固定期限劳动合同”。

关于二倍工资的计算基数问题，各地基本认为二倍工资不是工资报酬，属于法定的惩罚性赔偿，以劳动者的应发工资作为计算基数，但具体到应发工资的组成部分，各地存在不同的处理意见：

北京市高级人民法院认为，计算二倍工资的工资标准应具有连续性、稳定性特征，金额相对固定，属于劳动者正常劳动的应得工资，不固定发放的提成工资、奖金等一般不作为未订立书面劳动合同二倍工资差额的计算基数。①

广东省高级人民法院认为，二倍工资差额的计算基数为劳动者当月应得工资，不包括支付周期超过一个月或未确定支付周期的劳动报酬。②

江苏省高级人民法院则认为，二倍工资按照劳动者当月的应得工资予以确定，包括计时工资或者计件工资以及加班加点工资、奖金、津贴和补贴等货币性收入；劳动者当月工资包含季度奖、半年奖、年终奖的，应按分摊后该月实际应得奖金数予以确定。③

关于二倍工资的计算时长问题，各地的做法也不尽相同。对于首次入职超过 1 个月未签订劳动合同的情形，《劳动合同法实施条例》第 7 条已有明确规定，即自用工之日起满一个月的次日至满一年的前一日应向劳动者每月支付两倍的工资。但对于原劳动合同届满到期，双方未续签并继续工作的，以及应签无固定期限劳动合同而未签的两种情形，大部分地区的做法是参照前文规定，认为不签订书面劳动合同的最大惩罚限度是支付 11 个月的双倍工资；但考虑该等情形下，用人单位与劳动者之间已存在持续稳定的劳动关系，双方不再需要一个月签订书面劳动合同的“宽限期”，故北京市高级人民法院认为，这两种情形下最高可以支持 12 个月的双倍赔偿。④ 除前述二倍工资这一惩罚

① 北京市高级人民法院、北京市劳动人事争议仲裁委员会《关于审理劳动争议案件法律适用问题的解答》第 21 条。

② 广东省高级人民法院、广东省劳动人事争议仲裁委员会《关于审理劳动人事争议案件若干问题的座谈会纪要》（已失效）第 14 条。

③ 江苏省高级人民法院、江苏省劳动人事争议仲裁委员会《关于审理劳动人事争议案件的指导意见（二）》第 2 条。

④ 北京市高级人民法院、北京市劳动争议仲裁委员会《关于劳动争议案件法律适用问题研讨会会议纪要（二）》第 28 条。

性赔偿外,若劳动者与用人单位之间的劳动关系实际存续但未签订书面劳动合同的时间超过一年,则劳动者可以主张视为双方已签订无固定期限劳动合同。在本案中,张三在 2019 年 3 月 31 日劳动合同到期,公司未与其续签书面劳动合同但持续用工,除承担“二倍工资”的法律责任外,自 2020 年 4 月 1 日起张三有权主张视为双方已签订无固定期限劳动合同。

二、仲裁时效适用

如前所述,二倍工资并不属于报酬,属于法定的惩罚性赔偿,应当适用一年仲裁时效。但对于仲裁时效的起算时间和计算方式,各地做法还是略有不同。其中“正算”的方式是从用人单位不签订书面劳动合同的违法行为结束之次日开始计算,二倍工资的支付数额不随时间推移而减少,以江苏、天津为代表。[①] 另一种计算方式是以北京、上海、广东为代表的“倒算”[②],自劳动者主张权利之日起往前倒推一年,按月或按天计算,二倍工资的支付数额将随时间推移而减少。

计算示例:

若本案发生在江苏,张三自 2019 年 3 月 31 日原劳动合同届满后未续签,自 2020 年 4 月 1 日起应视为双方签订无固定期限劳动合同,用人单位不签订书面劳动合同的违法行为结束,故仲裁时效从 2020 年 4 月 1 日开始计算 1 年,张三于 2020 年 5 月 1 日申请劳动仲裁,其仲裁时效未满,其最高可以申请 11 个月的二倍工资赔偿。若本案发生在北京,张三自 2019 年 3 月 31 日原劳动合同届满后未续签,自 2020 年 4 月 1 日起应视为双方签订无固定期限劳动合同,不考虑仲裁时效,张三可以主张二倍工资的时间段为 2019 年 4 月 1 日至 2020 年 3 月 31 日,共计 12 个月;张三于 2020 年 5 月 1 日申请劳动仲裁,若用人单位提出时效抗辩,则本案仲裁时效对应的时间段应为 2019 年 5 月 1 日至 2020 年 4 月 30 日,张三关于二倍工资的仲裁请求可以被支持的时间段应为 2019 年 5 月 1 日至 2020 年 3 月 31 日,共计 11 个月,其 2019 年 4 月的二倍工资将因仲

---

① 参见江苏省高级人民法院、江苏省劳动人事争议仲裁委员会《关于审理劳动人事争议案件的指导意见(二)》第 1 条,以及天津市高级人民法院《天津法院劳动争议案件审理指南》。

② 参见北京市高级人民法院、北京市劳动争议仲裁委员会《关于劳动争议案件法律适用问题研讨会会议纪要(二)》第 28 条,上海市高级人民法院《关于劳动争议若干问题的解答》以及广东省高级人民法院、广东省劳动人事争议仲裁委员会《关于审理劳动人事争议案件若干问题的座谈会纪要》(已失效)第 15 条。

裁时效问题而不被支持。

综上,除不可归责于用人单位的原因外,用人单位未签书面劳动合同所面临的法律风险是明确而且巨大的。在目前人力成本高昂的情况下,“二倍工资”这一惩罚性措施对于用人单位的法律风险显而易见。若进一步被视为双方已签订无固定期限劳动合同,那么后续将显著增加用人单位在解除劳动合同时所面临的困难。因此,部分公司因员工违纪尚未查清处理、后续解除劳动合同麻烦等担忧而不及时签订书面劳动合同的做法显然是不可取的。若公司出现此类未签书面劳动合同而引发的劳动争议,建议公司及时咨询专业律师或当地人力及社会保障部门。首先,应根据实际情况判断未签书面劳动合同的法律责任是否应由公司承担;其次,根据当地现行的政策与司法意见,确定二倍工资的赔偿数额、计算周期、仲裁时效等具体问题,以全面评估公司所面临的具体法律风险及责任,并以此为参考依据,决定最终的处置方案。

2 公司日常人力管理过程中如何合法获取相关个人信息?

咨询问题 ▶▶

我公司针对员工招聘录用与特定猎头公司签署了背景调查协议,并就不同职级招录人员相关背景的调查内容约定了不同的套餐。

请问:针对该招聘录用背景调查协议和后续所获取信息管理的相关风险,能否给予建议?

律师答疑 ▶▶

随着《网络安全法》的颁布施行,不少公司已开始重视个人信息保护,但是普遍将保护的立足点定位在客户的个人信息上,却忽略了对公司意向招聘录用的员工和在职员工的个人信息保护也是公司数据合规管理的重点。实务中,公司对于员工个人信息管理缺失,过度收集员工个人信息和在招聘录用员工背景调查中侵犯个人信息权益的事件不断发生。

公司收集员工个人信息务必符合法律、法规要求,对于法律明文规定不得收集的信息,公司不应试图通过非法手段收集;公司非法收集员工个人信息侵犯员工权益或造成员工精神、财产损害的,将依法承担民事赔偿责任;公司根据非法收集的员工个人信息主张解除劳动关系的,可能还需承担违法解除劳动合同的赔偿金。

一、个人信息保护法律规定

根据《民法典》第111条的规定,自然人的个人信息受法律保护。任何组织或者个人需要获取他人个人信息的,应当依法取得并确保信息安全,不得非法收集、使用、加工、传输他人个人信息,不得非法买卖、提供或者公开他人个人信息。

根据《民法典》第1034条的规定,个人信息是以电子或者其他方式记录的,能够单独或者与其他信息结合识别特定自然人的各种信息,包括自然人姓名、出生日期、身份证件号码、生物识别信息、住址、电话号码、电子邮箱、健康信息、行踪信息等。

《信息安全技术个人信息安全规范(征求意见稿)》进一步明确个人信息还应包括账号密码、财产信息、征信信息、住宿信息、交易信息等金融信息。

二、个人信息保护注意事项

根据《民法典》第1035条的规定,处理个人信息的,应当遵循合法、正当、必要原则,不得过度处理,并符合下列条件:(1)征得该自然人或者其监护人同意,但是法律、行政法规另有规定的除外;(2)公开处理信息的规则;(3)明示处理信息的目的、方式和范围;(4)不违反法律、行政法规的规定和双方的约定。

个人信息的处理包括个人信息的收集、存储、使用、加工、传输、提供、公开等。

(一)人员招聘录用阶段

公司基于用工的需要,在招聘过程中需要了解意向员工与招录岗位工作相关的个人信息,以便对员工的工作能力以及岗位的匹配性进行评估。《劳动合同法》第8条规定,用人单位可收集的员工个人信息限于"与劳动合同直接相关的基本情况"。通常,相关基本情况涉及的个人信息主要包括姓名、性别、民族、国籍、身份证号码、住址、个人邮箱、健康状况、学历学位、工作经历、紧急联系人(或主要家庭成员)等。

公司在招聘录用环节,应根据不同岗位的切实需求等具体情况确定信息收集的必要性,确保所收集的员工个人信息具有合理性、符合最小化原则,避免过度收集而侵犯个人信息权益。对于确实需要收集的高风险信息,应明确员工拒绝提供该信息的选择权并征得特定员工的明确同意。

当下,诸多公司在招聘公司高管或重要员工时会自行或委托独立背景调查机构对候选员工进行背景调查。若公司在候选员工不知情的情况下展开调查,公司将可能侵犯候选员工的个人信息权益,与独立背景调查机构承担相应的法律责任。因此,公司在开展背景调查前,应取得候选员工的书面授权,这既是公司的数据合规要求,也是对候选员工个人信息保护的尊重。公司委托独立背景调查机构收集信息的,一方面,需要取得候选员工的同意,将其个人信息提供给独立背景调查机构;另一方面,公司应谨慎评估独立背景调查机构的数据保护制度构建及管理能力,并通过委托合同准确划分双方关于个人信息保护的权利义务和责任,要求独立背景调查机构通过合法途径调查候选员工的个人信息，保护好已获取的员工个人信息。

（二）员工在职期间

公司对收集到的员工个人信息履行妥善保管的义务，应采取对储存介质进行加密处理、去标识化处理等手段，确保其收集、存储的员工个人信息安全，以防信息丢失、被篡改及泄露等。

除上述提及的基本信息外，考勤所需员工指纹或使用人脸识别、发放工资的个人银行账户等均属于个人敏感信息，一旦因保管不当导致信息泄露，将严重侵害员工个人信息权益。因此，除必要的保管措施外，公司应明确岗位职责，建立安全事件的处罚机制；加强对接触、保管公司员工个人信息的员工的培训，与其签订保密协议，保障相关个人信息安全，避免泄露、毁损、篡改员工个人信息。

同时，公司应注意将员工的个人信息与工作信息隔离，并尽量书面保留因内部审计或合规调查等对员工办公设备中的信息检查、监控、存储的权利，从而有效避免侵权风险。

在公司因外包或跨境调查等需要由第三方机构处理相关员工信息时，将涉及员工个人信息的转移。对此，公司可在员工入职时全面评估并明确可能需要将员工个人信息提供给第三方的情形，并取得员工的书面授权同意。对于员工个人信息需跨境移转的，应根据相关法律规定，在员工个人信息出境传输前进行安全评估。

（三）员工离职阶段

公司对离职员工的调查主要涉及两个方面，一是竞业限制，二是接受来自员工新入职企业的背景调查。

根据《劳动合同法》第50条的规定，员工离职后，公司应对已经解除或者终止的劳动合同的文本至少保存二年备查。在涉及农民工工资支付的领域，公司应当按照工资支付周期编制书面工资支付台账，并至少保存三年。对已离职员工不再需要存储的个人信息，在满足相关法律规定的条件下将之及时删除。对离职员工的个人信息不予重视或是非法将离职员工的个人信息出售给其他公司的，除侵犯相关个人的权利外，也将面临相关部门的处罚。

针对竞业限制，诸多公司在调查取证中，自行跟踪拍摄搜集个人行踪轨迹，或向履行保密义务的第三方收集证据，该做法面临较大风险。在涉及离职员工新入职企业的背景调查回复中，除非离职员工在离职前明确同意公司在其离职后可将其信息披露给第三方机构,否则极可能侵犯员工的个人信息权益。

综上,公司在员工招录、入职、管理、离职等全流程中,必然需要收集、存储、使用、处理、转移及删除(销毁)员工个人信息。特别是新冠肺炎疫情以来,出于疫情防控的切实需要和国家要求,无论公司是否愿意,都不可避免地开始收集员工个人信息。公司需对以上各阶段风险点予以充分了解、识别,正确理解适用相关规定,从而满足公司数据合规以及《个人信息保护法》的监管要求。

三、律师建议

1. 个人信息获取、存储和使用需要遵循必要性和合法性原则。对于应聘者的背景调查一般基于作为公司员工的必要性因素,围绕包括背景调查候选人的身份信息、学历资质信息、工作经历信息(包括职位、职责、工作表现、待遇、离职原因、离职时间)、工作履历(包括是否解除劳动关系,有无经济纠纷、培训协议、保密及竞业禁止约定、劳资纠纷等)等,这些背景调查内容都与职位需求有关,在事先征求候选人同意后进行背景调查属于必要性核实,符合国家法律法规的规定。

2. 工作履历核实要求限定在工作范围内,严禁探查候选人其他个人隐私,如候选人知悉非工作相关个人信息披露或受损,可以主张侵权责任。

3. 应聘者有无违法记录、有无金融违法记录、个人经济状况、社会关系等信息,因涉及应聘者个人隐私,未经应聘者同意进行调查的,属于侵犯应聘者个人隐私,会引起法律纠纷。所以,除相关特定人员如高层招聘的必要性考虑外,可以考虑不对其他员工针对这些信息进行背景调查。对该部分信息进行调查之前,必须让相关应聘者书面签字授权公司对其信息进行核实,从而降低非法获取风险。

4. 在公司委托背景调查合作方获取应聘者的个人信息时,公司应使背景调查合作方取得应聘者的相关授权与同意。当然,若因背景调查合作方自身原因导致应聘者个人信息泄露的,其应承担相应的违约责任。

3 员工欺诈入职，如何认定劳动合同效力并确定其报酬？

咨询问题 ▶▶

我公司通过公开途径招聘了一名销售总监，现经调查，该员工入职我公司时提供的离职证明系伪造，且其并未与前用人单位解除劳动关系。

请问：该员工隐瞒未解除劳动关系的事实，是否构成欺诈？如何认定双方之间劳动合同的效力？该员工同时在两家单位任职，我公司能否要求其返还我公司已支付的50%劳动报酬？

律师答疑 ▶▶

一、员工欺诈行为与劳动合同效力

按照《劳动法》第18条第1款第2项、《劳动合同法》第26条第1款第1项的规定，如劳动者一方存在欺诈行为，使用人单位在违背真实意思的情况下订立或者变更劳动合同的，用人单位有权向劳动争议仲裁机构或者法院确认劳动合同无效或者部分无效。

何为欺诈？虽然最高人民法院《关于贯彻执行〈中华人民共和国民法通则〉若干问题的意见（试行）》已失效，但该文件第68条关于“欺诈行为”的认定标准仍具有一定的参考价值，具体到本咨询问题，可以将“欺诈行为”理解为，员工一方故意告知公司虚假情况，或者故意隐瞒真实情况；公司一方因员工故意告知的虚假情况或者故意隐瞒的真实情况而陷入了错误的判断，并基于错误判断作出了错误的意思表示。

（一）员工告知虚假情况或隐瞒真实情况

诚实信用原则是所有民事主体从事任何民事活动时需要履行的基本原则，无论是《民法典》第7条，抑或是《劳动合同法》第3条，均对此进行了明确规定。对于员工而言，如实披露是其基本告知义务，该义务项下，如实披露的内容主要是与工作有关的情况，包括学历、工作履历或项目经历、职称情况等。同时按照《劳动合同法》第8条的规定，公司有权了解员工与劳动合同相关的

基本情况。

但对于员工的披露义务是否以用人单位的告知要求为前提,包括是否限定为公司招聘信息或录用标准中明确的相关内容,实务中存在不同观点。有观点认为,只要劳动者订立合同过程中存在虚假告知或隐瞒的情形均构成欺诈;也有观点认为,员工的披露义务不应当过于扩大,如隐瞒情况或提供虚假情况不属于公司在招聘信息或录用标准中明确的相关内容,则不构成欺诈。针对此问题,笔者认为,员工的披露义务并不应当局限于公司在招聘信息或录用标准中明确的相关内容,具体应当结合录用的岗位、用工的形式进行全面分析。

(二)因员工告知虚假情况或隐瞒真实情况公司陷入错误判断而作出错误的意思表示

判断劳动者隐瞒情况入职与劳动合同无效的标准在于该虚假告知或隐瞒事实与公司作出录用决定之间的因果关系,并不应当过于加重公司对员工入职前调查、核实的义务。即使由于各种原因,公司未在劳动者提供相关资料后及时核查资料的真实性,也不应当影响公司在订立劳动合同之后,双方劳动关系履行过程中发现欺诈情形时主张劳动合同无效的权利。

以咨询问题为例,笔者认为,除非有证据证明公司明确表示招聘人员为兼职或非全日制用工,通常意义上公司招聘以及签署劳动合同,即应当理解为全日制用工且理所当然地排除双重劳动关系的情形。若劳动者隐瞒未解除劳动关系的事实入职,将直接影响公司作出录用与否的意思表示。基于此,公司以欺诈为由请求确认双方签订的劳动合同无效并无不当,若此种情形下,仍要求公司在发出录用通知前就其背景单独调查,否则不支持构成欺诈,则对于公司而言举证责任过重。

此外,由于在实务中存在不同的观点,劳动合同订立后员工是否能胜任工作岗位,也会在一定程度上影响对欺诈行为的判断。比较典型的如《最高人民法院公报》2012 年第 9 期案例:上海冠龙阀门机械有限公司(以下简称冠龙公司)诉唐某林劳动合同纠纷案①,原告冠龙公司认为被告唐某林于 2002 年 3 月以提供虚假学历证书和采用虚假陈述的欺诈方式,使原告公司在违背真实意思的情况下与其签订了劳动合同。但一审法院认为,欺诈的认定标准之一为

① 参见上海市第二中级人民法院民事判决书,(2011)沪二中民三(民)终字第 535 号。

对方是否知晓真实情况。原告冠龙公司的马某新系管理公司华东地区办事处的业务部经理,其对所辖办事处员工招聘、解聘等工作系其代表公司的职务行为。2008 年 12 月,马某新在知晓被告唐某林提供虚假学历的情况下,仍然作出与其续签劳动合同的决定。冠龙公司已经知晓唐某林学历造假,但仍继续予以聘用,即表明公司对唐某林提供虚假学历的行为不予追究。冠龙公司对销售人员的学历设置准入资格应为保证销售人员的工作能力,唐某林于 2002 年进入冠龙公司后双方一直续签劳动合同的事实亦从侧面证实冠龙公司对唐某林的工作能力予以认可,故冠龙公司主张唐某林欺诈的理由不能成立,冠龙公司与其解除劳动合同系违法解除劳动合同。上海市第二中级人民法院则认为,唐某林在入职时提供虚假学历并做虚假陈述的行为显然已经构成了欺诈。但唐某林于 2008 年 12 月底与冠龙公司续签劳动合同时是否构成欺诈存有争议,此问题的关键在于续签劳动合同时冠龙公司是否知晓唐某林学历造假一事并作出了错误的意思表示。由此可知,二审法院审理的重点仍然在于欺诈行为本身,而并未围绕唐某林入职后的工作能力问题进行分析。

二、劳动合同确认无效后的劳动报酬

劳动合同无效,劳动合同中约定的劳动报酬也应当归于无效。但由于劳动者在履行劳动合同过程中确实已经提供了相应的劳动力,因此仍然需要根据一定的标准确定劳动报酬的数额。按照《劳动合同法》第 28 条的规定,劳动合同被确认无效后,如员工已付出劳动的,用人单位仍应当向员工支付报酬,该劳动报酬应参照本单位相同或者相近岗位劳动者的劳动报酬确定。同时,最高人民法院《关于审理劳动争议案件适用法律问题的解释(一)》第 41 条进一步规定,劳动合同被确认为无效后,劳动者已付出劳动的,用人单位应当按照《劳动合同法》第 28 条、第 46 条、第 47 条的规定向劳动者支付劳动报酬和经济补偿。参考已被废止的最高人民法院《关于审理劳动争议案件适用法律若干问题的解释》第 14 条的规定,本单位相同或者相近岗位劳动者的劳动报酬还可以从同期、同工种、同岗位的工资标准等维度进行评估。

在南京天奥医疗仪器制造有限公司与张某劳动争议案[1]中,劳动仲裁委认为,员工张某在职期间共领取工资 109,302.5 元,根据其在职 6 个月时间核算,

---

① 参见南京市浦口区劳动人事争议仲裁委员会仲裁裁决书,宁浦劳人仲案〔2017〕396 号。

其月平均工资为21,191元。根据《劳动合同法》第28条的规定,该岗位前任丁某的平均工资为9,774.2元/月,其工资不足张某的1/2,直接按照丁某工资确定张某的报酬有失公平。因此,劳动仲裁委按照张某已发工资的2/3为标准,酌定张某在正常提供劳动的情形下应得的劳动报酬为14,127元/月。同时,劳动仲裁委认为,本案的特殊性在于张某同时为两家公司提供劳动,无法区分张某在两家公司内分别投入的工作量,故按照上述标准的一半,即7064元/月计算张某的劳动报酬。

基于此,劳动合同被确认无效后,处理员工已实际付出劳动期间的劳动报酬问题时,在适用《劳动合同法》第28条的规定确定员工劳动报酬的同时,除参考相近岗位待遇或劳动力市场类似岗位的工资水平外,还应当根据员工实施的具体欺诈行为,综合考虑劳动时间、劳动量等影响劳动报酬的因素。

通常意义上,除非双方特别约定,否则用人单位确定员工的工资标准并支付劳动报酬,必然隐含着"单一劳动关系项下员工在正常工作时间内履行正常的劳动义务"这一真实意思的表示。事实上,无论对于用人单位还是劳动者而言,劳动时间均直接关系劳动报酬的多少,如"全日制用工""非全日制劳动关系""小时工资""加班""事假""旷工"等概念在劳动法层面代表的含义以及可能产生的法律后果,均属于劳动时间与劳动报酬之间关系的表现,上述法律事实的发生,均会对劳动报酬产生影响。

因此,在用工关系中,劳动时间是用人单位以及劳动者最为重要、最为关注的因素之一。笔者认为,双重劳动关系的欺诈行为不同于学历造假、虚假工作经历等员工在正常工作时间内提供了相对正常的劳动义务的欺诈行为。确定员工劳动报酬时应当考虑员工同时为两家公司提供劳动的事实,并据此最终确定员工在职期间的劳动报酬。在无法确定员工在职期间劳动时间、劳动量的情形下,参考相同或近似劳动岗位的劳动报酬并减半核算员工在职期间的劳动报酬较为恰当。

4 用人单位单方调整劳动者工作岗位的判断标准是什么？

咨询问题 ▶▶

我公司新招聘一名员工，因业务部领导对该员工的工作表现并不满意，要求 HR 对其进行工作岗位调整。

请问：此情形下，我公司进行员工岗位调整是否必须与劳动者协商一致？

律师答疑 ▶▶

用人单位基于生产经营需要对员工岗位进行调整的原因有很多，如员工不能胜任工作、公司业务调整、员工升职等，有客观因素也有公司管理层的主观用意，但从合规经营角度考虑，HR 仍应避免单方调整岗位的权利滥用，降低因任意行使单方调整工作岗位权利而导致的风险，平衡用人单位用工自主权与劳动者权利保护之间的关系。

结合《劳动合同法》相关规定以及各地司法实践，用人单位合法单方调整员工工作岗位，主要有以下几种情形：

一、基于法定情形的单方岗位调整

（一）劳动者患病或非因工负伤无法从事原工作

依据《劳动合同法》第 40 条第 1 项的规定，员工患病或非因工负伤后，在规定的医疗期满后不能从事原工作岗位，用人单位有权单方进行岗位调整。此种情形下，由于员工的患病或非因工负伤属于客观情形，劳动者满足上述客观情形，用人单位即可单方进行岗位调整，相对而言，此种单方调整岗位合理性的举证责任较轻。

（二）劳动者不胜任工作

依据《劳动合同法》第 40 条第 2 项的规定，用人单位在劳动者不能胜任工作时，有权单方进行工作岗位调整。该情形下，用人单位需要有证据证明劳动者不能胜任工作，包括劳动合同中有明确的岗位约定，公司规章制度或岗位职责对于岗位的工作内容有明确的规定与达标要求，考核结果基于客观的判断

标准等。

（三）用人单位因转产、重大技术革新或者经营方式调整

依据《劳动合同法》第41条第1款第3项的规定，企业转产、重大技术革新或者经营方式调整，变更劳动合同的情形。笔者认为，用人单位因转产、重大技术革新或者经营方式调整，有权单方调整劳动者相应工作岗位，但需要提供相应的证据证明经营方式调整，并履行相应的程序，包括提前30日向工会或全体职工进行说明等。

（四）按照劳动合同约定履行保密义务时的岗位调整

按照《关于企业职工流动若干问题的通知》第2条的规定，用人单位与掌握商业秘密的职工在劳动合同中约定保守商业秘密有关事项时，可以约定在劳动合同终止前或该职工提出解除劳动合同后的一定时间内（不超过6个月），调整其工作岗位，变更劳动合同中相关内容。因此，对于确实需要履行保密义务的劳动者，双方在劳动合同中明确约定了离职前调整岗位的内容时，用人单位按照劳动合同约定行使单方岗位调整权利，笔者认为，可以获得法院的支持。

（五）其他特殊情形下的岗位调整

按照《职业病防治法》第35条第2款的规定，用人单位不得安排有职业禁忌的劳动者从事其所禁忌的作业；对在职业健康检查中发现有与所从事的职业相关的健康损害的劳动者，应当调离原工作岗位，并妥善安置。因此，对于经职业健康检查被确诊为职业禁忌症或者职业病的劳动者，用人单位有权也有义务对其岗位进行相应的调整。

二、基于经营自主权的单方岗位调整

用人单位依据经营自主权行使单方岗位调整的权利基础，主要源于各地司法行政机关在实务处理中对《劳动合同法》过度倾斜保护劳动者，维护企业用工自主权的一种修正，不代表用人单位有权任意行使用工自主权。若用人单位仅基于经营自主权进行岗位调整，为平衡该行为与劳动者权利之间的关系，法院在审理时会慎重评估，且用人单位需要承担较重的举证义务。对于用人单位如何判断经营自主权与单方调整员工工作岗位的合法性、合理性之间的标准，可以尝试从实体以及程序两个方面进行综合分析。

（一）实体方面

1. 岗位调整的目的

用人单位针对员工岗位进行调整应当出于生产经营的目的，不同于《劳动合同法》等法律的明确规定，此处的生产经营主要源自用人单位自主经营需要，强调的是用工自主权，包括外部经济情况变化、生产经营困难、资金周转的影响等。在北京乡居楼餐饮有限公司（以下简称乡居楼公司）与苏某江劳动争议案①中，北京市高级人民法院认为，因政府整体拆除项目的启动，双方订立劳动合同时的客观情况发生变化，在此情况下，作为用人单位的乡居楼公司有义务为劳动者提供新的工作地点及工作岗位，并应积极与劳动者协商劳动合同变更的相关事宜。

2. 岗位调整的合理性

用人单位针对员工岗位进行调整，不应当对劳动者存在不利的变更，损害劳动者合法权益，如不能有岗位调整具有侮辱性和惩罚性、工作地点与劳动合同约定差异较大、劳动者对调整后的岗位明显无法胜任等情况。在青木金属制品（珠海）有限公司（以下简称青木公司）与林某方劳动合同纠纷案②中，一审及二审法院均认为青木公司作为用人单位所享有的经营自主权、管理权须在法律允许的范围内行使。青木公司在未与林某方协商一致的情形下，单方安排林某方清理杂草，对林某方工作岗位的调整是不合法、不合理的，林某方有权予以拒绝。且青木公司未提供证据证明对林某方清理杂草的工作安排具备合理性、必要性以及正当性，应承担举证不能的不利后果。最终，法院认定青木公司对林某方工作岗位的调整不具备合法性。该案中，用人单位败诉的最大原因在于，双方约定的工作岗位为技术岗，但单方调整后的工作内容为清理杂草，且用人单位无法提供任何证据证明该工作安排的必要性。相反，在用人单位配有两名专职清理人员情形下，工作岗位调整期间仅安排劳动者一人从事清理工作，调整工作前无证据证明林某方存在不胜任工作或医疗期满后不胜任原工作岗位等情形，林某方有权拒不配合。此时，若用人单位以不配合管理为由解除双方劳动关系，则属于违法解除劳动合同。

3. 岗位调整后的薪资待遇

用人单位针对员工岗位进行调整应当明确告知员工调整后岗位的情况，

① 参见北京市高级人民法院民事裁定书，（2020）京民申 4327 号。

② 参见广东省珠海市中级人民法院民事判决书，（2017）粤 04 民终 240 号。

并保持岗位调整前后的薪资待遇基本一致。用人单位在作出岗位调整的决定之前,明确告知调整后岗位情况的目的在于保证劳动者的知情权,以降低用人单位以旷工等严重违纪事由解除双方劳动关系时的风险。在开原宏达热电有限公司与栗某劳动争议案[①]中,辽宁省高级人民法院认为,用人单位未告知劳动者调岗后具体工作岗位、工作内容及工资薪酬标准,双方对调岗问题未协商一致,存在争议,在此情况下劳动者不到新岗位工作,不应认定为旷工,用人单位以此单方解除劳动合同系违法解除劳动合同。

同时,保持岗位调整前后的薪资待遇基本一致的目的在于增加用人单位单方调整工作岗位的合理性,以平衡因岗位调整可能对劳动者产生的不利影响。在李某永与深圳沃尔玛百货零售有限公司劳动合同纠纷再审案[②]中,广东省高级人民法院认为,调岗是用人单位行使经营自主权的表现,前后岗位劳动技能虽有一定区别,但前后岗位均属同一用人单位同一工作地点且薪资未低于原有标准。劳动者不服从工作安排严重违反公司劳动纪律,用人单位予以辞退并于解除劳动合同前告知工会,工会未提出异议,则用人单位单方面解除劳动合同并无不当。

(二)程序方面

用人单位单方进行岗位调整时仍然需要履行相应的通知义务,包括以书面、口头等方式通知限期到岗等程序要求。劳动者无任何合理理由拒绝到岗的,则将面临用人单位以旷工等理由解除双方劳动关系。

在马某与大商集团沈阳新玛特购物休闲广场有限公司劳动争议再审案[③]中,辽宁省高级人民法院认为,结合用人单位提交的关于员工岗位调整的请示的签呈、催促到岗通知书、人力资源部的情况证明、物业部的情况证明、送达情况说明及委托顺丰速运发送快递的委托书等相关证据材料,用人单位在决定对劳动者工作岗位进行调整后,派人力资源部有关人员与劳动者谈话,传达公司的调岗决定,并再次向劳动者发出催促到岗通知书,劳动者仍未到新岗位开展工作,用人单位据此与劳动者解除劳动关系,系合法解除。

在刘某与日出东方太阳能股份有限公司劳动争议再审案[④]中,江苏省高级

---

① 参见辽宁省高级人民法院民事裁定书,(2019)辽民申4643号。
② 参见广东省高级人民法院民事裁定书,(2019)粤民申5254号。
③ 参见辽宁省高级人民法院民事判决书,(2019)辽民再112号。
④ 参见江苏省高级人民法院民事裁定书,(2018)苏民申5937号。

人民法院认为,劳动者认可用人单位口头通知短期调整其工作岗位,薪资待遇不变,并另行获得额外补贴,但实际未到新岗位工作。用人单位发出限期到岗通知书后,劳动者逾期未报到,仍在原岗位考勤上班,未按照用人单位的安排从事工作。用人单位听取工会意见解除劳动合同,系合法解除。此外,参考最高人民法院《关于审理劳动争议案件适用法律问题的解释(一)》第 43 条的规定,用人单位与劳动者协商一致变更劳动合同,虽未采用书面形式,但已经实际履行了口头变更的劳动合同超过一个月,变更后的劳动合同内容不违反法律、行政法规且不违背公序良俗,当事人以未采用书面形式为由主张劳动合同变更无效的,法院不予支持。笔者认为,如用人单位单方进行岗位调整后,劳动者未提出异议,按照新的岗位职责履行劳动义务且超过一个月的,则举证义务从用人单位证明岗位调整的合理性逐步倒置为劳动者证明岗位调整违反法律规定,某种程度上也可以理解为一种单方岗位调整的情形。

综上,用人单位可以依据法律规定的情形,或结合当地司法实践,基于用工自主权,单方调整劳动者的工作岗位或工作内容,需要针对包括经营情况的必要性、调整后工作内容与员工原岗位工作内容的匹配程度、岗位调整后的工资结构以及岗位调整不具有侮辱性等几个方面证明岗位调整或者工作安排的合理性、必要性以及正当性。

5 员工在公司聚餐中发生意外，公司是否要担责？

咨询问题 ▶▶

王某系我公司的员工，2021 年春节前我公司组织员工聚餐，王某在聚餐过程中饮酒并被公司同事送回宿舍休息。第二天，同事在宿舍发现王某已经死亡，后我公司报警处理。现王某家属在公司围堵闹事，要求公司支付巨额赔偿费。

请问：在王某醉酒死亡事件中，我公司是否应当承担赔偿责任？

律师答疑 ▶▶

员工聚餐，是公司常见的团队建设和文化建设方式，可以增进同事之间的相互了解，也可以促进公司内部和谐团结的气氛。尤其是元旦和年底期间，公司内部各种聚餐活动更是集中与频繁，形成“旺季”。而每年这段时间，也总会有员工因聚餐醉酒发生意外的事件出现，不少公司也因此惹上官司。那么，发生这种意外事件，公司是否需要承担责任？这类案件有两个法律问题值得思考，一是员工聚餐醉酒发生意外是否属于工伤，二是员工聚餐发生意外公司该承担什么样的法律责任。

一、员工聚餐醉酒发生意外是否属于工伤

工伤，是指职工在生产劳动或工作中负伤，认定工伤的情形主要有以下几种：(1)在工作时间和工作场所内，因工作原因受到事故伤害；(2)工作时间前后在工作场所内，从事与工作有关的预备性或者收尾性工作受到事故伤害；(3)在工作时间和工作场所内，因履行工作职责受到暴力等意外伤害；(4)患职业病；(5)因工外出期间，由于工作原因受到伤害或者发生事故下落不明；(6)在上下班途中，受到非本人主要责任的交通事故或者城市轨道交通、客运轮渡、火车事故伤害；(7)法律、行政法规规定应当认定为工伤的其他情形。

总体来说，判定工伤的主要标准是：工作时间、工作场合、死亡原因与工作相关。通常情形下，正常公司年会聚餐也可以理解为公司工作的一个延伸，有

些公司年会会先进行年终总结,更是明显属于公司工作的组成部分。如此说来,饮酒也可以说是工作行为的一部分,醉酒死亡若认定工伤看似也有合理的一面,因此,在司法实践中因公司聚餐醉酒发生意外后申请工伤的案例也不在少数。但是,《社会保险法》第37条和《工伤保险条例》第16条均明确规定,醉酒不属于工伤范围。在黄某玉与汕头市人力资源和社会保障局不予认定工伤行政确认案①中,方某雄在公司组织年饭聚餐过程中因饮酒导致急性酒精中毒在家死亡,其家属黄某玉申请工伤认定,但汕头市人力资源和社会保障局经核实后认为其不符合《工伤保险条例》规定的认定工伤或视同工伤情形,遂作出不予认定工伤决定书。黄某玉提起诉讼,一审、二审法院均认定方某雄参加单位组织的年终聚餐因饮酒导致急性酒精中毒在家中死亡的情形,不符合《工伤保险条例》规定的认定工伤或视同工伤情形,驳回其诉讼请求。事实上,在司法实践中,类似案件法院的裁判观点基本上都是支持人力资源和社会保障局作出的不予认定工伤决定。

综上,员工在公司聚餐活动中因醉酒发生意外的,即便公司年会聚餐真的属于公司工作的一部分,但是根据法律明文规定,醉酒行为导致的伤亡不属于认定工伤或者视为工伤情形,因此类似申请工伤认定的案件,人力资源和社会保障局基本都会做出不予认定的结果。

二、员工聚餐发生意外公司承担的法律责任

根据《民法典》侵权责任编第1176条、第1198条的规定,活动的组织者,未尽到安全保障义务,造成他人损害的,应当承担侵权责任。在公司组织的聚餐活动中,公司作为聚餐的组织者,依法对本次聚餐活动负有相应的安全保障义务,该义务不仅包括危险的预防及消除义务,还包括成员处于危险状态时产生的相应救助义务。在冯某丽与南充市映山红餐饮有限责任公司(以下简称映山红公司)生命权、健康权、身体权纠纷案②中,法院认为:"映山红公司作为公司聚餐的组织者,依法对本次聚餐活动负有相应的安全保障义务,该义务不仅包括危险的预防及消除义务,特别是,其中的成员处于危险状态时产生的相应救助义务。本案李某在饮酒过程中,映山红公司未及时合理提醒,李某在醉酒后,映山红公司虽安排两名员工将李某送至家中休息,交与家人看护无疑也

---

① 参见广东省汕头市中级人民法院行政判决书,(2017)粤05行终47号。
② 参见四川省南充市中级人民法院民事判决书,(2017)川13民终1055号。

是措施之一，但在李某醉酒严重且其家中无人的情况下，未认真观察李某的醉酒状态，也没有根据具体情况采取相应救助措施，包括将李某送至医院治疗等，而是将李某送至家中了事，放纵了危险的发生。故应当认为映山红公司未完全尽到必要的救助义务。死者李某作为完全民事行为能力人，对自己的酒量及身体状况应有充分的认识，应当预见过量饮酒的危害，却没有引起高度重视，对于酒后猝死的严重后果应承担主要责任，故法院酌定李某自行承担80%的责任。但考虑映山红公司对李某的死亡也应承担相应的责任，根据本案的特殊情况，映山红公司承担20%的赔偿责任。"

通过检索可以发现，类似案件中法院基本上都会判定作为聚会组织者的公司承担一定赔偿责任。当然，上述安全保障义务，亦通常要求在一个"合理限度"内。但究竟"合理"的限度在哪里，应当结合聚餐活动及发生事故的实际情况和具体情节进行确定。在东莞市麦琪自动化科技有限公司与左某昌、韦某芬、盛某水、陈某鹏、陈某丞生命权、健康权、身体权纠纷案[①]中，公司代理律师认为，公司组织的聚餐只是在内部加餐，属于正常的工作就餐，尽管提供了酒水，但都是要求员工按量自取，公司没有强行劝酒，也没有其他员工劝酒，公司的行为没有任何危害性，与左某的死亡不存在法律上的因果关系，公司和同桌的员工不应当承担任何赔偿责任。东莞市中级人民法院最终认定，因没有证据显示就餐员工对左某有劝酒行为，也不能认定该公司提供团餐及酒水的行为与左某死亡之间存在因果关系，法院认定该公司不用承担责任。

综上，虽然根据《社会保险法》和《工伤保险条例》的规定，员工在公司聚餐过程中因醉酒行为导致的伤亡不属于认定工伤或者视为工伤情形，公司无须承担相应的工伤赔偿责任，但是根据《民法典》侵权责任编的相关规定，公司作为聚餐活动的组织者，应对所有参与人员负有安全保障义务，否则需要对造成损害的人员承担侵权责任。在前述咨询王某醉酒死亡事件中，公司虽然安排同事将王某送回宿舍，但是在明知其醉酒的情形下却未安排其他人员陪同照顾或送医治疗，未完全尽到必要的救助义务，应当承担一定比例的赔偿责任。此外，鉴于现实中类似公司因员工聚会发生意外而被判承担责任的事件几乎每年发生，笔者特在此提醒各公司，在组织各类聚餐时，作为组织者和邀请者，应当尽好以下安全注意义务和善意的管理责任：

---

① 参见广东省东莞市中级人民法院民事判决书，(2020)粤19民终5316号。

1. 必要的安全提示。如应当告知员工适量饮酒、饮酒危害健康、禁止恶意劝酒、喝酒时彼此尊重勿强行敬酒、员工间彼此照顾等。

2. 基于安全考虑的工作分配。如指定专人负责各桌酒水的适量分发；安排照顾饮酒过量同事等餐饮服务工作；排除活动场所的安全隐患，如督促餐厅保持地面干燥等。

3. 必要的救护救助行为。如发现员工过量饮酒，要进行规劝或制止；员工发生醉酒情况，要通知其家属并做必要的救护处理，包括指导醒酒、及时就医等。

6 众包平台模式是否可以成为公司用人新选择？

咨询问题 ▶▶

公司最近了解到众包平台可以为公司提供成本低廉且更加高效的劳动力，且不用为这些人缴纳社会保险费，也不必承担法律上的很多责任（如辞退问题、经济补偿金问题等）。

请问：众包平台能否取代传统的劳动用工模式？除了众包平台之外，是否还有其他的模式可以考虑？

律师答疑 ▶▶

一、众包平台模式及其优缺点

近年来，“灵活用工”成为一个热门话题，由于《劳动法》《劳动合同法》等法律法规对公司的严格规定和对劳动者的倾向性保护，很多公司正在尝试在法律的框架下开拓更多跳出传统劳动关系的新型用工方式，以降低成本和运营管理风险。除此之外，由于一些岗位的特殊性，也可能存在招聘困难或岗位流动性高而导致的人员短缺问题。由此衍生出很多特殊的“雇佣”关系，众包平台就是其中之一。

公司在评估采取何种用工形式时，往往需要从以下几个角度进行分析和考虑：(1)用工成本：包括固定成本（工资、社会保险费等）、相对成本（外包服务费等）、风险成本（赔偿金、补偿金等）；(2)管理难度：包括面试录用条件、试用期、考勤制度与用工管理、社会保险及福利、公司规章制度、离职与解聘等；(3)法律风险：包括双方之间的合同种类及法律关系、用工地点和岗位、法定劳动报酬、社会保险、工作时间和休息休假等。

下面笔者结合上述角度对众包平台模式进行分析：

众包平台模式，是指通过搭建信息平台，把过去公司自有员工的工作任务以自由、自愿的形式外包给非特定的大众，让有意提供劳务的个体与需求方对接，以劳务换取报酬的新模式。随着“互联网+”共享经济的发展和消费升级，众包平台模式在各个领域崭露头角,平台作为信息中介服务商,通过撮合需求方和服务提供者达成交易,收取信息对接的“服务费”。以最常见的快递领域为例,存在需求的客户通过众包平台发布交易信息,快递员通过众包平台主动[①]与需求方进行交易,赚取收入。在此模式下,众包平台、需求客户、快递员三方是彼此独立的民事主体,平台不参与客户和快递员的商业交易,只根据最终的交易金额收取服务费。

面向公司日常经营的众包平台也是类似模式。例如,公司需要进行季度财务审计,可以通过平台发布任务,平台注册的服务提供者通过平台“接单”,与公司达成合意后向公司提供审计服务并领取报酬。很明显,在此例中,公司与服务提供者之间并非传统意义的劳动关系或雇佣关系:公司不需要与服务提供者签订劳动合同,也无须为其缴纳社会保险费、支付工资等,公司与服务提供者之间采取一事一结的方式;服务提供者一般是主动对订单进行筛选,而非从事雇主授权或指示范围内的生产经营活动或者其他劳务活动,因此往往也不构成最高人民法院《关于审理人身损害赔偿案件适用法律若干问题的解释》中规定的从事雇佣活动。这样看来,众包模式可以有效降低公司用工成本、在短时间匹配服务提供者以实现需求,且潜在的管理难度和法律风险较低,似乎是个完美无缺的用工模式。

但是,众包平台本身的性质也意味着众多的不确定性,服务提供者服务质量的不确定、完成工作质量的不确定、售后服务的不确定等。仍然以财务审计为例,由于一事一结且服务提供者存在流动性,如果未来发现当初的财务审计存在纰漏或瑕疵,公司可能很难找到当初的服务提供者确认相关信息或追究责任,而平台作为“居间人”,一般来说也不会提供专业服务质量保证或者售后。此外,对于很多公司来说,员工管理还涉及企业文化建设、商业秘密、竞业限制等事项,如果过多地采用众包平台的“临时工”,也不利于公司长期、稳定发展和扩大经营规模。

二、其他灵活用工模式

(一)劳务派遣

劳务派遣在我国经济发展中扮演过极为重要的角色,在众包平台出现之

---

① 实践中也有被动派单模式,但是由于该模式可能存在被认定为劳动关系的争议,此处不展开讨论。

前,劳务派遣是最为常见的灵活用工形式。此模式不仅可以解决招聘难等人员短缺问题,也可以帮助公司简化人员编制、降低人工成本、减少劳动争议等。

但是,随着我国法律制度的不断完善,早期劳务派遣的成本和风险转嫁优势已经明显被削弱。首先,《劳动合同法》第 92 条第 2 款规定,用工单位给被派遣劳动者造成损害的,劳务派遣单位与用工单位承担连带赔偿责任。《民法典》第 1191 条第 2 款规定:"劳务派遣期间,被派遣的工作人员因执行工作任务造成他人损害的,由接受劳务派遣的用工单位承担侵权责任……"也就是说,用工单位在一些特殊情况下需要承担赔偿责任,劳务派遣模式并不能帮助用工单位完全免除赔偿责任。即使劳务派遣公司与用工单位在协议中约定由劳务派遣公司承担全部责任,也无法对抗第三人,最终用工单位只能通过追偿的方式挽回损失,而能够挽回多少则取决于劳务派遣公司的偿付能力。其次,在劳务派遣关系中,并不意味着用工单位对劳动者不承担任何义务或责任。根据《劳动合同法》第 62 ~ 64 条的规定,用工单位需要对劳动者提供一定的保护和告知义务,劳动者在用工单位中也享有一部分员工权利,如同工同酬、加入工会等。最后,根据《劳动合同法》第 66 条的规定,劳务派遣用工仅仅是企业用工形式的补充形式,只能在临时性、辅助性或替代性岗位上实施,用工比例不能高于本单位员工的 10% 。因此,用工企业不可能通过全部采用劳务派遣的方式获得劳动力,仅能在小部分范围内使用。考虑上述限制和用工风险,建议公司选择专业化和成熟度较高的劳务派遣公司,以便降低公司的管理风险。

(二)外包

在一部分领域,劳务派遣可能无法满足企业的需求,因此催生出将业务整体外包给外部公司的需求。通过将非核心业务整体外包委托给外部专业公司,可以有效提高效率和专业化程度。常见于游戏美术设计、房地产经营销售、程序编写等领域。对于没有经济能力或专业能力培养自己的专业团队的公司而言,外包是非常经济实惠的用工方式。这种情况下公司与外包公司之间往往形成承揽合同等合同关系。

但是,外包也面临着一些问题:首先,公司需要对外包公司进行筛选和甄别。并非所有专业都能够找到成熟、稳定的专业外包供应商。而选择业务外包的公司往往在该领域并不擅长,也就面临着无法准确判断外包公司质量的困境。其次,有些外包公司存在"假外包真派遣"的情况,导致最终产生纠纷后，用工单位被认定为劳务派遣用工单位，承担劳务派遣模式的风险。

在河北省烟草公司承德市公司围场县卷烟营销部与王某某劳动争议纠纷案[①]中，河北省承德市中级人民法院认为，用工单位与劳务提供单位之间未按合作协议约定履行装卸、搬运等劳务以及据此结算并支付装卸搬运费用，而是按用工单位所用工人工种、数量、岗位等确定工资，由用工单位将工资、保险、管理费等费用支付给劳务提供单位，此种形式的用工事实上是劳务派遣形式而非劳务外包，因此用工单位应当对劳动者承担连带赔偿责任。

（三）非全日制、兼职、退休返聘

对于一些不需要提供全职劳动的岗位，如提供咨询意见的资深专家等，或者是不太重要的岗位，可以考虑采取非全日制或者兼职模式。但是从法律性质分析，非全日制事实上仍然属于劳动关系，只不过可能构成法律规定的特殊情况：综合计算工时工作制。而对于兼职是否属于劳动关系，则可能存在争议。司法实践中，通常会根据工资支付、社会保险费缴纳记录、身份证明材料（如工作证、名片等）、考勤记录等进行综合判断。

退休返聘一般涉及高级工程师、技术骨干等特殊人员。此类人员往往在到达法定退休年龄后通过与公司签订劳务合同的方式为公司继续提供服务。此时，由于该类人员已经不再受到《劳动法》及相关法律的保护，双方的权利和义务以劳务合同为准。但这并不意味着公司可以放松风险管理意识，根据《民法典》和最高人民法院《关于审理人身损害赔偿案件适用法律若干问题的解释》的规定，劳务合同可能产生雇主责任，一旦该员工发生工伤等情况，在没有工伤保险赔偿的情况下，公司可能承担比劳动关系中发生人身损害的赔偿金额更高的赔偿金额。此类情况下，建议公司为相关人员购买商业保险，以降低自身承担赔偿责任的风险。

随着经济发展，国家在政策层面针对灵活用工出台了多项利好政策，以促进劳动市场的蓬勃与活力。在可以预见的未来，灵活用工将成为劳动市场的热门话题，为公司提供更多用工模式。但是，没有哪种用工模式是完美无缺的，公司应根据岗位的需要、自身的成本、管理要求、风险控制需要等进行综合判断，最终选择更符合自身利益的用工模式。

---

① 参见河北省承德市中级人民法院民事判决书，(2020)冀08民再3号。

7 公司面临业务调整，解除与员工劳动关系时如何评估风险？

咨询问题 ▶▶

因我公司组织结构调整，拟撤销广州办事处财务岗，将所有财务工作归至总公司集中管理。

请问：公司是否可以援引《劳动合同法》第40条第3项客观情况发生重大变化的规定，单方解除广州办事处财务岗位两名员工的劳动合同而无须支付赔偿金？

律师答疑 ▶▶

《劳动合同法》第40条第3项规定，劳动合同订立时所依据的客观情况发生重大变化，致使劳动合同无法履行，经用人单位与劳动者协商，未能就变更劳动合同内容达成协议的，用人单位提前30日以书面形式通知劳动者本人或额外支付一个月工资后，可以解除劳动合同。基于此，公司在援引《劳动合同法》第40条第3项的规定，单方合法解除与员工之间的劳动关系时，需要围绕实体问题以及程序要求进行分析，关注“解除事由”，重视解除劳动关系前的协商程序，以降低随意解除公司与员工之间的劳动关系的风险。

一、实体问题

对于公司因经营情况发生变化而优化岗位结构或裁撤分公司、办事处等解除事由，是否属于客观情况发生重大变化，实务中存在不同的处理意见。

在华瑞科力恒（北京）科技有限公司（以下简称华瑞科力恒公司）与王某燕劳动争议案[①]中，华瑞科力恒公司认为，其所在的华瑞集团被霍尼韦尔集团收购后，因公司发展、组织结构调整等原因，王某燕所在部门的相关职能亦需跟随霍尼韦尔集团自动化工业安全事业部一起从北京转移到上海，导致董事会据此作出整体撤销该部门的决议，属于“客观情况发生重大变化”。该案中华

① 参见北京市第三中级人民法院民事判决书，(2021)京03民终8688号。

瑞科力恒公司的观点并未得到支持。北京市第三中级人民法院肯定了一审法院的观点认为,“客观情况发生重大变化”一般是指:(1)地震、火灾、水灾等自然灾害形成的不可抗力;(2)法律、法规、政策变化导致用人单位迁移、资产转移或者停产、转产、转(改)制等重大变化;(3)特许经营性质的用人单位经营范围发生变化。对于“客观情况发生重大变化”的解释仅限企业外部环境发生的企业自身无法改变或控制的重大变故,是企业不得不面对和接受的事实,而非一般的经营状况不佳,亦不是企业为了追求更高利润而进行的主观的、自主的管理模式改变等,故华瑞科力恒公司出于自身利益需要进行组织架构调整,不属于客观情况发生重大变化。

但在沈阳恒隆地产有限公司(以下简称沈阳恒隆公司)与李某哲劳动争议案①中,辽宁省沈阳市中级人民法院认为,沈阳恒隆公司和案外人辽宁恒隆地产有限公司(以下简称辽宁恒隆公司)均属于恒隆集团,其经营方式和管理方式不可避免地要受到集团统一的战略性的调整。沈阳恒隆公司和辽宁恒隆公司管理层的整体合并是恒隆集团对下统一提出的调整方案,沈阳恒隆公司和案外人辽宁恒隆公司作为下属公司只能无条件执行,属于企业经营客观形势发生重大变化。

因此,如何判断解除事由是否属于客观情况发生重大变化,仍需要参考所在地法院的裁判观点进行风险评估。以公司组织结构调整,拟撤销该公司在广州设立的办事处财务岗位的咨询问题为例,建议 HR 在解除员工劳动关系之前,了解并逐一分析公司进行组织结构调整,并撤销该办事处财务岗位的原因。实际上,组织结构调整涉及的因素较多,如外部竞争影响、业绩下滑、生产经营困难、第三方收购等,这些因素均不同程度地影响法院对于“客观性”的认定。同时,HR 还可以考虑援引《劳动合同法》第 41 条第 1 款第 4 项“其他因劳动合同订立时所发生的客观经济情况发生重大变化,致使劳动合同无法履行的”的规定,处理解除劳动关系的问题。

在北京《瑞丽》杂志社有限公司(以下简称瑞丽杂志社)与程某劳动争议纠纷案②中,瑞丽杂志社认为,基于市场形势的影响及内部组织结构庞杂、冗余等,对包括程某在内的 5 个工作岗位进行结构调整,属于客观情况发生重大变化。一审法院北京市东城区人民法院认为,客观情况一般是指除劳动者和用

① 参见辽宁省沈阳市中级人民法院民事判决书,(2021)辽 01 民终 11604 号。

② 参见北京市第二中级人民法院民事判决书,(2017)京 02 民终 1681 号。

人单位主动采取行为之外的不以双方主观意志为转移的情况。因用人单位自身经济情况发生重大变化、主动或者被动适应市场变化采取的调整产业结构、战略调整等经济行为均应属于客观经济情况的范畴。二审法院北京市第二中级人民法院进一步认定,用人单位与劳动者约定可根据生产经营情况调整劳动者工作岗位的,经审查用人单位证明生产经营情况已经发生变化,调岗属于合理范畴,应支持用人单位调整劳动者工作岗位。瑞丽杂志社为了适应市场形势,根据经营情况对相关部门和职位进行调整,导致其与程某所签劳动合同中约定的工作岗位被裁撤,因双方所签劳动合同明确约定可根据工作需要调整劳动者工作岗位,瑞丽杂志社根据客观经营情况的变化调整程某的岗位属于自主用工行为,也符合双方劳动合同的约定。

二、程序要求

HR 在履行解除劳动关系前的协商程序时,首先,应当注意履行协商程序的形式,包括书面邮件、会议召开的邀请、签到表、书面的通知以及送达回执、公告等方式,并尽量避免通过口头方式履行协商程序。在魏某与沈阳于洪乐购生活购物有限公司(以下简称于洪乐购公司)劳动争议案[①]中,沈阳市中级人民法院认定于洪乐购公司动迁,通过张贴公告、宣传引导等方式公示"告员工书""关于长客店经营调整人员安置方案的公示",履行了相应的协商程序。

其次,HR 在履行协商程序时,不能局限于形式上的"协商通知"或随意确定相应的协商内容以变相满足协商不一致的内容,而应当围绕双方签署的劳动合同对包括工作岗位等变更进行充分协商,尊重劳动者的意愿。结合相应的案例,笔者建议在协商过程中注意以下两点:

1. 协商内容以变更工作岗位为主。双方协商的内容应当围绕劳动合同内容,而直接变更用人单位并不属于就"变更劳动合同内容"进行协商。在阿斯利康(无锡)贸易有限公司北京分公司(以下简称阿斯利康公司)与张某劳动争议案[②]中,阿斯利康公司为证明解除程序满足要求,向法院提交的证据还包括阿斯利康公司向麻醉团队发出的沟通信(第三期)、公司召开员工沟通会的通知和员工参加沟通会的签到表、员工沟通会使用的 PPT、艾健公司的聘用意向要约书、关于员工转移的劳动关系变更协议、公司与张某就协商变更劳动合同

① 参见辽宁省沈阳市中级人民法院民事判决书,(2020)辽 01 民终 6071 号。

② 参见北京市朝阳区人民法院民事判决书,(2018)京 0105 民初 10067 号。

的往来邮件等。最终，北京市朝阳区人民法院认为，在麻醉产品销售权转让后，阿斯利康公司可以在公司内部变更张某的工作岗位，而阿斯利康公司仅向张某提供至其他公司工作的机会或者解除劳动合同，张某未予接受，不属于"劳动合同无法履行，经用人单位与劳动者协商，未能就变更劳动合同内容达成协议"的情形。

2. 避免"名为协商实为解除"的情形。双方协商时应当充分尊重劳动者的意愿，并尽可能提供多种选择方案。在孙某与南京菲尼克斯电气有限公司（以下简称菲尼克斯公司）劳动争议案①中，广东省广州市中级人民法院认为，菲尼克斯公司对孙某所在的岗位职能进行重组是否属于客观情况发生重大变化暂且不论，菲尼克斯公司提供的重组方案，涉及的劳动者有 24 人，而提供给劳动者选择的岗位仅有 13 个，结果必然是有 11 个劳动者没有岗位，事实上最终也是如此。由此可见，对包括孙某在内的 11 个劳动者而言，重组的结果并不是变更劳动合同，而是必然解除劳动合同。换言之，菲尼克斯公司与孙某解除劳动合同，不是因为无法就变更合同达成协议，而是因为没有充足岗位用以协商变更只能解除合同，即名为重组实为缩减人员，不符合《劳动合同法》第 40 条第 3 项规定的用人单位可以单方面解除劳动合同的情形。

综上，笔者认为，HR 基于公司经营需要单方对员工行使相应权利时，特别是援引《劳动合同法》第 40 条预告解除劳动关系时，应围绕实体内容以及程序要求，充分评估解除行为的合理性及合法性，根据风险评估的结果确认最终的行动方案，该行动方案可以是立即作出解除劳动关系的决定，可以是与员工达成的和解协议，也可以是变更管理方式，暂缓解除劳动关系的决定等。

除此之外，笔者建议在与员工签署的劳动合同中进一步约定，公司可根据生产经营情况调整工作岗位，以加强工作岗位调整的合理性以及双方就岗位调整无法达成一致意见时公司解除劳动关系的合法性。

---

① 参见广东省广州市中级人民法院民事判决书，（2020）粤 01 民终 16510、16511 号。

8 签署协商解除劳动合同协议后，一方能否反悔？

咨询问题 ▶▶

我公司拟与员工协商解除劳动关系，并签署协商解除劳动合同协议书。请问：员工签署协商解除协议书后可以反悔吗？

律师答疑 ▶▶

公司与员工之间签署协商解除协议的效力问题，需要根据协议内容是否违反强制性规定，是否存在欺诈、胁迫、乘人之危、重大误解或者显失公平进行评估。

在黄某富与深圳市优博讯科技股份有限公司（以下简称优博讯公司）劳动合同纠纷案①中，原告黄某富在与被告优博讯公司签署协商解除劳动合同协议书后，认为协议书所载明的加班费与其可得的加班费差额巨大，属于显失公平的情形，要求撤销协议书中加班工资条款，并要求被告公司支付差额加班费。在上海东土远景工业科技有限公司（以下简称东土公司）与朱某经济补偿金案②中，原告东土公司以被告朱某属于严重违纪解除劳动关系，不需支付其经济补偿金为由，主张签署解除劳动合同协议时公司对法律存在误解，要求不予支付经济补偿金。

事实上，在协商解除并签署相关协议过程中，用人单位与劳动者均有可能是反悔的一方，双方均应当充分了解事实、评估风险，并作出决定。

最高人民法院《关于审理劳动争议案件适用法律问题的解释（一）》第35条规定："劳动者与用人单位就解除或者终止劳动合同办理相关手续、支付工资报酬、加班费、经济补偿或者赔偿金等达成的协议，不违反法律、行政法规的强制性规定，且不存在欺诈、胁迫或者乘人之危情形的，应当认定有效。前款协议存在重大误解或者显失公平情形，当事人请求撤销的，人民法院应予支

---

① 参见广东省深圳市南山区人民法院民事判决书，（2020）粤0305民初17200号。

② 参见上海市第一中级人民法院民事判决书，（2020）沪01民终12899号。

持。”因此，笔者认为，签署一份合法、有效、可操作的协商解除劳动合同协议书至少应当明确以下几方面内容。

一、提出解除劳动关系的主体

明确提出解除劳动关系的主体，目的在于确定公司是否存在支付经济补偿金的法定义务。根据《劳动合同法》第 46 条第 2 项的规定，用人单位向劳动者提出解除劳动合同并与劳动者协商一致解除劳动合同的，需要支付经济补偿金；反之，如解除劳动关系由劳动者一方提出，则公司无向员工支付经济补偿金的法定义务。而根据目前各地的司法实践，如双方对于谁提出解除劳动关系各执一词，无法确定提出解除劳动关系的主体，则视为用人单位向劳动者提出解除劳动合同。

二、员工履行劳动关系的基本情况

《劳动合同法》第 50 条规定：“用人单位应当在解除或者终止劳动合同时出具解除或者终止劳动合同的证明，并在十五日内为劳动者办理档案和社会保险关系转移手续。劳动者应当按照双方约定，办理工作交接。用人单位依照本法有关规定应当向劳动者支付经济补偿的，在办结工作交接时支付……”因此，协商解除劳动合同协议书中应明确员工入职时间、签署劳动合同次数、解除劳动关系时间、工作交接时间等内容，以便于进一步确定工资及补偿的标准、社保及住房公积金转出时间、离职经济补偿的支付时间。

三、解除劳动关系的补偿金额

双方签署协商解除劳动合同协议书约定工资报酬、加班费、经济补偿或者赔偿金等离职补偿，应避免协议书违反法律、行政法规的强制性规定而归于无效，或因重大误解、显失公平而被撤销。

以经济补偿金为例，《劳动合同法》第 47 条规定，经济补偿按劳动者在本单位工作的年限，每满一年支付一个月工资的标准向劳动者支付。6 个月以上不满一年的，按一年计算；不满 6 个月的，向劳动者支付半个月工资的经济补偿。月工资，是指劳动者在劳动合同解除或者终止前 12 个月的平均工资。目前实务中对于该规定是否属于强制性规定的处理意见并不相同。

在上海启稚爱婴健康咨询有限公司与徐某寰经济补偿金差额纠纷上诉案[①]中,上海市第一中级人民法院认为,劳动者与用人单位在协商确定解除劳动合同经济补偿金数额时,用人单位不仅可以高于法定标准支付劳动者经济补偿金,劳动者也可低于法定标准接受经济补偿金直至放弃全部经济补偿金,此属当事人处分权的范畴。员工一方在双方已协商解除劳动合同并对自己的实体权利作出处分,也无证据证明签订协商解除劳动合同存在被胁迫情形的情况下,再主张解除劳动合同经济补偿金的行为本身已违反了双方签订协议时应遵循的诚实原则。

而在深圳市宝迪五金塑胶制品有限公司(以下简称宝迪公司)与周某胜劳动合同纠纷案[②]中,关于用人单位是否应当给付劳动者经济补偿金差额的问题,深圳市中级人民法院持不同观点,认为因双方在协议书中对解除劳动关系经济补偿金约定的数额低于法定标准,且周某胜并未明确表示放弃对不足额部分追索的权利,故宝迪公司仍应按法定标准补足解除劳动关系经济补偿金的差额部分。

此外,关于如何衡量约定金额是否"显失公平"的问题,笔者认为,可以根据当事人行使"撤销权"的时间、约定金额与法定标准之间的差额等进行综合判断。如浙江省高级人民法院《劳动争议案件疑难问题讨论纪要》第 11 条明确,用人单位与劳动者之间就劳动争议事项达成和解协议之后,一方当事人反悔并行使撤销权的时间为 60 日,自和解协议签字之日起算,超过 60 日的,视为已超过申请仲裁期限。

在前述黄某富与优博讯公司劳动合同纠纷案中,劳动者认为,公司支付的离职补偿中 50,000 元加班费的计算基数低于其本人工资。但法院最终认为,经核算,加班费的计算基数并不低于深圳市最低工资标准,劳动者亦没有行使相应的撤销权,且作为一个具有完全行为能力的民事主体,劳动者应理解其所签署条款的具体含义并为其签字确认的协议承担法律后果,协议一经签署即对双方产生了法律效力。最终,深圳市南山区法院认为,双方签订的协商解除劳动合同协议书系双方真实意思表示,内容合法有效。显失公平适用的前提系一方利用对方处于危困状态、缺乏判断能力等情形,未有证据显示原告在签订涉案协议时存在该情形,劳动者以显失公平为由主张撤销协议书所涉加班

---

① 参见上海市第一中级人民法院民事判决书,(2009)沪一中民一(民)终字第 1387 号。

② 参见广东省深圳市中级人民法院民事判决书,(2016)粤 03 民终 3441 号。

工资条款，依据不足。

四、竞业限制条款

协商解除核心技术人员、高级管理人员劳动合同，除明确保密义务之外，在签署协商解除劳动合同协议书时有必要根据离职时的任职情况约定离职后的竞业限制义务。按照《劳动合同法》第24条第2款的规定，竞业限制期限不得超过两年。除此之外还应当明确竞业限制的范围、履行竞业限制义务的形式、违反竞业限制义务的违约责任。

五、兜底条款

浙江省高级人民法院民事审判第一庭、浙江省劳动人事争议仲裁院《关于审理劳动争议案件若干问题的解答（四）》第4条规定，劳动者与用人单位经协商签订了协议，其中有“不得再向用人单位主张权利”“双方签订协议后互不追究任何一方经济责任”等类似表述，如劳动仲裁、诉讼所涉事项，协议已作约定，且协议不违反法律、行政法规的强制性规定，不存在欺诈、胁迫或者乘人之危情形的，该协议应当认定有效，作为裁判依据。

因此，笔者建议在协商解除劳动合同协议书中约定兜底条款，示范条款如“乙方于甲方就职期间应得的所有工资（包括但不限于基本工资、加班工资、各类奖金、各种补贴等）及解除劳动关系的经济补偿金均已结算清楚，甲方不再承担向乙方进行其他补偿的义务”；“甲乙双方再无基于劳动关系的存续及解除而产生的权利义务，双方再无争议，权利义务终止”。

综上，对于公司而言，按照《劳动合同法》第36条的规定与劳动者协商一致解除劳动合同，相较于劳动法律关系中其他法定解除方式，效率较高，法律风险较低，且适用于包括“三期”女员工、工伤等特殊人员在内的所有员工。但在签署具体协议时，仍应当综合考虑上述几方面内容并加以明确，以避免协议无效或被撤销。

9 公司在劳动者离职后是否仍有义务支付年终奖金?

咨询问题 ▶▶

我公司奖金激励政策规定:本奖金政策仅适用于在职人员,一旦员工与公司终止或解除劳动关系,则从其离职之日起不再适用本奖金激励政策,公司不再对其发放与本政策相关的任何奖金。现我公司销售岗位员工提出离职申请并要求公司结算其在职期间提成并按月折算其年终奖。

请问:该员工的诉求是否合理?

律师答疑 ▶▶

根据国家统计局《关于工资总额组成的规定》对职工工资的解释,年终奖属于工资总额组成部分,是基于劳动者提供劳动而享有的分红,一定程度与公司经营挂钩,具有不确定性。具体到员工离职后公司是否仍有义务支付相应年终奖金问题,需要结合用人单位对于奖金制度的规定、考核的标准以及当地裁判观点进行综合分析。

一、用人单位应当制定年终奖考评制度且满足民主程序

实务中,公司一般通过规章制度的方式与员工之间达成年终奖发放的共识,但该规章制度本身应当在程序上、内容上符合要求。在卓越(北京)机电设备有限公司(以下简称卓越公司)与张某梅劳动争议案①中,卓越公司制定并实施的薪酬管理制度规定,各部门负责人的考核评估由总经理填写成绩评定表,并根据评估内容进行考核,年度评定结果为差的员工取消其年终奖评定资格。法院经过审理后认为,卓越公司未能举证证明薪酬管理制度的制定经过民主、公示程序,且该制度未写明员工是否胜任工作岗位的考核标准,张某梅亦在庭审中否认收到过薪酬管理制度及成绩评定表,因薪酬管理制度存在重大瑕疵,证明力不足,法院最终并未将该制度和考评表作为案件的裁判依据,而卓越公

---

① 参见北京市第三中级人民法院民事判决书,(2016)京03民终11025号。

司亦因此需要承担拒发年终奖的不利后果。

因此，年终奖作为一种非固定薪酬类型，用人单位是否发放，如何发放以及不予发放的情形均应当通过与劳动者明确约定或通过规章制度予以规定，且此类直接涉及劳动者切身利益的规章制度和重大事项决定，应当满足《劳动合同法》第 4 条第 4 款规定的“公示”义务，否则相应的年终奖制度将无法作为对员工考评的依据，也不会对员工发生相应的法律效力。

二、用人单位年终奖金制度内容应侧重考核业绩指标并尽量避免与在岗天数挂钩

若规章制度的程序满足法律规定的要求，在审查规章制度内容合法性时，仍需要进一步确认双方对于年终奖的发放前提以及发放标准的真实意思表示，且内容不应当违反法律禁止性规定。在李某斋与北京利仁科技股份有限公司（以下简称利仁科技公司）劳动争议案①中，李某斋的职务为西北大区销售经理，作为西北大区代表与利仁科技公司签订了《2015 年销售计划奖励协议》，该协议约定：利仁科技公司要求乙方（西北大区）2015 年度销售任务回款金额为 780 万元；乙方如完成年度销售任务，利仁科技公司按全年回款金额奖励乙方 15.6 万元，年终兑现。如果乙方销售人员在协议期内因个人原因辞职，不享受任何奖励。一审法院认为，李某斋作为部门销售经理，代表部门与利仁科技公司签订的《2015 年销售计划奖励协议》符合法律规定，是双方当事人真实意思表示，应属合法有效，双方均应按合同约定行使权利，履行义务。

在北京凯德嘉茂西直门房地产经营管理有限公司（以下简称凯德嘉茂公司）与苗某劳动争议案②中，凯德嘉茂公司认为，年终奖作为公司自行制定的奖励措施，属于用人单位的自主权，且制定了相应的规章制度也规定了相应的考核标准，如在其《员工手册》中明确规定：公司可根据企业的经营情况决定是否向员工发放年终奖；若双方的劳动合同在奖金发放之前解除或终止，或员工本人在奖金发放前提出辞职申请的，则员工无权享受上述奖金。同时，《员工手册》也明确规定，“奖金的计算方法：标准绩效奖金 ×（奖金年度在职天数 - 无薪假天数 - 医疗期病假天数 - 旷工天数）÷365”。该案件用人单位最终仍然败诉的原因在于，法院认为，“员工本人在绩效奖金发放前提出辞职申请的，则

---

① 参见北京市第二中级人民法院民事判决书，(2018)京 02 民终 810 号。

② 参见北京市第二中级人民法院民事判决书，(2017)京 02 民终 484 号。

员工无权享受上述奖金”的规定排除了劳动者获得劳动报酬的权利,应属无效。笔者认为,本案中凯德嘉茂公司虽然制定了考核标准,并确定了员工在职为获得年终奖的前提,但关键在于其年终奖的计算方法中亦明确年终奖根据员工的年度在职天数确定,从而导致“在职获得年终奖”与“在职天数计算年终奖”之间存在矛盾,而法院将该不利后果归于企业并无不当。如果凯德嘉茂公司制定的“奖金的计算方法”与具体的绩效考核挂钩,并将员工在考核周期内不得离职作为绩效考核的内容之一,则不排除凯德嘉茂公司胜诉的可能性。

三、公司规章制度明确规定提前离职员工不享有年终奖

实务中,对于年终奖性质属于工资,用人单位有权根据公司全年经济效益和员工全年工作业绩综合评估是否支付年终奖并无争议。关键在于,各地对于奖金性质的认定以及提前离职员工不享有年终奖这一规定是否属于无效条款的干预程度。

《江苏省劳动仲裁疑难问题研讨会纪要》第 9 条“如用人单位规定,年终在册且参加年终考评的职工才有参与年终奖分配的资格,年终前已离职的劳动者要求支付年终奖发生的争议应如何处理?”中认为,“《劳动法》第四十七条规定,用人单位根据本单位的生产经营特点和经济效益,依法自主确定本单位的工资分配方式和工资水平。奖金属工资范畴,用人单位有权自主确定分配方式,因此,只要上述奖金分配方式,是用人单位规章制度规定,且用人单位奖金分配规章制度具备合法性,就可以作为劳动仲裁机构处理的依据”。

浙江省高级人民法院民事审判第一庭、浙江省劳动人事争议仲裁院《关于审理劳动争议案件若干问题的解答(四)》第 3 条“用人单位依法制定的规章制度规定,在发放年度绩效奖金时双方已解除或终止劳动合同的,不予发放年度绩效奖金。该规定是否有效?”中认为,“该规章制度未违反法律、法规的强制性规定,应属合法有效。在发放年度绩效奖金时双方已解除或终止劳动合同,劳动者请求用人单位支付年度绩效奖金的,一般不予支持”。

与之相反的是,《深圳市员工工资支付条例》第 14 条第 2 款规定:“劳动关系解除或者终止时,员工月度奖、季度奖、年终奖等支付周期未满的工资,按照员工实际工作时间折算计发。”

因此,笔者认为,江苏、浙江地区倾向于认为年终奖的发放属于用人单位的自主权利,而深圳地区司法实践倾向于认为奖金属于工资收入的一部分,即

深圳地区用人单位的规章制度满足程序要求且明确规定提前离职员工不享有年终奖的可能被认定无效，并最终仍应当按照员工实际工作时间折算计发。

除此之外，根据奖金的性质，离职时员工是否已经完成了相应的考核以及无法完成考核的原因也在一定程度上影响用人单位对离职人员承担年终奖金支付义务的判断。

在董某丹与辉碧电子（东莞）有限公司（以下简称辉碧公司）劳动合同纠纷案[①]中，一审法院认为，即使用人单位有权就年度绩效奖金的发放条件、发放标准及发放时间进行自主决策，也应符合法律法规的原则与规定。如用人单位制定的迟延、减少甚至扣除绩效奖金的条款确实侵犯了劳动者的合法权益，则应被视为无效条款。广东省高级人民法院和广东省东莞市中级人民法院均肯定了一审法院的观点，认为辉碧公司在员工手册中规定的"年终奖发放当天或之前离职的职员无权享有当年年终奖"内容，系辉碧公司免除自己法定责任、排除劳动者权利的规定，属于无效条款。

对比上述案例以及裁判可以看出，对于离职员工是否有权获得在职期间的年终奖，法律并未进行强制性的规定，更多取决于企业与劳动者之间劳动合同的约定以及企业规章制度的规定。就规章制度的内容而言，至少需要明确以下几个方面的内容：

1. 明确年终奖的激励性质。一般而言，如年终奖发放时间、方法方式属于固定、可确定的，则员工离职时有权根据在职时间进行折算的可能性更大。

2. 明确年终奖的考核周期。该考核周期可以根据自然年度确定，也可以根据经营情况明确跨年度的考核周期。

3. 明确年终奖的考核标准。该考核标准应当根据员工岗位、经营指标、员工绩效标准进行综合评估，避免与员工在岗时间直接挂钩。

具体执行年终奖制度时，应当根据劳动者离职时的具体情形灵活运用，避免因显失公平而影响条款的效力。

---

① 参见广东省东莞市中级人民法院民事判决书，(2018)粤19民终6567号。

10 公司高管的离职处理与风险管理的注意事项有哪些？

咨询问题 ▶▶

我公司有两名董事和一名负责公司管理的副总在公司经营策略变更的背景下相继提出了离职。但公司初步发现，该三名管理人员名下对接业务存在应收无法收回、坏账率明显偏高等问题。

请问：我公司能否在该三人离任审计前限制其办理离职手续？如后续离任审计结果发现相关高管在履职期间负有个人责任的，应该如何处理？

律师答疑 ▶▶

一、公司高管的离任审计

公司高级管理人员在任职期间，一般都担负着重要的运营管理责任和经济责任，其履职情况也可能直接关系公司的重大利益。因此，公司高级管理人员离任，公司一般会在其离任前或离任后进行离任审计，主要涉及对其在职期间的管理责任、经济责任和履职行为合法合规性三个方面的综合审查、鉴证和总体评价。

离任审计是对即将离职的公司员工必要的程序。但并不是所有的离职人员都需要做离任审计，一般针对的是公司的董事长、总经理级别的高层领导或就职于公司内部涉及资金部门的工作人员。因为这些人员所在的职位都拥有较高的权力和可能涉及较大的资金费用。

离任审计结果对于离职高管任职期间履职行为的整理评价、相关责任划分和追究、经营业绩明确等是重要依据，特别是职业经理人在管理中普遍存在的情况下，离任审计风险评估对于公司管理发挥着重要作用。

公司对高管进行离任审计，根据相关规定，一般需要在高管提出离职的30天内完成。但实际情况还需要根据公司规模、高管任职期间的时长决定。

离任审计一般建议通过第三方审计机构进行，一方面，可以保证审计结果的客观公正；另一方面，可以保证审计过程的高效准确。公司内部审计机构容易造成公司内部审查不严，或者基于公司内部斗争而掺杂其他因素，对最终审计的结果产生影响。公司发起对离职高管的审计，就代表着公司要针对离任者在其任职期间的财务责任、管理责任、法纪责任进行彻底的审查，因涉及公司重大利益和相关个人的后续发展，公司需要寻找一家从业年限长、经验丰富、对于各种舞弊手段和审计方法都很熟悉的专业审计机构或会计师事务所。

实践中，高管任职时间通常较长，其所负责事项的复杂性等因素会导致审计期限较长，在审计期限内，针对离职高管的离职手续办理往往会给公司人事部门造成困扰；同时，对于确实在履职期间存在个人责任的离职高管的责任追究也是诸多公司碰到的难题。

二、离职审计期间，公司能否限制高管离职

《劳动合同法》第 37 条规定，劳动者提前 30 日以书面形式通知用人单位，可以解除劳动合同。法律赋予劳动者提前一定期限通知用人单位即可单方解除劳动合同的权利。在劳动者单方呈递的辞职申请有效送达用人单位的情况下，提前通知期满，劳动合同即解除，而无须经用人单位同意。

根据《劳动合同法》第 50 条和第 89 条的规定，用人单位应当在解除或者终止劳动合同时出具解除或者终止劳动合同的证明，并在 15 日内为劳动者办理档案和社会保险关系转移手续。用人单位违反本法规定未向劳动者出具解除或者终止劳动合同的书面证明，由劳动行政部门责令改正；给劳动者造成损害的，应当承担赔偿责任。因此，在劳动合同解除或终止时，出具解除或终止劳动合同的离职证明是公司的法定义务，公司无权以“未完成离任审计”为由不出具离职证明。如公司未按时为离职高管出具离职证明文件，其可向劳动监察大队举报或投诉，由劳动监察大队责令公司改正。同时，如离职高管证明公司未及时出具离职证明文件的行为给其造成经济损失的，公司还须承担该离职高管相应期间的失业保险金经济损失、无法再就业的损失等。

三、离任综合评价中发现相应高管存在个人相关责任，如何进行主张和追究

对高管进行离任审计的意义主要在于，确认离职人员在任职期间，是否存在利用职务上的便利贪污或侵害公司利益的行为；是否认真履行了自己的职责，是否已经达成工作目标；是否在工作中存在违法行为。主要集中在两个方

面:一是离职者的经济责任,二是离职者的管理责任。

因高管在职期间的决策和履职对于公司运营相对具有重大影响,且其也会获取公司相对较高的报酬或奖励,同时结合《公司法》中对于公司高管忠实勤勉义务的规定,如高管离职时公司发现其履职期间故意或过失造成公司损失,甚至利用其职务便利侵害公司利益的,公司可以主张赔偿损失或追究其刑事责任。

(一)经济赔偿责任

《工资支付暂行规定》第 16 条规定:"因劳动者本人原因给用人单位造成经济损失的,用人单位可按照劳动合同的约定要求其赔偿经济损失……"如在审计期间或审计结果确定后,公司有证据证明离职高管在履职期间因个人责任给公司造成了经济损失,公司可以追究该高管的赔偿责任。

在公司因高管在履职过程中给公司造成经济损失而向其主张赔偿责任的劳动争议案件中,通常情形下,劳动争议仲裁委员会和法院会综合考虑高管的职责内容、过错程度,公司经济损失是否属于正常经营风险、公司是否存在监管不力的过错,高管可承受范围等因素。公司针对商业秘密或离职高管履职过失等导致的经济损失举证的要求相对较高,公司自身还需注意固定有力证据,而最终赔偿的具体金额,法院会根据举证情况并综合相关因素后判定。在现行司法实践中,对于赔偿金额,法院会根据个案特点自由裁量。

针对高管履职期间公司基于其综合表现或特别规定而支付的奖励,公司可以主张返还。对此,司法实务中会综合公司就奖励发放条件、退回的约定,以及公司对高管是否符合发放条件或退回条件等的证据材料综合进行评定。如公司没有明确的内部规定,该主张相对较难得到支持。

公司针对上述赔偿主张可以向劳动合同履行地或用人单位所在地的劳动争议仲裁委员会申请劳动争议仲裁。申请劳动争议仲裁的时效为一年,从知道或应当知道损失发生之日起计算。

需要注意的是,有的公司会提出要求离职高管返还公司已支付工资的诉求,但综合司法实践中的裁判案例,该项主张难以获得支持。

(二)刑事责任

如离职高管在职期间的违规行为给公司造成较大经济损失、构成刑事立案标准,或其违规行为较为恶劣、涉嫌刑事犯罪的,公司可向公安机关报案,追究相关高管的刑事责任。通常,非国有企业的高管在履职过程中因故意或失职可能涉嫌的较为普遍的罪名是职务侵占罪、挪用资金罪、行贿罪、对非国家工作人员行贿罪、非国家工作人员受贿罪等。国有企业如发现对国有资产负有经营管理责任的管理人员在履职过程中涉嫌职务违法和职务犯罪的，同时也可向监察委员会举报，由监察委员会立案调查。

离任审计的目的是规避公司的风险，及时发现问题，包括员工自身问题及公司制度问题。对公司长远发展而言是有好处的，既可以让员工加强自己的责任感，有利于加强公司的监督管理，还可以规范公司相关在职人员的行为，促进公司廉政建设。

11 劳动者竞业限制管理的注意事项有哪些？

咨询问题 ▶▶

我单位员工在职期间签署了相应的保密协议并明确约定不得在在职期间或离职后向第三方披露、使用、允许他人使用商业秘密，不得为其他公司提供服务，但并未签订书面的竞业限制协议。

请问：现员工提出离职申请，我们希望其履行竞业限制义务，应当如何处理？

律师答疑 ▶▶

《反不正当竞争法》第 9 条第 4 款规定：“本法所称的商业秘密，是指不为公众所知悉、具有商业价值并经权利人采取相应保密措施的技术信息、经营信息等商业信息。”市场主体保持其竞争优势的主要方式之一便是保护自身的商业秘密不被侵害。而竞业限制制度的目的亦在于此，即禁止相关人员在职期间以及离职后一定期间内到与本单位生产或者经营同类产品、从事同类业务的，有竞争关系的其他用人单位任职，是一种保护用人单位商业秘密，促进公平交易的制度。该制度关系用人单位的商业秘密和劳动者自由择业权之间的利益平衡。除《公司法》第 148 条明确规定的负有竞业禁止义务的人员外，《劳动合同法》第 23 条、第 24 条明确用人单位有权要求劳动者履行竞业限制义务，并对竞业限制的主体范围、竞业限制期限进行了规定。除此之外，最高人民法院《关于审理劳动争议案件适用法律问题的解释(一)》第 36 ~ 40 条也对实践中存在争议的问题进行了具体解释，明确了相应的裁判标准。

相对于保密义务，负有保密义务的劳动者的竞业限制义务属于约定义务，用人单位应通过劳动合同、保密协议约定竞业限制条款，或签订竞业限制协议等类似协议与劳动者就竞业限制问题事先进行约定。实践中，无论用人单位以何种方式对劳动者进行竞业限制管理，就具体内容而言，应当至少注意以下五个方面：

一、竞业限制的适用对象

一般认为,竞业限制的对象包括法定主体与约定主体两类。其中,法定主体主要是指《公司法》第 148 条第 1 款第 5 项规定的董事、高级管理人员,其竞业禁止的情形是指,未经股东会或者股东大会同意,不得利用职务便利为自己或者他人谋取属于公司的商业机会,自营或者为他人经营与所任职公司同类的业务。此外,根据《劳动合同法》第 24 条的规定,竞业限制的人员限于用人单位的高级管理人员、高级技术人员和其他负有保密义务的人员;第 23 条第 2 款亦规定,对负有保密义务的劳动者,用人单位可以在劳动合同或保密协议中与劳动者约定竞业限制条款。因此,董事、高级管理人员之外的劳动者是否需要履行竞业限制义务,需要根据用人单位与劳动者之间的约定,以及劳动者所处的工作岗位是否负有保密义务等进行分析。实践中,如用人单位认为劳动者属于履行竞业限制义务的适格主体,则首先应当提供证据证明双方之间已经签订竞业限制条款,或劳动者属于适用竞业限制范围的人员。

实务处理上,建议在劳动合同、保密协议中增加劳动者履行竞业限制义务的条款,或对于负有保密义务的劳动者单独签订竞业限制协议以避免劳动者违反竞业限制时前提条件不满足的情形。

二、竞业限制的适用范围

《劳动合同法》第 24 条规定,竞业限制的范围、地域、期限由用人单位与劳动者约定,但不得违反法律、法规的规定。目前,《劳动合同法》及各地地方性法规或司法实践一般仅对竞业限制的履行期限以及竞业限制补偿金的标准进行规定,就竞业限制的适用范围而言,用人单位可以根据保密范围、自身的行业性质进行明确,如列明具体的竞争对手并增加兜底条款,一般均不会违反法律强制性规定。

三、履行竞业限制义务的时间及期限

《劳动合同法》第 24 条规定,竞业限制期限不得超过两年,因此实务中倾向于将竞业限制义务贯穿劳动者在职期间及离职后两年内;也有少部分将劳动者的竞业限制义务约定为离职后开始履行。

具体到竞业限制的开始时间,笔者建议用人单位和劳动者约定,在职期间应当履行竞业限制义务，但该义务是否顺延至离职后两年，由用人单位在劳动者离职时根据具体情况评估后明确，且用人单位有权在提前履行通知义务后单方解除竞业限制协议。对于竞业限制义务的终止时间，笔者建议根据劳动者离职时的工作岗位及其掌握的商业秘密进行确定，包括办理离职手续的同时或者离职后两年内的任何时间段。按照最高人民法院《关于审理劳动争议案件适用法律问题的解释（一）》第37条的规定，劳动者履行了竞业限制义务后有权要求用人单位支付经济补偿的，若因用人单位未及时通知解除竞业限制义务，则劳动者有权主张实际履行竞业限制期限内的补偿金。

四、竞业限制义务补偿及其标准

用人单位要求员工履行竞业限制义务并支付相应的竞业限制补偿，是完善竞业限制管理的主要内容之一。目前各地对于竞业限制条款未明确竞业限制补偿金及竞业限制补偿金的支付标准，而且存在不同的处理意见。

（一）竞业限制补偿金与竞业限制义务的关系

《劳动合同法》第23条仅规定劳动者在解除或者终止劳动合同后履行竞业限制义务的，用人单位在竞业限制期限内按月给予劳动者经济补偿，但对于竞业限制协议中未明确约定竞业限制补偿金时，竞业限制义务是否生效，并未进行明确规定。结合北京、山东、浙江、上海等地裁判观点，目前主流观点基本认为若竞业限制协议只约定了竞业限制义务和违约金，未约定竞业限制经济补偿，并不影响竞业限制条款或协议的效力。

（二）竞业限制义务的补偿标准

按照最高人民法院《关于审理劳动争议案件适用法律问题的解释（一）》第36条、第37条的规定，用人单位每月支付竞业限制补偿金的标准，用人单位与劳动者有明确约定的，按照约定履行；未明确约定的，按劳动者离职前12个月月平均工资的30%计算，且不低于劳动合同履行地最低工资标准。除此之外，还应当进一步关注劳动合同履行地的相关规定。如《深圳经济特区企业技术秘密保护条例》第24条规定，竞业限制协议约定的补偿费，按月计算不得少于该员工离开企业前最后12个月月平均工资的1/2。约定补偿费少于上述标准或者没有约定补偿费的，补偿费按照该员工离开企业前最后12个月月平均工资的1/2计算。

实务中存在因用人单位实际支付的竞业限制经济补偿数额远低于法律规

定的劳动者离职前12个月月平均工资的30%，且未能按照法律规定标准及时补足补偿金，用人单位主张要求员工履行竞业限制义务被法院驳回的案例，建议用人单位对竞业限制补偿标准进行明确约定，且符合员工离职前工作所在地规定的补偿标准。

五、违反竞业限制义务的违约责任

目前，法律层面并未对违反竞业限制义务的违约责任形式进行明确规定，但参考《民法典》的相关规定以及竞业限制协议约定的违约责任，笔者认为，劳动者违反竞业限制义务时，需要承担违约责任的方式包括继续履行竞业限制义务、支付违约金、返还违反协议约定期间获得的竞业限制补偿等。其中，明确具体的违约金是用人单位较为关注的形式，约定的方式包括明确固定具体的违约金数额、按照离职前一定期间内工资总额的一定倍数、竞业限制补偿金的一定倍数计算、列明计算违约金的计算方法等。

针对违约金是否可以增加或减少的问题，按照《第八次全国法院民事商事审判工作会议（民事部分）纪要》第28条的规定，用人单位和劳动者在竞业限制协议中约定的违约金过分高于或者低于实际损失，当事人请求调整违约金数额的，法院可以参照最高人民法院《关于适用〈中华人民共和国合同法〉若干问题的解释（二）》第29条的规定处理。虽然该司法解释已经被废止，但对于法院评估违约金过高或过低的判断因素，如实际损失、合同履行情况、当事人过错程度以及预期利益等因素，仍然具有一定的参考价值。

综上，用人单位根据劳动者在职期间所能获取的保密信息确定其应当履行竞业限制义务的，应当及时签订相应协议，并就竞业限制内容进行明确约定。对于离职后应当履行竞业限制义务的员工要及时、足额支付相应的竞业限制补偿。若劳动者离职后无须履行竞业限制义务，用人单位也应当及时通知免除其相应的义务。

12 违反竞业禁止和保密协议的前高管，如何追究其法律责任？

咨询问题 ▶▶

我公司副总经理兼研发部总监李某自2010年6月起与公司建立劳动关系，后其因个人原因于2019年4月离开公司。在职期间，公司与李某签订竞业限制协议及保密协议，协议约定李某负有保守公司商业秘密及离职后两年内的竞业限制义务。但我公司发现自2016年10月起，李某就以隐名股东身份入职Y公司并代表Y公司开展业务活动，李某曾多次出现在与我公司共同竞争的招投标项目现场。Y公司与我公司是主要竞争对手，两家公司经营范围亦相同。

请问：我公司如何维护自身合法权益？公司可以追究李某哪些法律责任？

律师答疑 ▶▶

由于李某在职期间担任公司副总经理，属于公司高级管理人员。根据我国法律的相关规定，作为公司高管，李某的行为除违反《劳动合同法》规定的竞业限制义务外，其同时还违反公司法上高管对于公司负有的忠实、勤勉的法律义务。另外，李某的行为还可能因侵犯公司商业秘密等而违反《反不正当竞争法》等相关法律规定。具体分析如下：

一、法律分析与责任承担

首先，根据《劳动合同法》第23条、第24条的规定，用人单位与劳动者可以在劳动合同中约定保守用人单位的商业秘密和与知识产权相关的保密事项。对负有保密义务的劳动者，用人单位可以在劳动合同或者保密协议中与劳动者约定竞业限制条款。劳动者违反竞业限制约定的，应当按照约定向用人单位支付违约金。竞业限制的人员限于用人单位的高级管理人员、高级技术人员和其他负有保密义务的人员。竞业限制的范围、地域、期限由用人单位与劳动者约定，竞业限制的约定不得违反法律、法规的规定。

因此，李某属于劳动法律规范中的竞业限制人员，公司与李某亦签署了竞业限制协议。因此,公司可直接基于劳动法项下的上述竞业限制规定,直接提起劳动仲裁及诉讼,追究李某劳动法意义上违反竞业限制义务的违约责任。

其次,李某若因违反公司法规定的高管对于公司负有的忠实、勤勉的义务而损害公司利益,需要承担其他法律责任。在《公司法》第 147 条至第 152 条中,详细规定了高管对公司负有的忠实义务、勤勉义务及法律责任。特别是《公司法》第 148 条规定:“董事、高级管理人员不得有下列行为:……(五)未经股东会或者股东大会同意,利用职务便利为自己或者他人谋取属于公司的商业机会,自营或者为他人经营与所任职公司同类的业务……董事、高级管理人员违反前款规定所得的收入应当归公司所有。”董事、监事、高级管理人员执行公司职务时违反法律、行政法规或者公司章程的规定,给公司造成损失的,应当承担赔偿责任。

因此,公司可基于公司法项下的高管忠实义务而提起损害公司利益责任诉讼。另需提醒公司注意,提起该类诉讼需要证明公司高管首先违反竞业限制义务,竞业行为未经股东会或股东大会同意,且原则上需发生在其任职期间。实务中,若该高管在离职后违反竞业义务,则需依据公司章程是否规定离职后竞业限制约定而定,否则只能依据《劳动合同法》主张竞业限制违约责任。

最后,由于李某曾担任副总经理兼研发部总监,并和公司签署有保密协议等,其必然也受到《反不正当竞争法》以及最高人民法院《关于审理侵犯商业秘密民事案件适用法律若干问题的规定》的约束。作为公司研发部总监和高管,李某必然会接触到公司技术秘密信息,并负有更大的保密义务。因此,公司亦可直接向李某提起商业秘密侵权之诉。

二、商业秘密侵权举证要点

实务中,商业秘密侵权之诉,因需要首先确定被侵犯商业秘密的秘点、该秘点符合商业秘密的构成要件,以及有证据证明对方当事人侵犯公司商业秘密的行为等,导致案件举证难度较大,胜诉率较低。值得一提的是,2019 年修正的《反不正当竞争法》和最高人民法院《关于审理侵犯商业秘密民事案件适用法律若干问题的规定》进一步扩大和明确了商业秘密的认定范围,降低了对于商业秘密“秘密性”的举证要求,完善了权利人完成初步举证责任情况下的举证责任倒置规则等。这些措施将更加有利于侵犯商业秘密纠纷案件中的权利人完成举证责任,一定程度上减轻了当事人举证难的困境。

对于商业秘密侵权行为的证明，在司法实践中法院通常采取“接触加相似”的侵权认定规则，即如果对方当事人的信息与权利人的商业秘密相同或实质相似，并且能够接触到权利人的商业秘密，则可以推定为存在侵权行为。如前所述，最高人民法院《关于审理侵犯商业秘密民事案件适用法律若干问题的规定》也在现有法律和司法解释的基础上进一步明确，在权利人提交初步证据证明被诉侵权人有渠道或者机会获取商业秘密、侵犯商业秘密的可能性较大的情况下，此时将发生举证责任倒置，由被诉侵权人对该商业秘密已为公众所知悉或者其不存在侵犯商业秘密的行为承担举证责任，否则将被认定为存在侵权行为。

综上，公司后续也可结合李某在职期间可能接触到的图纸信息、研发手稿、计算书等技术信息，公司相关保密制度的规定，以及 Y 公司市场公开流通的相关产品等展开证据搜集和固定工作，通过商业秘密侵权之诉来维护自身合法权益。

三、竞业限制主张的实务要点

（一）竞争对手的限定与罗列

实务中，企业在竞业限制协议中对于竞争对手的约定多过于宽泛。企业签署竞业限制协议通用条款更多参照法律规定，限定竞争对手为与用人单位生产经营同类产品、提供同类服务、从事同类业务的企业。但这一约定可能导致部分企业通过把员工的劳动关系安排在其关联公司，但实际为其提供劳动用工的方式规避竞业限制义务。因此，竞业限制协议除笼统说明不得到竞争对手处就职外，还需要把关联公司或竞争对手的名单罗列出来。

例如，百度公司和员工的竞业限制在关于竞争对手部分作出如下约定：乙方（劳动者）未经甲方书面同意，在其任职于甲方期间及离职后 1 年内，不得在从事与甲方及其关联公司业务的任何竞争对手或该竞争对手的关联公司处，接受或取得任何权益和/或职位，或向任何甲方及甲方关联公司的竞争对手或该竞争对手的关联公司提供任何咨询服务或其他协助。竞争对手是指与甲方和/或其关联公司从事竞争业务的经营组织。包括但不限于运营、控制或参股谷歌、雅虎、腾讯、阿里巴巴等和/或其他从事互联网领域（包括但不限于搜索、门户网站、C2C 业务、即时通信等）、IT 和通信类业务的经营组织及其分公司、子公司、关联公司，甲方及其关联公司中的员工离职后直接或间接以持股或其他方式设立或控制的从事互联网领域(包括但不限于搜索、门户网站、C2C 业务、即时通信等)、IT 和通信类业务的公司也视为甲方的“竞争对手”。甲方的关联公司,指 Baidu. com,Inc、Baidu Holdings Ltd. 、百度在线公司、百度时代网络技术(北京)有限公司、百度(中国)有限公司、百度株式会社(日本公司)、北京百度网讯科技有限公司、北京百付宝科技有限公司以及前述公司的所有分公司、子公司及其他关联公司等。具体到竞争对手的关联公司,还应包括该竞争对手的任何一位股东、董事、法定代表人、正副总经理、监事以股东、董事、监事、法定代表人身份任职或被以专兼职方式聘用的其他经营组织。

虽然百度公司关于竞争对手的约定在实践中引起一定争议,有人认为过度限制了劳动者的自由择业权,但是百度公司关于竞业限制范围的约定值得其他用人单位借鉴。

(二)违反竞业限制义务的证据固定

证明离职员工违反竞业限制义务,新入职单位与原单位存在竞争关系是较为关键的举证责任。可以通过国家企业信用信息公示系统查询新单位的经营范围,对比经营范围是实践中认定竞争关系的重要方式。另外,新用人单位的官网可能也会有涉及业务的内容和范围的介绍。以上内容可以通过截图并打印,均可以作为证据提交。

离职员工已入职新单位,则可以通过“五险一金”缴纳记录,以及个人所得税代扣代缴记录等方式证明。但实践中,“五险一金”缴纳记录与个人所得税代扣代缴情况一样,原用人单位是无法直接查询到的,需要依申请或依职权由法院向社会保险部门、税务局等进行调查取证。另外,实务中笔者也看到原单位冒充快递员、业务员致电新单位或员工本人,在电话中询问员工是否为新单位的职工,并将该段对话录音,作为证据向法院提交的情况,这些也都是有司法案例得到法院支持的。因此,公司需要全方位调动信息与资源,对离职员工展开调查与摸排,才能获得法律认可的证据并尽到举证责任。

最后,申请法院调查或法院依职权进行实地调查也是实践中可行的方式之一。笔者认为,法院通过实地调查并询问涉案员工情况来查证员工入职情况,相对来说也会更加直接和有力度。

CHAPTER 3

第三章

公司治理与注销

1 有限合伙企业僵局之下如何提起解散之诉?

咨询问题 ▶▶

由多名自然人合伙人共同设立的某投资管理中心(性质:有限合伙企业)成立后,因故未进行实际经营,无相应财产及对外债权债务,无任何分支机构等,各合伙人亦并未实际履行缴付出资义务。现包含普通合伙人(亦系执行合伙人)在内的五名合伙人拟解散该中心,但因剩余多名合伙人均已经无法取得联系且距该中心经营期限届满时间尚早,从而导致解散陷入僵局。

请问:此种情况下,可以通过哪些途径实现解散之目的?

律师答疑 ▶▶

《公司法》及其所对应的相关司法解释中对于公司的强制清算问题作出了比较详细的规定,但是对于合伙企业这类非法人组织,目前尚无法律、法规就其申请强制清算的案件之受理条件、清算程序等作出非常明确的规定,但根据《民法典》第71条"法人的清算程序和清算组职权,依照有关法律的规定;没有规定的,参照适用公司法律的有关规定"、第107条"非法人组织解散的,应当依法进行清算"、第108条"非法人组织除适用本章规定外,参照适用本编第三章第一节的有关规定"之规定,可以参照公司法的体系对于企业清算的有关规定进行实践。

一、申请合伙企业强制清算的事由

申请强制清算的前提条件是合伙企业出现解散事由且15日内未确认清算人。《合伙企业法》第75条"有限合伙企业仅剩有限合伙人的,应当解散;有限合伙企业仅剩普通合伙人的,转为普通合伙企业",第85条"合伙企业有下列情形之一的,应当解散:(一)合伙期限届满,合伙人决定不再经营;(二)合伙协议约定的解散事由出现;(三)全体合伙人决定解散;(四)合伙人已不具备法定人数满三十天;(五)合伙协议约定的合伙目的已经实现或者无法实现;(六)依法被吊销营业执照、责令关闭或者被撤销;(七)法律、行政法规规定的

其他原因”均已就法定解散情形作出了明确规定,即若合伙企业有符合前述规定任一情形时应当解散。

本案咨询问题中,笔者通过了解该中心的具体情况和查阅合伙人共同签订的合伙协议相关书面文件等内容后认为,若部分合伙人拟在目前阶段解散该中心,可考虑适用《合伙企业法》第 85 条第 5 项规定的情形,即以合伙协议约定的合伙目的无法实现,作为向法院申请强制解散的理由。

二、如何启动合伙企业解散的法律程序

在现有合伙人提起强制清算之诉前,建议可以考虑根据具体情况,决定是否在现有合伙人中选择一位或几位,针对其余合伙人先行提起解除合伙协议之诉,由被告所在地有管辖权的法院(合伙协议中未约定管辖法院)对合伙协议目的是否无法实现作出认定。若最终被法院裁判认定合伙协议目的确实已经无法实现应予解除的前提下,再由现有合伙人向该合伙企业住所地有管辖权的法院(其中,地域管辖法院应为合伙企业住所地的法院,即主要办事机构所在地法院;主要办事机构所在地不明确、存在争议的,由注册登记地法院管辖。级别管辖应当按照合伙企业所对应的登记机关级别予以确定,即基层人民法院管辖县、县级市或者区的登记机关核准登记的强制清算案件;中级人民法院管辖地区、地级市以上的登记机关核准登记的强制清算案件)提出申请。

先行进行上述操作的原因在于:通常情况下,受理申请强制清算的管辖法院对合伙人提起的强制清算之诉,会根据申请人提供的证据对其所主张的“合伙协议目的无法实现”作出相关审查。若申请人对己方所持证据证明力尚不能确认,可通过解除合伙协议之诉对“合伙协议目的无法实现”进行证据加强(根据笔者检索的裁判案例,司法实践中,合伙企业协议约定“以长期经营为目的”且正在正常经营期间的,通常法院不会将合伙人内部之间出现矛盾认定为“合伙目的不能实现”;合伙企业仍在经营,合伙人之一认为出现矛盾导致人合性丧失的,应优先选择退伙,而无须合伙企业解散)。从提高强制清算案被受理的概率角度考虑,在“合伙协议目的无法实现”已经被认定的前提下,再由现有合伙人(视具体情况选择合适人选)根据《合伙企业法》第 86 条第 3 款“自合伙企业解散事由出现之日起十五日内未确定清算人的,合伙人或者其他利害关系人可以申请人民法院指定清算人”的规定,向该合伙企业住所地有管辖权的法院提出申请,以出现解散事由但未依法成立清算组进行清算为由,申请法

院指定清算人对该合伙企业进行强制清算的成功概率可能会相应提高。

三、解散合伙协议之诉中可能涉及的公告程序

根据上述咨询问题对应的背景介绍情况可知，该投资管理中心有多数合伙人已经无法取得联系。《民事诉讼法》第 95 条第 1 款规定："受送达人下落不明，或者用本节规定的其他方式无法送达的，公告送达。自发出公告之日起，经过三十日，即视为送达。"自发出公告之日起，会经过 30 日的公告期，故拟启动案件程序的各合伙人需对案件的整个处理周期提前作出合理预判。

四、清算人的职责及清算程序

在强制清算之诉中，法院最终受理并指定了清算人（组）（法院可以基于出现的合伙企业解散事由指定某个或多个合伙人确定清算人或清算组，也可以在各合伙人不能、不愿进行清算，或者由其负责清算不利于清算依法进行时指定某中介机构或者个人），则清算人（组）应根据《合伙企业法》第 87 条"清算人在清算期间执行下列事务：（一）清理合伙企业财产，分别编制资产负债表和财产清单；（二）处理与清算有关的合伙企业未了结事务；（三）清缴所欠税款；（四）清理债权、债务；（五）处理合伙企业清偿债务后的剩余财产；（六）代表合伙企业参加诉讼或者仲裁活动"的规定履行相关职责。同时，还需根据《合伙企业法》第 88 条、第 89 条、第 90 条的规定完成相关清算工作。

五、有限合伙企业清算中的财产分配

合伙企业清算以后，如果存在相应财产，先按照《合伙企业法》第 89 条的规定支付清算费用和职工工资、社会保险费用、法定补偿金以及缴纳所欠税款、清偿债务后，方能按照《合伙企业法》第 33 条第 1 款的规定对剩余财产进行分配，即合伙企业的利润分配、亏损分担，按照合伙协议的约定办理；合伙协议未约定或者约定不明确的，由合伙人协商决定；协商不成的，由合伙人按照实缴出资比例分配、分担；无法确定出资比例的，由合伙人平均分配、分担。

六、有限合伙企业在注销程序中需提供的资料

通常情况下，合伙企业注销登记一般需提供如下文件：企业注销登记申请书；全体合伙人签署的注销决定、人民法院的破产裁定；行政机关责令关闭、企

业被撤销的文件；全体合伙人签署的清算报告；报纸样张；税务部门出具的企业清税文书；批复、许可文件（法律、行政法规和国务院决定规定注销合伙企业必须报经批准的材料）；营业执照。

综上，类似本案咨询的问题，对于实践中存在的诸多“僵尸”合伙企业，强制清算不失为其梳理资产与负债、终结各债权债务关系的一种选择，该强制清算规定也为该类企业退出市场提供有效路径，笔者期待相关法律规定及司法解释进一步明确该清算程序。

2 个人独资企业与一人有限责任公司有何区别?

咨询问题 ▶▶

我打算自己成立一家公司做点生意,不过规模可能不是很大,计划投入资金不太多,暂时也没有与其他人合作的计划。此前,我曾经向身边的朋友了解过一些相关信息,除了个体工商户之外似乎还有个人独资企业和一人有限责任公司两种模式。

请问:这两种模式在实践中有什么区别?选择的时候又需要考虑哪些因素?

律师答疑 ▶▶

个人出资成立企业且不打算与其他人合作,通常情况下有三种企业类型可供选择:个人独资企业、一人有限责任公司和个体工商户,其中个体工商户不属于本案考虑范围,笔者在此不予赘述,下面主要对个人独资企业和一人有限责任公司进行比较①。

一、个人独资企业与一人有限责任公司的主要区别

(一)投资主体和限制不同

根据《个人独资企业法》的规定,个人独资企业的投资主体必须是“一个自然人”。一个自然人可以设立的个人独资企业数量无法律明文限制。根据《公司法》的规定,一人有限责任公司的唯一股东既可以是自然人,也可以是法人。一个自然人只能设立一个一人有限责任公司,且其投资设立的一人有限责任

---

① 2021 年 12 月 24 日,全国人大常委会公布了《公司法(修订草案)》,截至本书定稿之日,尚未生效。但《公司法(修订草案)》拟新增“一人股份有限公司”,因股份有限公司本身的性质和大规模经营的发展期望,不符合本案要求,且草案尚未最终确定和生效,本文在此不做赘述。

公司不能再投资设立新的一人有限责任公司①;法人则无可设立数量限制,且法人设立的一人有限责任公司对外再投资也无限制。

(二)法律基础及责任承担不同

两者的法律基础完全不同,法律基础的不同也导致两者法律形式、责任承担及税收征缴等均存在差异。

个人独资企业受《个人独资企业法》约束,属于非法人组织,名称中不得使用"有限""有限责任""公司"字样,其财产为投资人个人所有,投资人以其个人财产对企业债务承担无限责任,若投资人在申请设立登记时明确以其家庭共有财产作为个人出资的,则应当以家庭共有财产对企业债务承担无限责任。基于此,在税收征缴中,个人独资企业按照生产经营所得征收个人所得税。

一人有限责任公司则应当遵守《公司法》,具有法人资格,名称中应带有"有限责任公司"字样。一人有限责任公司以公司全部财产对外承担无限责任,股东则以出资额为限承担有限责任,仅在股东不能证明公司财产独立于股东个人财产的情况下对公司债务承担连带责任。在税收征缴中,一人有限责任公司作为独立法人,缴纳企业所得税。

从以上两者在各方面的简单对比来看,个人独资企业和一人有限责任公司在实际经营过程中区别较大,据此,笔者将对两者各自的利弊及风险防范措施进行简要分析。

二、个人独资企业与一人有限责任公司的利弊及风险防范

(一)个人独资企业的利弊及风险防范

从企业制度上看,个人独资企业组织结构简单清晰,不存在股东大会、股东会或董事会,只有一个投资人,且投资人与经营者合二为一,决策、运行效率高。从运营成本看,由于个人独资企业本身就是投资人的财产,因此投资人取得利润不像有限责任公司股东一样须经股东会、股东大会或董事会等权力机构进行决议分红,且个人独资企业只需要缴纳个人所得税,也可以避免"企业所得税+个人所得税"双重征税的问题,在一定程度上可以降低成本。

---

① 2021年《公司法(修订草案)》中拟删除本条规定。一定程度上反映了立法者期望弱化一人有限责任公司与有限责任公司之间的区别,并可能放开对于一人有限责任公司的设立数量限制及再投资限制。但草案尚未最终确定和生效,本文在此不做赘述。

但是,个人独资企业也有明显的弊端。首先,投资人以其个人财产对企业债务承担无限责任,投资人面临的个人财产损失风险远高于有限责任公司。因此,个人独资企业不适宜风险较大的行业或者前景不明的新兴产业。其次,个人独资企业受到投资人个人财力的限制,企业规模有限、抗风险能力较差,较难引进投资、筹集大量资金,限制企业的发展。最后,对于个人独资企业这种所有权和经营权高度统一的结构,尽管投资人拥有充分的自主权,但也意味着对投资人自身知识和能力的要求较高,如果投资人自身或继任者能力不足,容易直接导致企业经营失败。

针对上述个人独资企业的弊端所带来的潜在经营风险,笔者建议投资人可以采取以下措施进行风险防范:

1. 投资人不参与企业经营,聘用专业的经理人负责企业运营管理。但鉴于投资人以其个人财产对企业债务承担无限责任,投资人与该经理人之间应当签署完备的合同并加强对企业运行的监督,降低因经理人的过失导致企业产生负债、最终投资人自己遭受损失的风险。

2. 尽管法律对于个人独资企业的财务管理要求较为宽松,但是考虑维持企业的健康发展,仍然建议企业在经营过程中完善合同、财务账册、发票等重要文件资料的管理和保存。

3. 在财务处理方面,避免资金在投资人个人银行账户与企业账户间往来,更要避免资金流入投资人亲属、配偶账户。个人独资企业的债务一般来说视为投资人的个人债务,但是,如果企业的资金往来涉及投资人配偶的账户,那么,在未来发生债权债务纠纷时,企业债务可能会突破"个人债务"的界限,影响更大范围的家庭财富。

(二)一人有限责任公司的利弊及风险防范

一人有限责任公司的管理和运行与有限责任公司基本一致,最大的优点是股东对公司的债务在出资范围内承担有限责任,即一人有限责任公司的股东投资风险在公司成立时就已经确定,如无特殊情况不会影响股东的个人财产,有助于唯一投资人最大程度规避经营风险,避免因经营失败而倾家荡产的可能性,可以有效鼓励投资人经营的信心,在风险较高或风险不明的领域发挥自己的优势。此外,一人有限责任公司的管理结构与个人独资企业类似,也较为简单,不需要设立股东会,股东做决定时以书面形式签名留存即可,无须股东会或董事会召集、召开、决议等流程,便于及时做出决策。

但与有限责任公司不同的是，一人有限责任公司对股东和公司财务管理要求更加严苛。《公司法》第63条规定："一人有限责任公司的股东不能证明公司财产独立于股东自己的财产的，应当对公司债务承担连带责任。"在司法实践中，债务人公司是一人有限责任公司的，公司与股东财产混同的举证责任倒置，即股东需要证明两者未混同，一人有限责任公司的财产与股东自身财产相独立，否则就会突破"有限责任"原则，由股东对公司债务承担连带责任。[①]一般情况下，许多投资人出于管理便利、交易效率等方面的考虑，会以自己的个人账户处理一人有限责任公司的收付款交易，这使得个人账务与公司账务混在一起，可能导致"有限责任"原则失效。

在熊某、沈某申请执行人执行异议之诉再审案[②]中，夫妻双方婚后出资成立了一家有限责任公司，没有夫妻财产分割的书面证明，公司注册资本源于夫妻二人的共同财产，全部股权属于夫妻婚后取得的财产，属于夫妻二人共同共有。最高人民法院认为："江西青曼瑞服饰有限公司（以下简称青曼瑞公司）的全部股权实质来源于同一财产权，并为一个所有权共同享有和支配，该股权主体具有利益的一致性和实质的单一性，难以形成有效的内部监督。熊某、沈某均实际参与公司的管理经营，夫妻其他共同财产与青曼瑞公司财产亦容易混同，从而损害债权人利益。青曼瑞公司与一人有限责任公司在主体构成和规范适用上具有高度相似性，二审法院湖北省高级人民法院认定青曼瑞公司系实质意义上的一人有限责任公司并无不当，应参照公司法的规定，将公司财产独立于股东自身财产的举证责任分配给股东熊某、沈某。"最终，该案因股东无法举证证明自身财产独立于公司财产，被追加为公司债务的被执行人，对公司债务承担连带责任。

综上，有限责任公司形式并非规避责任的不二法门，法院在审理过程中还会根据个案的特殊性进行综合判断。尽管对于一人有限责任公司股东的财产混同问题，立法倾向于弱化举证责任倒置的适用，但是在债权人提出初步证据后，股东依然无法规避证明财产不混同的责任。因此，公司应遵守法律规定，严格区分股东与公司财产，才能够最大程度降低股东经营风险。笔者建议一

---

① 2021年《公司法（修订草案）》中拟删除本条规定。这反映了立法者倾向于一人有限责任公司的股东在财产混同问题上的举证责任不再适用举证责任倒置，与有限责任公司的股东区别对待，而是统一由债权人对财产混同进行初步举证，再由股东对财产不混同进行举证。对于本条规则的适用，建议关注未来立法调整。

② 参见最高人民法院民事判决书，（2019）最高法民再372号。

人有限责任公司应完善财务制度,严格遵守法律规定。在每一会计年度结束时,编制财务会计报告并由会计师事务所进行审计。同时严格执行个人财产与公司财产相分离的原则,这样才能充分发挥有限责任公司的“有限责任”优势,真正做到以有限资本创造无限利润。

3 债务人公司破产清算，债权人应如何保护自身利益？

咨询问题 ▶▶

我公司申请执行某债务人公司，由于无法提供财产线索，执行法院以“无财产可供执行”为由终结本次执行，我公司虽有一纸胜诉判决却无法实现债权。据我公司了解，该公司持股70%的大股东经营状况尚好，且具备一定的偿还能力。该股东计划将债务人公司注销。我公司担心债务人公司一旦被注销，债权将永远没有实现的可能。

请问：如何阻止债务人公司注销？如何要求该股东承担清偿责任？

律师答疑 ▶▶

公司的“死亡”有两种方式：解散和破产清算。根据《企业破产法》和《公司法》的相关规定，企业法人不能清偿到期债务，并且资产不足以清偿全部债务或者明显缺乏清偿能力的，应当依法清理债务。企业法人解散清算过程中发现资产不足以清偿债务的，清算组应当依法向法院申请宣告破产。

在本咨询问题中，债务人存在无法清偿到期债务且无财产可供执行的情形，因此即使债务人的大股东希望解散或注销公司，也会在清算过程中因“资产不足以清偿债务”而转入破产程序，并不会出现债权人所担心的“随着债务人的注销，债权自动归于消灭”的情形。如果该公司清算组明知公司对外尚存在债务，却没有书面通知债权人申报债权，而是以“无债权债务”的情形申请注销并被核准，导致债权人未及时申报债权而未获清偿的，根据最高人民法院《关于适用〈中华人民共和国公司法〉若干问题的规定（二）》（以下简称《公司法司法解释（二）》）第11条第2款的规定，清算组成员应当承担赔偿责任。这一规定已经有大量司法实践予以支持，债权人所面临的风险较低。在丁某新与周某强、姚某卫、王某跃买卖合同纠纷案[①]中，陕西省西安市中级人民法院认为，公司在清算时，应同时履行书面通知及公告义务，两者缺一不可，现无证据

---

① 参见陕西省西安市中级人民法院民事判决书，(2019)陕01民终15401号。

证明清算义务人向债权人周某强履行了通知义务，即使在其报纸上发布了注销公告，也不影响丁某新、姚某卫承担相应责任。

随着市场经济不断发展，一批批企业因市场规律淘汰，其中涉及大量债权人申请强制执行后发现债务人名下无可供执行的财产、资不抵债。这种情况下，执行程序无法有效保护债权人的利益。但是对于债权人来说，法院的“终本”裁定并不意味着最终结果，既然已经无法通过执行债务人财产实现债权，债权人或许可以转换思路，进入另一条途径——破产清算。事实上，执行程序直接转入破产程序也是有相应司法解释支持的。最高人民法院《关于执行案件移送破产审查若干问题的指导意见》第2条规定：“执行案件移送破产审查，应同时符合下列条件：(1)被执行人为企业法人；(2)被执行人或者有关被执行人的任何一个执行案件的申请执行人书面同意将执行案件移送破产审查；(3)被执行人不能清偿到期债务，并且资产不足以清偿全部债务或者明显缺乏清偿能力。”这就是“执转破”程序。当然，如果法院已经以“查无财产可供执行”为由终结本次执行，债权人也可以依据“终本”裁定直接向法院申请对债务人进行破产清算。

对债务人进行破产清算，是否意味着即将宣布债务人“死亡”，债权如何实现？

一、认缴期限未届满股东的出资义务

《企业破产法》和最高人民法院《关于适用〈中华人民共和国公司法〉若干问题的规定(三)》(以下简称《公司法司法解释(三)》)规定，债务人进入破产清算程序之后，即使股东尚未届出资期限，管理人仍然有权利要求股东就其认缴未实缴的部分承担出资义务，该部分金额将会作为破产财产按照相关规定向债权人进行分配。这也就是常说的“股东认缴出资加速到期”。

然而，最高人民法院在《全国法院民商事审判工作会议纪要》(以下简称《九民纪要》)第6条对该“加速到期”条款的理解与适用进行了一定的调整。关于股东出资是否应该加速到期，《九民纪要》认为，只有“公司作为被执行人的案件，人民法院穷尽执行措施无财产可供执行，已具备破产原因，但不申请破产的”，或者“在公司债务产生后，公司股东(大)会决议或以其他方式延长股东出资期限的”这两种情况下，债权人方可以公司不能清偿到期债务为由，请求未届出资期限的股东在未出资范围内对公司不能清偿的债务承担补充赔偿责任。上述调整旨在保护股东的期限利益。

尽管《九民纪要》限缩了股东出资加速到期的适用条件，但破产清算仍不失为一种实现债权的特殊方式，如果债务人公司存在《九民纪要》允许的两种情况，那么，即使股东的认缴出资期限尚未到期，债权人仍然有可能要求股东履行出资义务，实现自己的债权。

二、对违反出资义务股东的追责

股东违反出资义务通常包括以下几种情况：(1)虚假出资，是指公司的发起人、股东表面上出资但实际未出资，未按照《公司法》规定交付货币、实物或未转移财产权。(2)抽逃出资，是指在公司验资注册之后，股东将所缴出资撤回，却仍然保留股东身份及原出资数额。(3)迟延出资，是指股东未按照公司章程规定的期限交付出资或办理财产权转移。(4)出资不足，是指在公司章程规定的期限内，股东仅部分履行了其所承诺的出资义务，且未进行补足。出资不足是最常见的股东违反出资义务的情形。(5)瑕疵出资，是指股东交付的非货币财产的实际价值明显低于评估价值。

股东出资会作为公司资产入账，如果股东违反出资义务，就会损害公司的财产权，公司对股东就会产生一笔债权。根据《公司法司法解释(三)》第13条的规定，股东未履行或者未全面履行出资义务，公司债权人有权请求未履行或者未全面履行出资义务的股东在未出资本息范围内对公司债务不能清偿的部分承担补充赔偿责任。违反出资义务中较为特殊的是抽逃出资，根据《公司法司法解释(三)》第14条的规定，股东抽逃出资不但可以追究出资股东的责任，同时可以要求提供协助的其他当事人承担连带责任，承担清偿责任的主体较其他情况更多。

通过主张股东存在违反出资义务的情况，可以有效向股东追责，要求股东对出资进行补足。但是相对而言，该主张的举证存在一定的难度。在司法实践中债权人需举证证明股东存在抽逃出资的情形，具体证据包括但不限于财务账目、银行流水、刑事判决书(虚假出资、抽逃出资可能构成刑事犯罪)等。实践中，债权人几乎不可能取得公司内部的相关财务资料，且通常来说，股东曾受到刑事处罚的可能性也较低，因此很难直接适用此法条向股东主张权利。但是如果债务人公司已经进入破产清算程序，会有破产管理人对公司的财务账目进行全面审查，则有更大的可能性发现股东存在的违反出资义务的行为，也就能更好地实现债权。

三、股东损害公司债权人利益责任纠纷

如果破产清算过程中，债务人无法提供主要财产、财务账册等重要文件，就可能触发第三种向股东追责的可能性——股东损害公司债权人利益责任（清算责任纠纷）。根据《公司法司法解释（二）》第18条第2款的规定，由于有限责任公司的股东、股份有限公司的董事和控股股东怠于履行义务，导致公司主要财产、账册、重要文件等灭失，无法进行清算的，债权人可要求上述人员对公司债务承担连带清偿责任。对于很多"僵尸企业"，公司的账本、文件等早已丢失，根本无法向清算组提供，在此种情况下，即构成本条规定的情形，债权人有权要求相应股东承担连带清偿责任。

根据该条规定，如出现上述股东怠于履行清算义务的情况，则"有限责任公司的股东"不分股权比例大小，均应承担责任，因此前几年司法实践中一度出现申请"僵尸企业"破产后，债权人针对存续小股东主张清算责任，最终由该小股东承担公司全部债务的情况。为了防止不当扩大小股东的清算责任，《九民纪要》限缩了对本条的适用：如果股东举证证明已经为履行清算义务采取积极措施，或者小股东举证证明其既不是公司董事会或者监事会成员，也没有选派人员担任该机关成员，且从未参与公司经营管理，不构成"怠于履行义务"的，则法院依法予以支持；有限责任公司的股东举证证明其"怠于履行义务"的消极不作为与"公司主要财产、账册、重要文件等灭失，无法进行清算"的结果之间没有因果关系，亦可主张不承担连带清偿责任。

破产清算作为清退"僵尸企业"、规范市场经济的手段，正在逐渐被大众所接受，随着法律的不断完善，也逐渐成为债权人实现债权的新途径。尽管《九民纪要》发布之后，利用破产清算向股东主张债权的方式在实践中受到了一定约束，但是对于债权人来说，破产清算仍不失为债务人"查无财产可供执行"情况下一个实现债权的可能途径。因此，如果债权人持有类似本文所述的"呆账""坏账"债权，不妨考虑大胆尝试这个"置之死地而后生"的方法。

4 小股东如何解散公司?

咨询问题 ▶▶

我公司持有一家公司15%的股权,该公司另有一持股85%的大股东。此前,该公司经营状况良好,但从未召开过股东会进行分红。近两年该公司经营状况恶化,我公司想与大股东协商调整公司发展方向,但对方不予配合,多次沟通无果。我公司曾考虑出售股权,但由于该公司基本处于停业状态,股权难以出售。虽然暂时没有对外负债,但为了不影响我公司的信誉和正常经营活动,我公司希望将该公司注销。

请问:有什么途径可以解散该公司?

律师答疑 ▶▶

公司由于经营状况不佳难以继续,通常有两种途径可以结束公司的经营活动、消灭法人资格:一是解散公司,二是申请公司破产清算。这两种方法并非随意选择,公司应当根据法律规定的不同情况采取不同的方式。在本案咨询问题中,由于目标公司尚未出现对外负债的情况,不满足申请破产清算的条件,因此,股东可以考虑采取解散公司的方式。

《公司法》第180条规定,公司解散的事由有以下几种:公司章程规定的营业期限届满或其他解散事由出现;股东会或股东大会决议解散;因合并或分立需要解散;被吊销营业执照、责令关闭或被撤销;司法强制解散。这也就意味着,如果目标公司尚能维持正常运转、可以启动股东会等程序,则可以通过股东会决议自主解散;如果目标公司的控股股东已无法履行自己的义务,则小股东可能实现解散公司目的的途径就是司法强制解散。

司法强制解散,是指法院根据股东申请,依据《公司法》第182条和最高人民法院《关于适用〈中华人民共和国公司法〉若干问题的规定(二)》(以下简称《公司法司法解释(二)》)第1条的规定,判令陷入公司僵局的公司解散。此处可以提出解散公司申请的股东,是指单独或合计持有公司全部股东表决权10%以上的股东。可以看出,这条规定主要是为了保护小股东的权益而设定。

在掌握公司控制权的大股东不履行职责、公司权力机构运行失灵的情况下，小股东由于话语权太小，无法通过表决方式参与公司管理；或者股东之间的利益冲突已经无法调和或继续合作，各方无法通过正常方式解散公司，而继续维持公司存续只会导致股东和公司利益受损，为了防止损失进一步扩大，小股东可以依法申请法院强制解散公司。

申请强制解散虽然有较为明确的法律依据，但是想要法院支持解散申请并非易事，需要同时满足以下四个要件：

一、申请人具有主体资格

主体资格，是指申请人需持有公司全部股东表决权的10%以上。需要注意的是，法律规定为表决权的10%，而非股权的10%，也就是说，对于部分通过公司章程约定表决权与股权不相等的公司，股东需要根据自己实际持有的表决权来确认是否具备提起公司解散申请的资格。大部分未特殊约定表决权和股权比例的公司，则无须特殊处理，股权比例就是表决权比例。除了一般意义上已经持有相应股权的股东，根据最高人民法院的相关判例①，对于通过转让方式取得股权但尚未支付股权转让款的股东而言，股权转让款尚未支付到位亦不影响其提起公司解散诉讼的主体资格。

从上文可知，表决权低于10%的小股东无法满足司法强制解散的主体要求，其权利应当如何予以保护？如果股东的表决权低于10%，则该股东仅能通过与其他股东联合来满足本条件，否则无法适用司法强制解散。这主要也是为了对强制解散公司的股东范围进行限制，避免为了过小的利益影响公司的存续。

二、目标公司的经营管理存在严重困难

司法强制解散的必要条件之一是目标公司的经营管理存在严重困难。一般表现为公司权力机构运行困难，股东会、董事会、监事会等机构无法正常运行，股东、董事之间长期对立冲突，公司持续两年以上无法按照公司章程规定正常召集股东会或者形成有效决议等，即公司陷入僵局。

公司僵局比较常见的是大股东利用自身的持股比例优势，通过控制股东

① 参见最高人民法院民事判决书，(2019)最高法民终1504号。

综上，解散公司之诉尽管不失为小股东减少损失的良策，但是同时也需要做大量的准备工作。如果股东计划在未来采取此途径解散公司，应当先履行自己的股东义务，采取积极提议召开股东会解决纠纷、寻求股权转让或股权回购等救济途径，收集公司经营状态不佳、股东矛盾冲突、大股东滥用控制权等情况的证据，以便在未来的解散公司之诉中对解散的必要性进行充分论证，最终取得法院的支持，实现解散公司的目的。

5 一人股东如何证明与公司不存在混同？

咨询问题 ▶▶

我公司于2001年7月出资设立Y公司。2019年7月，法院依法裁定受理Y公司破产清算。2019年10月，Y公司停止经营。由于Y公司经营过程中与我公司部分往来款项不清楚，存在我公司向其提供借款、双方交易往来等情况，导致部分其他债权人向管理人提出要求对我公司与Y公司之间是否存在混同进行调查。

请问：我公司如何证明与Y公司不存在混同？

律师答疑 ▶▶

《公司法》第20条明确了公司法人人格否认制度，即公司股东滥用公司法人独立地位和股东有限责任逃避债务，严重损害公司债权人利益的，应当对公司债务承担连带责任。因一人公司更容易发生股东滥用公司独立地位的情形，故《公司法》第63条明确，一人有限责任公司的股东对公司财产独立于股东自己的财产承担举证责任。公司作为Y公司唯一股东，需举证证明公司财产与Y公司相互独立。

一、人格否认的审判思路及司法判例

首先，最高人民法院《全国法院民商事审判工作会议纪要》（以下简称《九民纪要》）中明确，认定公司人格与股东人格是否存在混同，最根本的判断标准是公司是否具有独立意思和独立财产，最主要的表现是公司的财产与股东的财产是否混同且无法区分。在认定是否构成人格混同时，应当综合考虑以下因素：（1）股东无偿使用公司资金或者财产，不做财务记载的；（2）股东用公司的资金偿还股东的债务，或者将公司的资金供关联公司无偿使用，不做财务记载的；（3）公司账簿与股东账簿不分，致使公司财产与股东财产无法区分的；（4）股东自身收益与公司盈利不加区分，致使双方利益不清的；（5）公司的财产记载于股东名下，由股东占有、使用的；（6）人格混同的其他情形。

实践中，一人公司的财产混同主要表现为：公司营业场所、主要设备与一人股东的营业场所或居所等完全同一，公司与股东使用同一办公设施；公司与股东的银行存款账户、财务管理机构和财务收支核算均未分开，公司未健全财务制度及财务记录；公司盈利与股东收益无法区分，公司盈利不按法定程序分配，而是直接作为股东收益为股东所有；公司财产被转移用于偿还股东个人债务，公司财产和股东财产之间可随时转化。[①] 即在出现人格混同的情况下，法院除了审查公司财产与股东财产是否混同外，通常会同时审查以下几个方面：(1)公司业务与股东业务是否存在混同；(2)公司员工与股东员工是否混同，特别是财务人员混同；(3)公司住所与股东住所是否混同。

在徐工集团工程机械股份有限公司与四川瑞路建设工程有限公司（以下简称瑞路公司）、成都川交工程机械有限责任公司（以下简称川交机械公司）、成都川交工贸有限责任公司（以下简称川交工贸公司）等买卖合同纠纷案[②]中，江苏省高级人民法院认为，川交工贸公司与瑞路公司、川交机械公司人格混同，瑞路公司、川交机械公司应对川交工贸公司的债务承担连带清偿责任，主要理由为：(1)在人员上，三公司的股东、法定代表人或相同或具有密切关联，三公司主持生产经营管理的经理均为王某礼，在人事任免上存在统一调配使用的情形，其他高级管理人员存在交叉任职，且重要部门任职人员相同，构成人员混同。(2)在业务上，川交工贸公司、川交机械公司、瑞路公司的经营范围基本重合；川交工贸公司、瑞路公司、川交机械公司在对外进行宣传时信息混同、未做区分；川交工贸公司、川交机械公司、瑞路公司在工程机械销售等业务中不分彼此。(3)在财务上，川交工贸公司、川交机械公司、瑞路公司使用共同的账户。川交工贸公司、川交机械公司、瑞路公司未提供证据证明对共同使用的银行账户中相关资金的支配进行了区分。

法院在审理案件时，对于法人人格是否混同的认定，主要通过对财务、人员、业务等事实方面进行综合分析，判断公司股东是否存在逃避债务而行使某种不当行为，且该种不当行为将损害债权人的利益。

其次，除上述关于形式上的审查外，《九民纪要》中还明确，对于人格否认的审查，还需从实质层面审查，包括：(1)只有在股东实施了滥用公司法人独立地位及股东有限责任的行为，且该行为严重损害了公司债权人利益的情况下，

---

① 参见季奎明：《一人公司的法人人格否认》，载《人民司法(应用)》2008年第5期。

② 参见江苏省高级人民法院民事判决书，(2011)苏商终字第0107号。

才能适用。损害债权人利益，主要是指股东滥用权利使公司财产不足以清偿公司债权人的债权。(2)只有实施了滥用法人独立地位和股东有限责任行为的股东才对公司债务承担连带清偿责任，其他股东不应承担此责任。(3)公司人格否认不是全面、彻底、永久地否定公司的法人资格，只是在具体案件中依据特定的法律事实、法律关系，突破股东对公司债务不承担责任的一般规则，例外地判令其承担连带责任。

在柳某金等与山东能源集团贵州矿业有限公司（以下简称山能贵州公司）采矿权转让合同纠纷案①中，最高人民法院认为："公司人格否认制度是公司法人独立人格制度的例外，应审慎适用，否则会损害公司法人和股东有限责任制度的基础。适用公司人格否认制度的关键前提是公司人格混同，对此最根本的衡量标准是公司是否具有独立意思和独立财产，公司与股东或关联方是否已相互融合、无法区分，而在实质上成为单一主体……本院认为，肥矿光大能源有限公司的控股股东肥矿能源有限公司是山能贵州公司的全资子公司，该三家公司在业务、工作人员等方面存在一定重合是投资关联关系的正常表现，不违反法律规定。如前所述，适用公司人格否认制度的关键是审查公司人格是否混同。公司其他方面是否混同只是人格混同的补强。在现有证据不能证明山能贵州公司与肥矿光大公司人格混同的情况下，仅凭两公司在人员、业务等方面的关联表象不能认定肥矿光大公司人格已形骸化而成为山能贵州公司牟取利益的工具。柳某金、马某兰要求山能贵州公司与肥矿光大公司承担连带责任的主张依据不足，依法不予支持。"

二、举证责任及相关证据

《公司法》第63条规定，"一人有限责任公司的股东不能证明公司财产独立于股东自己的财产的，应当对公司债务承担连带责任"②，即一人公司实行举证责任倒置制度，股东需提供证据证明自身财产与公司财产独立。根据上述司法实践，针对本案咨询问题，对作为股东的公司而言，具体可通过举示如下

---

① 参见最高人民法院民事判决书，(2020)最高法民终185号。

② 2021年12月24日，全国人大常委会公布了《公司法（修订草案）》，截至本书定稿之日，尚未生效。但其中拟删除本条规定，反映了立法者倾向于一人有限责任公司的股东在财产混同问题上的举证责任不再适用举证责任倒置，与有限责任公司的股东区别对待，而是统一由债权人对财产混同进行初步举证，再由股东对财产不混同进行举证。对于本条规则的具体适用，建议读者关注未来立法调整。

资料予以证明：

1. 提供所投资公司内部相关制度、财务管理规范等资料，证明所投资公司决策、经营的独立。

2. 提供历年审计报告以及相应的财务账册（包括总账、明细账及现金、银行对账单）、原始凭证等资料，真实、合法的纳税申报材料或缴税证明，证明所投资公司财务独立。

3. 提供所投资公司与关联公司、作为股东的公司之间的往来凭证，作为股东的公司与所投资公司之间体现关联交易价格公允性的相关合同，以及相关合理性说明等证明公司业务独立。

4. 提供所投资公司聘用工作人员等相关制度，与员工签订劳动合同、社会保险缴存证明、员工花名册等资料，证明所投资公司人员独立。

5. 提供所投资公司签订的房屋租赁合同、房屋产权证等资料，确保公司与股东的经营场所、生产设备等相互独立。

综上，作为股东的公司除需梳理能够证明与 Y 公司相互独立的相关资料外，笔者建议公司在经营过程中注意风险防范，包括保证公司与所投资公司间的资金、财务、人事、业务等相互独立，如发生关联交易时，交易价格应当相互独立，尽量避免发生混同的情况。如有可能，可引进其他投资者共同经营，从根源上摆脱对一人公司的认定，决策经营权则可从公司治理机构层面予以解决。当然，对于“夫妻档”“父子兵”类型的有限责任公司而言，虽然从表面上看其并不是一人公司，但若不能证明家庭财产独立于公司财产则仍需要承担连带责任。因此，此类有限责任公司在公司经营过程中仍需严格做好财务分割，避免出现家庭财产与公司财产混同的情况。

6 非货币财产出资后出现财产贬值情形，其他股东可否要求补足出资？

咨询问题 ▶▶

我公司成立时，有部分股东以非货币形式出资，并且当时就非货币资产进行了相应的评估，按照评估价值出资。在公司经营过程中，我公司发现该非货币财产出现财产贬值情况。

请问：遇到这种情形公司应如何处理？公司的其他股东能否要求该非货币财产出资的股东补足出资？

律师答疑 ▶▶

《公司法》规定，股东出资的方式可以是货币，也可以是实物、知识产权、土地使用权等可以用货币评估并可以依法转让的非货币财产作价出资，但法律法规规定不得作为出资的财产除外。不过，在以非货币财产出资的情况中，设备、房产、知识产权及土地使用权等均有可能随着市场的波动而出现较大的价格波动，进而影响公司的总体资本。非货币财产出资后出现财产贬值的，企业应如何处理？公司的其他股东能否要求该非货币财产出资的股东补足出资？

根据《公司法》及相关司法解释的规定，对于非货币财产出资后可能发生的价值变动，是否构成股东的出资瑕疵从而要求相关股东承担差额补充责任的问题，笔者认为，不能一概而论，而应当注意区分两种情况。

一、投资人原因导致的贬值

在非货币财产出资后，如发现因投资人原因（主观原因、过错原因）导致非货币出资财产价值显著低于章程所定价额的，非货币财产出资的股东应承担差额补充责任。《公司法》第 30 条、第 93 条规定，公司成立时，如发现作为设立公司出资的非货币财产的实际价额显著低于章程所定价额，应当由交付该出资的股东补足其差额。最高人民法院《关于适用〈中华人民共和国公司法〉若干问题的规定（三）》（以下简称《公司法司法解释（三）》）第 13 条亦规定，股东在公司设立时未履行或者未全面履行出资义务，债权人可以请求公司的发起人与被告股东承担连带责任。虽然上述法律明确规定了非货币财产出资人的差额补充责任，但是笔者仍然认为该补充出资责任并不是指非货币出资财产出现客观贬值的情形，而是侧重出资人本身过错导致出现设立公司出资的非货币财产的实际价额显著低于章程所定价额的情形，主要表现为在非货币出资过程中存在欺诈、虚高非货币资产的价值、未办理权属变更、出资物存在权属瑕疵等。

在抚顺通恒公共交通有限公司（以下简称通恒公司）、抚顺市公共汽车总公司（以下简称公汽总公司）股东出资纠纷案[①]中，根据投资人公汽总公司与先领公司签订的合资经营合同、合作经营合同和抚顺宏业资产评估事务所资产评估报告，公汽总公司应当向通恒公司投入价值472万元的房产、机器设备和土地使用权作为注册资金。但在实际投入过程中，公汽总公司因迟迟未办理、法院查封无法办理、房产拆除无法办理等原因，并未将联营协议中约定的相关实物交付通恒公司，法院最终认定公汽总公司未全面履行出资义务，对于未出资到位的资产依法应当按约定履行。

在陈某红与克拉玛依市乐万家超市有限公司（以下简称乐万家公司）股东出资纠纷案[②]中，新疆维吾尔自治区克拉玛依市中级人民法院亦认定，陈某红所谓的“债转股”，实际上是铜锣湾中盛百货公司以其物品折抵债权，应以陈某红向乐万家公司实际交付与其享有债权等值的实物作为认定完成出资的标准。虽乐万家公司向陈某红签发了出资证明书，但陈某红未以货币形式出资，“债转股”所谓的债权也未实现，陈某红亦未向乐万家公司交付铜锣湾中盛百货公司的等值物品。因此，法院认定出资证明书所载事项与出资的实际情况存在不一致的情形，故对出资证明书载明的事项不予采信，陈某红未按照章程规定时间完成出资，判定其应当承担补足注册出资的义务。

二、市场或者其他客观因素导致的贬值

前文已有阐述，非货币财产出资股东承担差额补充责任，主要是因为出资人本身过错或主观原因导致设立公司出资的非货币财产的实际价额显著低于章程所定价额，如果非货币出资财产在公司存续期间因市场或者其他客观因

---

① 参见辽宁省高级人民法院民事判决书，(2017)辽民终87号。

② 参见新疆维吾尔自治区克拉玛依市中级人民法院民事判决书，(2020)新02民终2号。

素导致贬值，该如何认定呢？《公司法司法解释（三）》第15条就这一情形作出了规定。根据该司法解释意见，正常情况下，出资人以符合法定条件的非货币财产出资后，因市场变化或其他客观因素导致出资财产贬值，公司、其他股东或债权人不能要求该出资人补足出资责任。也就是说，在公司股东之间没有特别约定的情况下，出资人以非货币财产出资不存在瑕疵或欺诈情形的，用以出资的设备、不动产、知识产权、技术或其他非货币财产发生减值或失权，不会对其出资产生影响，公司、其他股东或债权人不能要求该出资人补足出资责任。

在青海威德生物技术有限公司（以下简称青海威德公司）、北京威德生物科技有限公司（以下简称北京威德公司）公司增资纠纷案[①]中，最高人民法院认定：第一，北京威德公司以其所有的知识产权等非货币财产向青海威德公司增资，委托北京大正评估公司进行了评估作价，并在168号评估报告有效期内进行了增资。青海威德公司对此次增资召开股东会，全体股东认可168号评估报告结果，同意以评估结果作为增资数额，并办理了财产权转移，依法进行了工商变更登记，增资行为已经完成。北京威德公司的出资方式、出资评估符合公司法及其司法解释关于公司股东的出资方式、出资评估和非货币财产作价出资的比例相关规定。其已完成的增资行为不违反法律法规的规定。第二，根据《专利法》第47条第2款、《商标法》第47条第2款的规定，专利或者注册商标被宣告无效，对宣告无效前已经履行的专利或者商标转让不具有追溯力，除非证明权利人存在主观恶意。北京威德公司的专利权和商标权已通过增资方式完成了向青海威德公司的转让，北京威德公司由此获得相应的股东资格和股东权利，其转让出资义务已经履行完毕。青海威德公司未提交证据证明北京威德公司在上述无形资产出资时存在主观恶意。同时，专利和注册商标被宣告无效存在多种可能，不能因此证明权利人存在主观恶意。青海威德公司以专利和注册商标被宣告无效来证明北京威德公司存在主观恶意的意见不能成立。第三，《公司法司法解释（三）》第15条规定，出资人以符合法定条件的非货币财产出资后，因市场变化或者其他客观因素导致出资财产贬值，该出资人不承担补足出资责任，除非当事人另有约定。北京威德公司以注册商标、专利权出资时，双方并无因无形资产贬值需承担补足出资的约定。故即使专利

---

① 参见最高人民法院民事判决书，（2019）最高法民终959号。

和注册商标被宣告无效可能导致北京威德公司的出资贬值,青海威德公司也无权要求北京威德公司补足出资。

但是需要提醒的是,根据《公司法司法解释(三)》第15条的规定,虽然因市场变化或者其他客观因素导致出资财产贬值,该出资人不承担补足出资责任,但当事人仍可以通过协议约定的方式排除本条的适用。若各方当事人之间明确约定"因市场变化或其他客观因素导致出资财产贬值,公司、其他股东或债权人有权要求该出资人补足出资责任",在此情形下,出资人需要按照约定承担补足出资的责任。此外,根据《公司法》第27条的规定,对于出资的非货币资产应当评估作价,而非货币财产价值的认定往往也依赖评估报告。因此,建议在出资时尽量选择各方股东均认可的评估公司,并充分考虑未来市场的变化或其他客观因素的变化而可能导致的公司资本的变化。

综上,针对咨询问题,首先,要就股东非货币出资财产出现贬值的原因进行具体分析;其次,要审查当时各方投资人的投资协议、公司章程中是否就"出资人在非货币出资财产出现贬值是否需要补足出资"问题进行了约定;最后,在此基础上再就"其他股东能否要求该股东补足出资问题"进行综合判断。在公司股东之间没有特别约定的情况下,如果出资人的非货币财产出资不存在瑕疵或欺诈等情形,用以出资的知识产权、技术或其他非货币财产发生因客观情况减值或失权的,其他股东并不能要求其承担差额补充责任。

7 法定代表人越权利用公司为自己贷款提供担保，其他股东如何维权？

咨询问题 ▶▶

我公司近日收到法院传票，公司所在地一商业银行起诉公司要求为某企业的一笔借款合同承担担保责任。收到传票后，作为小股东的我们十分诧异，法定代表人张某是公司大股东，在我们毫不知情的情况下，以公司名义对外出具不可撤销担保书，承诺公司对某企业与商业银行1200万元的贷款承担连带保证责任，保证范围包括借款本金、利息、罚息、违约金及其他一切相关费用。保证期间为自该保证书生效之日起至借款合同履行期限届满之日起两年。

请问：在这种情况下，我们作为小股东应该如何维权？

律师答疑 ▶▶

实践中，大股东凭借其优势地位侵犯公司利益的情形时有发生，无偿占用、虚假出资、转移支付，包括利用公司为他人债务提供担保等，都是大股东侵犯公司以及小股东利益的常用手段。

《公司法》第16条规定："公司向其他企业投资或者为他人提供担保，依照公司章程的规定，由董事会或者股东会、股东大会决议；公司章程对投资或者担保的总额及单项投资或者担保的数额有限额规定的，不得超过规定的限额。公司为公司股东或者实际控制人提供担保的，必须经股东会或者股东大会决议……"该条的立法本意，即限制公司主体行为，防止公司大股东或实际控制人利用其优势地位作出各种董事会或股东会决议，损害公司、小股东或其他债权人的利益。

在上诉人陆某洲、麻某云、合肥中建工程机械有限责任公司（以下简称中建公司）、湖北润达工程机械有限公司、郑某钧、杜某霞、郁某文、水某梅、温某涛、叶某与被上诉人厦门厦工机械股份有限公司（以下简称厦门厦工公司）买卖合同纠纷案[①]中，最高人民法院认为：中建公司于2011年出具的第三方单位担保书虽然有沈某霞在法定代表人处签名，并盖有中建公司的公章，但是《公司法》第16条规定，公司向其他企业投资或者为他人提供担保，依照公司章程的规定，由董事会或者股东会、股东大会决议；公司章程对投资或者担保的总额及单项投资或者担保的数额有限额规定的，不得超过规定的限额。根据该条规定，担保行为不是法定代表人所能单独决定的事项，而必须以公司股东（大）会、董事会等的决议作为授权的基础和来源。法定代表人未经授权擅自为他人提供担保的，构成越权代表，现厦门厦工公司并未提供证据证明以中建公司名义为本案提供的担保经过了中建公司董事会或者股东会的同意，故该担保属于法定代表人未经授权擅自为他人提供担保。因此，第三方单位担保书应当认定无效。

应当指出的是，根据现行法律法规、裁判规则，特别是2019年11月8日发布的《全国法院民商事审判工作会议纪要》（以下简称《九民纪要》）的相关精神，判断法定代表人越权代表签订担保合同的效力时还需要考虑相对人是否为善意这一重要因素。

《民法典》第504条规定："法人的法定代表人或者非法人组织的负责人超越权限订立的合同，除相对人知道或者应当知道其超越权限外，该代表行为有效，订立的合同对法人或者非法人组织发生效力。"根据上述法律规定，法定代表人超越权限订立合同时，除相对人知道或应当知道法定代表人超越权限外，该代表行为对公司发生法律效力。

《九民纪要》第17条也明确，为防止法定代表人随意代表公司为他人提供担保给公司造成损失，损害中小股东利益，《公司法》第16条对法定代表人的代表权进行了限制。根据该条规定，担保行为不是法定代表人所能单独决定的事项，而必须以公司股东（大）会、董事会等的决议作为授权的基础和来源。法定代表人未经授权擅自为他人提供担保的，构成越权代表，法院应当根据《民法典》第504条关于法定代表人越权代表的规定，区分订立合同时债权人是否善意，分别认定合同效力：债权人善意的，合同有效；反之，合同无效。而对于善意的认定，则是指债权人不知道或者不应当知道法定代表人超越权限订立担保合同。《公司法》第16条对关联担保和非关联担保的决议机关作出

---

① 参见最高人民法院民事判决书，（2020）最高法民终1143号。

了区别规定,相应地,在善意的判断标准上也应当有所区别。一种情形是,为公司股东或者实际控制人提供关联担保,《公司法》第 16 条明确规定必须由股东(大)会决议,未经股东(大)会决议,构成越权代表。在此情况下,债权人主张担保合同有效,应当提供证据证明其在订立合同时对股东(大)会决议进行了审查,决议的表决程序符合《公司法》第 16 条的规定,即在排除被担保股东表决权的情况下,该项表决由出席会议的其他股东所持表决权的过半数通过,签字人员也符合公司章程的规定。另一种情形是,公司为公司股东或者实际控制人以外的人提供非关联担保,根据《公司法》第 16 条的规定,此时由公司章程规定是由董事会决议还是由股东(大)会决议。无论章程规定决议机关为董事会还是股东(大)会,根据《民法典》第 61 条第 3 款关于"法人章程或者法人权力机构对法定代表人代表权的限制,不得对抗善意相对人"的规定,只要债权人能够证明其在订立担保合同时对董事会决议或者股东(大)会决议进行了审查,同意决议的人数及签字人员符合公司章程的规定,就应当认定其构成善意,但公司能够证明债权人明知公司章程对决议机关有明确规定的除外。

在再审申请人许某来与被申请人欧浦智网股份有限公司(以下简称欧浦公司)、原审被告佛山市中基投资有限公司(以下简称中基公司)保证合同纠纷案[①]中,最高人民法院认为:"欧浦公司向许某来出具《无限连带责任保证书》时,欧浦公司为上市公司,陈某豪为欧浦公司的法定代表人,陈某豪是中基公司的股东,中基公司是欧浦公司的股东。《中华人民共和国公司法》第十六条第二款规定:'公司为公司股东或者实际控制人提供担保的,必须经股东会或者股东大会决议。'《中国证券监督管理委员会、中国银行业监督管理委员会关于规范上市公司对外担保行为的通知》规定:'一、规范上市公司对外担保行为,严格控制上市公司对外担保风险……(五)上市公司董事会或股东大会审议批准的对外担保,必须在中国证监会指定信息披露报刊上及时披露,披露的内容包括董事会或股东大会决议、截止信息披露日上市公司及其控股子公司对外担保总额、上市公司对控股子公司提供担保的总额……'欧浦公司向许某来出具《无限连带责任保证书》应经股东大会决议并及时披露。许某来作为上市公司的实际控制人,应当熟知上述规定,亦应熟知查询相关信息的公开渠道。故原审法院认定许某来对陈某豪超越权限出具《无限连带责任保证书》的

① 参见最高人民法院民事裁定书,(2021)最高法民申 4459 号。

事实是明知的并无不当。既然许某来明知，就失去了让欧浦公司承担责任的法律基础，原审法院判令欧浦公司不承担《无限连带责任保证书》无效后的民事责任，亦无不当。”

综上，针对本案咨询问题，公司可以基于不可撤销担保书出具的背景，对银行是否善意并尽到合理审查义务进行审查与抗辩。如果银行未能够证明其在订立担保合同时对公司董事会决议或者股东（大）会决议进行了审查，并且同意决议的人数及签字人员符合公司章程的规定，那么就不应当认定其构成善意。同时，也提醒担保权人，为保证担保合同的有效性，需要尽到合理审查义务，特别是签署类似公司保证合同时，应当及时获取并查阅公司章程，根据公司章程规定，获取公司董事会或股东（大）会同意担保的决议。对于小股东，建议通过公司章程将公司担保的决策机关予以提前明确，尽量将关联担保和非关联担保的决定权均收归股东（大）会所有。同时，各股东也可以在公司章程中对不同的担保数额设置不同的表决比例，以更好地兼顾中小股东利益。

8 公司注销过程中要注意哪些法律风险？

咨询问题 ▶▶

某集团公司前期因经营发展需要，先后设立了几家子公司。现因公司经营计划调整，拟将其中的部分子公司予以注销。

请问：子公司在办理注销过程中，具体需要注意哪些问题？会涉及哪些法律风险？是否一定要进行清算？

律师答疑 ▶▶

公司注销，是指当公司解散时，公司将有关材料或文件上报公司原登记注册机关，由原登记注册机关依法审查、核准，以终止公司法律地位的程序。《公司法》第180条规定，公司解散的法律事由主要有营业期限届满、章程规定的解散事由出现、股东决议解散、公司合并或者分立、被吊销营业执照、被责令关闭、被撤销等。上述咨询的情况系当事人因股东决议解散进行公司注销的情形。公司作为经营主体，在其注销过程中或注销后，将涉及各种债权债务、税务、员工安置、诉讼等法律问题，如处理不当，股东将会被追究相应的法律责任。因此，无论公司因何种原因导致解散，在办理注销时要注意几个问题。

一、公司在注销前必须依法进行清算，未经清算不得注销

无论何种情形下的公司注销，都将涉及诸多事项的处理，如税务缴纳问题、债务清偿问题、股东利益分配问题等，如果不进行清算就有可能损害其他人的合法权益。我国《公司法》就明确规定了依法进行清算为公司注销的前置程序。《公司法》第183条规定，公司注销必须按法定程序及时依法组成清算组进行清算，公司只有在清算结束以后才能向原公司登记机关申请办理注销登记，其中清算报告是公司申请注销登记必须提交的材料之一。但在实践中，经常出现注销不清算或以虚假清算报告注销公司的情形，若公司不存在对外负债问题，这种违法注销公司的法律风险相对可控。但是，如果公司尚有债务未清偿，股东仍然以虚假清算报告注销公司，根据《公司法》以及最高人民法院

《关于适用〈中华人民共和国公司法〉若干问题的规定（二）》（以下简称《公司法解释（二）》）的相关规定，公司未经依法清算即办理注销登记，该公司的股东或者第三人在公司登记机关办理注销登记时承诺对公司债务承担责任的，债权人可以在诉讼过程中主张股东或者第三人对公司债务承担相应的民事责任。如在法院强制执行阶段出现该种情形，申请执行人也可申请变更、追加该第三人为被执行人，主张其在承诺范围内承担清偿责任。

在宁波中缝精机缝纫机有限公司、张某生买卖合同纠纷案[①]中，浙江省温州市中级人民法院认定，乐清中缝伟业缝纫机有限公司（以下简称乐清公司）虽经股东会决议解散并办理注销登记，但未能提供其已按《公司法》规定的程序和要求依法进行清算的充分证据，在清算报告中股东亦作出了对公司债务承担相应责任的承诺。法院最终判决支持了原告要求被告对乐清公司注销前的债务承担责任的诉请。

二、清算工作必须合法开展，如违法清算，清算义务人需要对权益受损的债权人承担连带赔偿责任

通常，违法清算主要指以下情形：(1)未依法履行通知和公告义务；(2)提供虚假清算报告骗取公司注销；(3)清算组不依《公司法》规定向公司登记机关报送清算报告；(4)报送清算报告隐瞒重要事实或者有重大遗漏；(5)清算组成员利用职权徇私舞弊、谋取非法收入或者侵占公司财产、恶意处置公司；(6)清算方案未经确认即予执行给公司或者债权人造成损失；等等。其中，比较常见的情形有未依法履行通知和公告义务、恶意注销损害他人权益两种。

关于公司清算中的通知和公告义务问题，《公司法》第 185 条、《公司法司法解释（二）》第 11 条有明确规定，公司在成立清算组后，应当自成立之日起 10 日内将公司解散清算事宜书面通知全体已知债权人，并于 60 日内根据公司规模和营业地域范围在全国或者公司注册登记地省级有影响的报纸上或统一的企业信息公示系统进行公告。[②] 因公司的清算将直接关系债权人的清偿问题，若公司在债权人不知情的情况下注销，有可能导致债权人的合法权益受损，故

---

① 参见浙江省温州市中级人民法院民事判决书，(2019)浙 03 民终 4607 号。

② 《公司法（修订草案）》第 225 条规定，公司出现相应的解散事由，应当在 10 日内将解散事由通过统一的企业信息公示系统予以公示。《公司法（修订草案）》于 2021 年 12 月 24 日发布，截至本书定稿之日，尚未生效。

清算组的通知义务，特别是对于已知债权人的书面通知义务是债权人能够申报债权，进而参与清算并对清算公司的财产进行分配的重要保障。如未能通知导致债权人未及时申报债权而未获清偿的，债权人有权主张清算组成员对因此造成的损失承担赔偿责任。在公告清算过程中，值得注意的是，只有对未知债权人才能以公告的方式进行，对已知债权人应当通过书面形式告知。

在烟台农村商业银行股份有限公司清洋园区支行与烟台华洲企业有限公司清算责任纠纷案[①]中，山东省高级人民法院认定，烟台华得化工有限公司、烟台华仲集成材有限公司、枫裕家具（烟台）有限公司（以下合称三公司）在进行清算时，明知存在与烟台市福山区农村信用合作联社（以下简称福山信用社）的未清偿银行借款债务，但并未书面通知福山信用社，故三公司虽进行了公告，但并不能免除其应履行的法定通知义务，由此导致福山信用社未及时申报债权而未获清偿的，应当由三公司的清算组承担相关损失的赔偿责任。且本案福山信用社的债权已经进入法院执行程序，三公司清算组也完全可以通过法院通知福山信用社申报债权并进行清偿，但三公司清算组并未通知福山信用社却以零负债进行注销，明显具有逃避债务的企图。

关于恶意注销问题，根据《公司法》《公司法司法解释（二）》的相关规定，有限责任公司的股东、股份有限公司的董事和控股股东因怠于履行义务，导致公司主要财产、账册、重要文件等灭失而无法进行清算，或在公司解散后恶意处置公司财产的，债权人有权要求其对公司债务承担连带清偿责任。此外，根据最高人民法院《关于民事执行中变更、追加当事人若干问题的规定》《企业破产法》的相关规定，公司股东恶意注销公司，导致公司无法进行清算，在执行阶段，申请执行人不仅可以申请变更、追加有限责任公司的股东、股份有限公司的董事和控股股东为被执行人，要求其对公司债务承担连带清偿责任，而且对于公司股东有能力执行但拒不执行的，可以请求法院将其纳入失信被执行人名单，限制其各方面出行和高消费，情节严重的还可依法追究其拒不执行判决、裁定罪。

三、注销过程中应及时办理税务处理和税务注销事宜

根据《企业注销指引（2021 年修订）》第 4 条的规定，公司在完成清算后，

① 参见山东省高级人民法院民事判决书，(2019)鲁民终 2484 号。

需要分别注销税务登记、公司登记、社会保险登记，涉及海关报关等相关业务的公司，还需要办理海关报关单位备案注销等事宜。《税收征收管理法》第60条规定，纳税人未按照规定的期限申报办理税务登记、变更或者注销登记的，由税务机关责令期限改正，可以处2000元以下的罚款；情节严重的，处2000元以上10,000元以下的罚款。因此，公司在注销过程中，应该在通知其他债权人的同时书面告知主管税务机关，对原公司所欠税款主动申报，并对公司的欠税情况进行全面清查，核实是否存在未结事项，并且在办理工商登记注销前及时办理税务注销登记，否则义务人将有可能在税务机关进行涉税执法检查时面临被追偿税款和被罚款的法律风险。

四、公司在注销过程中还应妥善处理员工安置问题

公司法人被依法注销后，其法人资格与经营资格即告终止，用人单位失去法人资格，自然也就丧失了继续履行劳动合同的能力，由此也丧失了用工主体资格，劳动关系因一方失去主体资格而无法继续存续。因此，公司要在注销前根据具体的用工情况做好员工安置工作，如协商解除、直接遣散并按照劳动法相关规定支付经济补偿金、安排至关联企业继续用工等。

如前所述，公司无论在何种情形下解散，都要依法进行清算和注销。公司未依法清算或注销，将可能受到公司登记机关、主管税务机关的处罚，对外负有债务的，有限责任公司的股东、股份有限公司的董事和控股股东相关人员也将面临被债权人起诉追偿的法律风险。为彻底解决问题，避免后患，建议公司在进入清算程序后及时办理工商注销登记手续，妥善处理债权债务、税务、员工安置等问题，避免日后对股东从事其他商业活动产生影响。

9 公司股东能否被“开除”？股东除名应具备哪些要件？

咨询问题 ▶▶

我公司为一家有限责任公司，由A、B、C三个股东在2015年共同出资设立。公司章程中明确规定各股东均应在2020年1月1日前将出资全部实缴到位。其中，A、B两个股东均在上述期限内完成了全部的实缴出资，但股东C一直没有实缴到位。我公司多次发函要求股东C履行全部出资义务，但其始终未能缴纳全部出资。

请问：有限责任公司是否有权“开除股东”？“开除股东”应具备哪些实体和程序性的要件？

律师答疑 ▶▶

公司在处理与员工之间的劳动争议时，时常会遇到公司开除员工的情形。但对于公司股东，公司是否可以进行“开除”处理，强制要求股东退出公司呢？最高人民法院《关于适用〈中华人民共和国公司法〉若干问题的规定（三）》（以下简称《公司法司法解释（三）》）第17条第1款规定：“有限责任公司的股东未履行出资义务或者抽逃全部出资，经公司催告缴纳或者返还，其在合理期间内仍未缴纳或者返还出资，公司以股东会决议解除该股东的股东资格，该股东请求确认该解除行为无效的，人民法院不予支持”。笔者将根据上述规定对股东除名制度的构成要件进行解析。

一、股东除名应满足未履行任何出资义务或抽逃全部出资的实质要件

股东在约定的认缴期限内未履行任何出资义务或抽逃全部的出资，已满足《公司法司法解释（三）》第17条股东除名的实质要件。但部分未足额出资是否也能适用这一规定直接将股东除名？实务中已有较多案例对该问题进行了明确。在宰某与北京宜科英泰工程咨询有限公司、赵某某公司决议效力确

认纠纷案[1]中，北京市第三中级人民法院认为，《公司法司法解释（三）》第17条所指的未履行出资义务应当是指完全未履行出资义务，赵某某在公司设立时实际出资1.6万元，其已经履行了部分出资义务，不应当认定为完全未履行出资义务。股东会决议并未满足公司可以解除赵某某股东资格的前提条件，辜某要求确认该协议有效的主张证据不足，法院不予支持。

那么，公司是否可以通过股东会决议仅解除未实缴到位部分的股东权利？《公司法》及相关司法解释对此并未作出明确规定。在黑龙江农垦完达山贸易有限公司（以下简称黑龙江完达山公司）与完达山（北京）食品有限公司（以下简称完达山北京公司）、乐姆农业科技股份有限公司（以下简称乐姆公司）及王某某公司决议效力确认纠纷案[2]中，完达山北京公司的公司章程规定，股东不按照规定缴纳出资的，不享有相应股东权利。股东乐姆公司及王某某均在章程规定的时间内完成了实缴出资，但另一股东黑龙江完达山公司仅履行了部分出资。因多次敦促黑龙江完达山公司履行出资义务未果，股东王某某与乐姆公司遂召开临时股东会，以黑龙江完达山公司严重违反股东出资义务为由，决议解除其未缴纳部分相对应的股东资格，并变更了其出资比例。黑龙江完达山公司认为，该份决议侵害了其股权权益，遂向法院提起股东会决议无效的确认之诉。北京市第二中级人民法院经审理后，确认了公司关于解除黑龙江完达山公司未出资部分股东权利的临时股东会决议的效力。对于这一判决结果，受理法院从权利义务对等原则、公司意思自治原则、诚信原则及兼顾经济效率取向这几个方面进行了说理与论证：

首先，股东享有权利的前提是承担股东义务，向公司缴纳出资是股东最重要、最基本的义务，亦是股东取得股东权利的对价。

其次，从尊重公司意思自治的角度，应当肯定章程对于各股东之间权利义务的约定。

再次，按期足额出资，是股东对公司、其他忠实股东的必要行为，也是出于保护债权人合法利益之要求。

最后，从经济效率角度，在股东不足额完成出资义务的情况下，应赋予公司更多的救济途径，尽管公司或其他按约出资的股东可通过诉讼的方式要求未尽义务的股东履行出资义务，但诉讼毕竟不是一种经济便捷的方式，应当赋

---

① 参见北京市第三中级人民法院民事判决书，（2015）三中民（商）终字第10163号。

② 参见北京市第二中级人民法院民事判决书，（2018）京02民终12476号。

予公司更积极便捷的救济方式，通过股东会决议的方式解除未出资部分的股东资格并不违反法律强制性的规定，不应直接否认该决议的效力。

综上，实务中对《公司法司法解释（三）》第17条“股东未履行出资义务”的适用限于股东未缴纳任何出资的情形，对于瑕疵出资的情况，并不能当然适用股东除名制度直接将股东“开除”。同时，如果通过股东会决议形式解除部分股东权利，应仅针对未实缴到位所对应的股权比例，对于已经按期实缴到位的部分，股东仍然享有相应的股东权利。

二、股东除名应当满足经公司催告后合理期间内仍未实缴或者返还出资的程序要件

即便被除名股东满足未缴纳出资或抽逃全部出资的实质要件，从程序上也仍需满足公司进行催告这一程序性要求。在上海东风五金管件有限公司（以下简称东风五金公司）与顾某某股东资格确认纠纷案①中，即便在股东顾某某已经将出资款全额抽逃的情形下，因东风五金公司未能举证证明曾书面催告顾某某在合理期限内返还出资，上海市闵行区人民法院确认该公司关于股东除名的股东会决议无效。法院认为，股东除名的执行必须严格遵循公司法规所确定的除名程序，即使系被告抽逃，公司并没有催告股东在合理期间内返还出资，未给予其补正的机会，法院无法确认公司这种除名行为的效力。

但至于返还或缴纳出资的“合理期限”如何定义，现行《公司法》及相关司法解释均未作出明确规定。但笔者认为，在处理此类案件时，可以适当参考《中外合资经营企业合营各方出资的若干规定》（已失效）第7条第1款之规定，即“合营一方未按照合营合同的规定如期缴付或者缴清其出资的，即构成违约。守约方应当催告违约方在一个月内缴付或者缴清出资。逾期仍未缴付或者缴清的，视同违约方放弃在合营合同中的一切权利，自动退出合营企业……”也就是说，催告后，公司给予股东缴纳出资或返还出资的合理期限不应少于一个月。

三、股东除名应通过股东会决议的形式作出并应严格遵照公司章程的程序规定

股东除名权的行使应当具有要式性，对其执行应当以股东会决议的形式

---

① 参见上海市闵行区人民法院民事判决书，（2013）闵民二（商）初字第510号。

作出，并应当严格遵照公司章程的规定。在张某与李某某、上海东银投资有限公司（以下简称东银公司）公司决议效力确认纠纷案[①]中，上海市第一中级人民法院就对东银公司临时股东会的召开程序、股东除名的表决程序、是否制作除名通知并以书面形式送达被除名股东等，进行了司法审查。换言之，即便已满足股东除名的实质要件并书面催告股东缴纳或返还出资，公司以书面通知、律师函等形式作出除名的决议，仍然不符合股东除名权的"要式性"。

需注意的是，《公司法司法解释（三）》第 17 条第 2 款规定，在股东被除名或部分除名后，公司应当及时办理法定减资程序或者由其他股东、第三人缴纳相应的出资，以保护债权人之利益。

综上，有限责任公司虽具有较强的人合性，但公司的生存与正常的经营发展仍赖于股东的出资。《公司法司法解释（三）》第 17 条规定除名制度的意义在于保护公司的利益及其他按时出资的股东之利益。但与此同时，因股东除名是一项严厉的措施，无论是对被除名的股东本身还是公司的债权人，都会产生十分重大的影响，所以应当满足严格的条件与程序。被除名股东认为除名决议损害其自身合法权益的，可依法向法院提起股东会决议无效的确认之诉。公司法属于私法范畴，原则上应当尊重当事人的意思自治，但法院依然有权对股东会决议的适法性与正当性作出相应的司法审查，这并不是为了干预公司的内部事务，而是为了使被除名股东的个人权益免受大股东或"抱团股东"的不当侵害。

---

① 参见上海市第一中级人民法院民事判决书，（2016）沪 01 民终 5482 号。

CHAPTER 4

第四章

知产保护与反不正当竞争

1 技术高管携核心技术跳槽，维权手段有哪些?

咨询问题 ▶▶

在我公司成立初期，有两名高级技术人员入职，我公司对两人十分看重，免费为其提供前往德国总部深造、学习技术的机会，熟知我公司 X 技术信息。但两人学成归来、参与多个技术项目后一起跳槽，进入我公司竞争对手 L 公司，且在两年后帮助 L 公司申请多项专利技术，相关专利技术与我公司技术无异。L 公司随后还进行多项投标活动并中标，极大压缩我公司市场份额。该些技术是我公司商业秘密，因此未申请专利进行保护。

请问：我公司能够采取哪些行动保护合法权益?

律师答疑 ▶▶

该问题属于典型的因雇佣关系引起的商业秘密侵权纠纷。根据笔者所在团队针对商业秘密侵权纠纷所进行的大数据研究，由雇佣关系引发的此类纠纷占总纠纷比例约为 89.6%。在日常提供法律顾问服务的过程中，被咨询的此类纠纷均与技术高管跳槽有关。

我国法律体系中，与商业秘密保护有关的法律规定主要为《反不正当竞争法》，此外根据离职人员在职时期的职位、角色的不同，还可能同时适用《劳动合同法》《公司法》等相关法律规定。

考虑一般遭遇此类纠纷的企业维权的目的主要在于震慑竞争对手及离职员工、及时干涉竞争对手抢占市场行为，以及对违法行为进行有效打击，笔者认为，企业可采取法律手段与商务手段并行的策略进行维权行动，即首先进行证据梳理，在将难取得、易灭失的重点证据进行搜集及固定后，再结合证据情况开展下一步具体维权方案。

以下将主要从证据准备阶段工作要点、实施阶段工作方案两部分进行分析。

一、证据准备阶段工作要点

(一)密点梳理

密点梳理,即将企业拟主张保护的技术信息及经营信息要点进行梳理、列明。

(二)搜集可帮助认定密点属于商业秘密的证据

《反不正当竞争法》第9条第4款规定:“本法所称的商业秘密,是指不为公众所知悉、具有商业价值并经权利人采取相应保密措施的技术信息、经营信息等商业信息。”最高人民法院《关于审理侵犯商业秘密民事案件适用法律若干问题的规定》第4条规定:“具有下列情形之一的,人民法院可以认定有关信息为公众所知悉:(一)该信息在所属领域属于一般常识或者行业惯例的;(二)该信息仅涉及产品的尺寸、结构、材料、部件的简单组合等内容,所属领域的相关人员通过观察上市产品即可直接获得的;(三)该信息已经在公开出版物或者其他媒体上公开披露的;(四)该信息已通过公开的报告会、展览等方式公开的;(五)所属领域的相关人员从其他公开渠道可以获得该信息的。将为公众所知悉的信息进行整理、改进、加工后形成的新信息,符合本规定第三条规定的,应当认定该新信息不为公众所知悉。”因此,在商业秘密纠纷中,企业需针对请求保护信息具备秘密性、价值性、保密性三要素进行举证。

(三)证明跳槽技术高管和竞争对手公司实施了侵犯公司商业秘密之行为

《反不正当竞争法》第9条第1、2、3款规定:“经营者不得实施下列侵犯商业秘密的行为:(一)以盗窃、贿赂、欺诈、胁迫、电子侵入或者其他不正当手段获取权利人的商业秘密……(三)违反保密义务或者违反权利人有关保守商业秘密的要求,披露、使用或者允许他人使用其所掌握的商业秘密……经营者以外的其他自然人、法人和非法人组织实施前款所列违法行为的,视为侵犯商业秘密。第三人明知或者应知商业秘密权利人的员工、前员工或者其他单位、个人实施本条第一款所列违法行为,仍获取、披露、使用或者允许他人使用该商业秘密的,视为侵犯商业秘密。”针对本咨询问题,为证明L公司实施了侵害公司商业秘密之行为,咨询问题的公司至少需证明侵权行为及侵权行为实施方式等事宜。基于知识产权案件取证的特殊性,通常需依赖向公证处申请公证、向法院申请证据保全、向行政机关申请行政查处等形式进行证据固定后,方能达到可于诉讼中使用的证据标准。而该咨询问题中,涉案核心技术主要体现于一种特种设备，该设备一般是存放在进出管理较为严格的厂区之内，因此对于具体取证方式的问题，需待经过一定周期的考察、跟进及技术讨论后再定夺方为稳妥。

通过前期沟通得知，咨询问题的公司目前仅掌握L公司与该公司长期合作方S公司、Y公司签署了买卖合同或达成交易意向，以及本所律师检索得知L公司已在××项目总承包工程招标项目中中标的信息。对于L公司取得咨询问题的公司客户联系方式、报价方法、中标原因，其在相关项目中具体应用的技术要点是否与咨询问题的公司密点相同或实质等同，以及具体投标公司主体信息等问题目前均不清晰。因此，建议咨询问题的公司参考以下意见进行调查取证工作：

1. 针对已有交易线索持续跟进，同时进一步搜集L公司其他交易情况，将其参与投标、已中标、已供货、产品已投入使用的交易信息进行梳理。

2. 在前述步骤基础上，进一步调查相关采购人、招标人、标的金额、标的所涉技术、项目地点、产品存放位置、产品运行情况等信息。

3. 在前述步骤基础上，针对不同交易的进展程度、设备的存放及使用状态等细节，分析确认取证方案。

二、实施路径工作方案

在完成证据梳理及固定的前提下，律师可为公司提供具体维权实施方案，具体可考虑采取的措施包括：民事途径、行政途径、刑事途径、商务途径等。

在嘉兴市中华化工有限责任公司、上海欣晨新技术有限公司诉王龙集团有限公司、喜孚狮王龙香料（宁波）有限公司、傅某某、宁波王龙科技股份有限公司及其法定代表人王某某侵害“香兰素”技术秘密纠纷案①中，最高人民法院根据权利人提供的经济损失相关数据，综合考虑涉案技术秘密商业价值巨大、侵权规模大、侵权时间长、拒不执行生效行为保全裁定性质恶劣等因素，判决王龙集团有限公司、喜孚狮王龙香料（宁波）有限公司、傅某某、宁波王龙科技股份有限公司及其法定代表人王某某连带赔偿权利人经济损失1.59亿元。同时，法庭决定将本案涉嫌犯罪线索向公安机关移送。此案即为民事途径、刑事途径相结合对侵权人给予沉重打击的典型案例。

---

① 参见最高人民法院民事判决书，(2020)最高法知民终1667号。

（一）民事途径

民事途径，是指将搜集的证据文件进行整理、撰写法律文书、提起民事诉讼。可同时考虑向法院申请财产保全，请求法院查封、冻结被告名下与诉讼请求金额等值的财产；向法院申请行为保全，即请求法院固定被告实施侵权行为之证据。本咨询问题中，如法院采纳该申请，将直接影响 L 公司采购方对于设备的正常使用。

此外，部分公司还遇到民事诉讼案由选择的问题。有的公司发现前员工跳槽加入竞争对手公司并帮助其申请专利权时，其第一反应是希望确认相关专利权利人为自身企业，对应民事诉讼案由即为专利权权属纠纷，一时忽略商业秘密侵权纠纷的案由选择。不同案由对应不同诉讼结果。两种诉讼思路中，原告均需在诉前对自身技术细节进行系统梳理，包括询问、了解、搜集与公司研发、生产相关技术产品有关事项等，即准备阶段工作内容差异不大。如按专利权权属纠纷起诉，案件胜诉后最优结果仅为被诉专利权归属原告所有，无需向原告支付赔偿，且被告此后还可针对技术进行改进并另行申请专利，对其震慑作用有限；而按商业秘密侵权纠纷起诉，案件胜诉后被告不仅需向原告支付高额赔偿金，还需承担原告因制止侵权行为所支出的合理开支，可使其为侵权行为付出较高代价。一般而言，笔者推荐选择后一种案由进行维权。

（二）行政途径

《反不正当竞争法》第 21 条规定："经营者以及其他自然人、法人和非法人组织违反本法第九条规定侵犯商业秘密的，由监督检查部门责令停止违法行为，没收违法所得，处十万元以上一百万元以下的罚款；情节严重的，处五十万元以上五百万元以下的罚款。"因此，咨询问题的公司可参考前述意见，整理并固定证据后，向 L 公司所在地行政执法部门进行投诉，请求执法部门对其进行查处。

（三）刑事途径

《刑法》第 219 条规定："有下列侵犯商业秘密行为之一，情节严重的，处三年以下有期徒刑，并处或者单处罚金；情节特别严重的，处三年以上十年以下有期徒刑，并处罚金：（一）以盗窃、贿赂、欺诈、胁迫、电子侵入或者其他不正当手段获取权利人的商业秘密的；（二）披露、使用或者允许他人使用以前项手段获取的权利人的商业秘密的；（三）违反保密义务或者违反权利人有关保守商业秘密的要求，披露、使用或者允许他人使用其所掌握的商业秘密的。明知前款所列行为，获取、披露、使用或者允许他人使用该商业秘密的，以侵犯商业秘密论。本条所称权利人，是指商业秘密的所有人和经商业秘密所有人许可的商业秘密使用人。”咨询问题的公司可参考前述咨询意见，根据整理并固定的证据，向公安经侦部门进行报案，以起到刑事震慑作用。

(四)商务途径

由于民事途径、行政途径、刑事途径耗时较长、成案难度大，如公司希望尽快实现震慑L公司的目的，建议在提起法律程序后，将有关法律文书以公函或律师函的形式告知L公司设备采购方，客观阐述本公司与相关主体正因侵害X技术商业秘密事宜进行民事诉讼，具体案件结果以法院判决书为准。以此释放其有必要就是否继续与L公司展开合作事宜进行斟酌的信息。

需注意的是，采取上述措施时的事实陈述必须客观真实，陈述信息应以司法机关出具的文件所记载的信息为准，避免被L公司反诉商业诋毁构成不正当竞争的风险。

2 公司专利被侵犯，如何制定维权策略？

咨询问题 ▶▶

我公司为某智能设备研发、生产厂家，现发现有多家竞争对手仿冒我公司产品，以低价中标抢夺客户。此事属于我公司最高级商业秘密，暂时不便透露具体案件信息。

请问：一般专利维权案件的操作方法是什么？

律师答疑 ▶▶

尚无知识产权维权经验的企业，在核心技术被侵犯后常会不知如何应对。怎么取证、怎么起诉、能不能胜诉、被告败诉后是否会再次侵权等，都是企业担心的问题。在此，笔者介绍权利人的一般维权思路。

《专利法》第11条规定："发明和实用新型专利权被授予后，除本法另有规定的以外，任何单位或者个人未经专利权人许可，都不得实施其专利，即不得为生产经营目的制造、使用、许诺销售、销售、进口其专利产品，或者使用其专利方法以及使用、许诺销售、销售、进口依照该专利方法直接获得的产品。外观设计专利权被授予后，任何单位或者个人未经专利权人许可，都不得实施其专利，即不得为生产经营目的制造、许诺销售、销售、进口其外观设计专利产品。"企业发现知识产权被侵犯后，首先可以将被侵犯专利、具体侵权人信息、侵权行为实施方式等问题在自身能力范围内进行一定预估、了解和梳理，再由律师根据上述线索进行整合，通过专业方式深挖、固定。在专利侵权纠纷中，原告一般需从原告享有专利权、被告实施了侵犯原告专利权之行为、侵权赔偿数额确定等角度进行举证。其中，针对第2项即被告实施了侵犯原告专利权行为举证难度较高，一般需配合专业调查手段进行。

一、确定企业维权目标

不同的维权目标对应不同的维权策略。面对知识产权侵权纠纷时，权利人可根据企业实际情况，大致判断自身企业最希望通过维权达到什么目的。

例如，是希望实现市场清理，收回被侵蚀的市场份额；或是希望“以打促和”，促进经销合作；抑或是希望以较快速度使侵权人立即停止侵权；还是希望通过维权获得赔偿收益。

如企业希望“以打促和”，则需要将非诉谈判手段与诉讼手段合并使用；如企业追求维权效率，则可考虑向行政部门投诉，通过执法部门查处的方式实现迅速制止侵权行为的目的；如企业追求高额赔偿收益，则需加强与赔偿金额有关证据的搜集。因此，了解企业自身的维权目的，是采取维权行动的第一步工作。

二、搜集侵权目标线索，将侵权产品与公司权利内容进行比对，初步评估维权必要性、可行性

在尚不掌握企业被侵犯技术或专利权的情况下，是无法确定维权基础及打击目标的。遭遇此类侵权纠纷的企业可参考下列步骤推进第二步工作：

1. 搜集涉嫌制造、销售侵权产品的主体信息，相关信息包括但不限于涉案主体名称、经营地址、官网，涉嫌侵权产品销售、使用情况等。

2. 根据前期线索，预估涉嫌侵权产品侵犯自身具体哪一项技术，并对应找到企业已针对该技术申请的专利名称、专利号等信息。

3. 结合前两项信息，律师可进行初步分析、技术比对，评估使用专利进行维权的必要性、可行性，提供下一步合理维权建议。

三、向侵权目标派驻知识产权专门调查人员，对目标线索进行深度挖掘

如前文所述，专利权侵权纠纷中，能够证明侵权人实际实施了生产、销售、许诺销售侵权产品的证据至关重要。第一部分所述信息仅为初步线索，尚未达到诉讼或谈判所需的证据标准，因此在实际维权工作中，一般离不开专业的调查手段。通过与专业调查人员的配合，由其对线索进行深度挖掘。通常情况下，专业调查人员可有针对性地挖掘的信息包括但不限于调查了解侵权行为实际实施主体、是否有其他帮助侵权人、侵权人交易习惯及方法、财务账册保管位置、侵权产品生产及进货周期、仓库内成品或半成品存货量、是否标注专利号等。

四、根据调查结果，开展证据保全工作

在前述调查结果基础上，律师将分析、制定下一步的证据固定方案。一般

证据固定方式包括网页公证、公证购买、档案室查册、行政查处等。特殊案件将制定特殊取证方案。

五、搜集其他证据，启动谈判或相应法律程序

《专利法》第65条规定："未经专利权人许可，实施其专利，即侵犯其专利权，引起纠纷的，由当事人协商解决；不愿协商或者协商不成的，专利权人或者利害关系人可以向人民法院起诉，也可以请求管理专利工作的部门处理。管理专利工作的部门处理时，认定侵权行为成立的，可以责令侵权人立即停止侵权行为，当事人不服的，可以自收到处理通知之日起十五日内依照《中华人民共和国行政诉讼法》向人民法院起诉；侵权人期满不起诉又不停止侵权行为的，管理专利工作的部门可以申请人民法院强制执行。进行处理的管理专利工作的部门应当事人的请求，可以就侵犯专利权的赔偿数额进行调解；调解不成的，当事人可以依照《中华人民共和国民事诉讼法》向人民法院起诉。"

因此，权利人可结合现有证据情况，考虑选择非诉谈判、行政投诉或民事诉讼的途径开展下一步维权活动。如选择民事诉讼，一般需围绕以下几个方面搜集证据：

1. 与专利权权属相关的证据，包括但不限于专利权证书、年费缴纳记录、专利权评价报告等。

2. 与涉嫌侵权人实施侵犯专利权之行为相关的证据，主要为通过向侵权目标派驻知识产权专门调查人员取得的证据，以及根据事件进展新挖掘的证据。

3. 与涉嫌侵权人侵权规模、侵权恶意相关的证据，通常在背景调查环节已可掌握，同样可在第三点取证过程中予以挖掘、固定。

4. 其他与侵权损失赔偿金额相关的证据，如专利权对外许可费用等。

5. 维权合理开支证据，如律师费、公证费、差旅费付款凭证及发票等。

六、维权风险预估

1. 专利权被无效的风险。一般专利侵权纠纷中，被告较多针对原告专利向国家知识产权局申请宣告无效，届时企业需密切关注该无效宣告案件进展，及时答辩、参加庭审，保护权利继续有效，避免专利权被无效导致败诉。

2. 被告技术不构成侵权的风险。经技术分析比对，被告技术未落入涉案

专利权保护范围，如此亦将导致案件败诉。因此如前文第一点所述，在正式起诉前，建议先将被告技术与涉案专利进行专业比对分析，充分预估风险后再行实施。

3. 如侵权人侵权情形、侵权产品应用情况尚有进一步调查了解空间，即背景信息不能全面披露，势必限制取证策略、诉讼策略的制定，将带来其他不可控风险。

七、其他建议

我国专利分外观设计专利、实用新型专利、发明专利三种，其中外观设计专利、实用新型专利的审查方式为形式审查，尤其是外观设计专利。此类专利在申请过程中，一般只要所提供资料齐全，国家知识产权局通常会授予专利权证书，因此此类专利的权利稳固性不高，存在被宣告无效的风险。如企业拟用以维权的专利中包括外观设计专利或实用新型专利，建议考虑向国家知识产权局申请专利权评价报告，了解该项专利的权利要求是否满足授予专利的条件。但值得注意的是，国家知识产权局是以中立的角色客观评估权利内容，并将结论以一定形式公告。假如评估结果是非良性的，则该结果公告后可能对权利人后期的维权、融资等工作带来一定阻碍。因此在申请专利权评价报告前，建议企业首先确认：

1. 对于计划启动的侵权案件，其管辖法院是否较为依赖专利权评价报告的结论，甚至在立案阶段就要求提供。具体而言，专利权评价报告实际是法院审理专利权侵权纠纷案件过程中的参考文件，并非用以确定权利是否有效的决定文件，亦非案件立案阶段的必备资料，但有部分地区法院会在立案阶段要求权利人准备。故企业可在计划启动维权行动时，对此予以留意。

2. 对于计划使用的专利，企业可根据业内行情，评估该项专利是否为自身独创，在专利申请日之前是否存在相同或类似设计或技术，即判断该专利的新颖性和创造性。在对该项专利权拥有信心的情况下，可以申请专利权评价报告，以备维权之需。

3 侵权人伪造代理证书并开设网页虚假宣传,应如何维权?

咨询问题 ▶▶

我公司接客户反映,发现有侵权人通过图像处理的方式伪造了一份我公司的代理证书,并仿造我公司市场总监签名。该证书被用于业务接洽,宣传途径不仅包括线下联络,还有线上开设官网公示。由于我公司主要根据工程项目供货,不涉及零售端销售,故引发客户对该证书真实性的怀疑。侵权人的行为已经严重干扰我公司正常业务。

请问:我公司应如何应对?如何制定维权方案?

律师答疑 ▶▶

经销商管理一直是品牌方及生产商重点关注的问题。随着时下电子科技的发达,企业之间的业务沟通已经从传统的邮件、面谈转向更为高效便捷的线上沟通。然而,线上沟通方式在节省资源的同时,也为侵权人提供了浑水摸鱼的可乘之机。加之各种软件的助力,侵权人的侵权成本越发降低且侵权方式呈现多样性。针对此类宣传与公司存在业务关联,并可能涉及伪造证明文件的情况,笔者建议从三个方面着手处理:

一、了解侵权人的基本情况

通过公司目前掌握的线索,对侵权人的整体情况(如企业信息、设立情况、投资人情况、知识产权权利情况、官方网站、网站备案信息、线上线下销售渠道等)进行简单的检索和查询,并就查得的情况结合公司自身信息进行分析,以期获得侵权人与公司可能存在的内在联系。根据细节情况摸排侵权人的身份线索,例如,根据公司反馈的侵权人知晓市场总监身份、低价诱导客户的行为事实分析,存在是熟悉公司内部或者行业内相关产品定价和销售渠道的业内人士所为的可能性。

二、调查侵权人的侵权行为

考虑整体侵权行为的思路,可以从商务角度分析。一般而言,侵权人不会仅通过伪造代理证书一种方式来接洽潜在客户，以开拓交易机会。多方面多维度营造与品牌方的紧密联系，符合正常的商业逻辑。因此，笔者合理推断该侵权人尚存在其他侵权行为。

公司可以通过侵权人的官方网站、网站备案信息等，对侵权人的如下信息进行确认：

1. 网站域名是否存在侵权的情形。

2. 官方网站上所刊载的内容是否存在侵犯在先产品图片、示意图、宣传文案等作品著作权的情形。

3. 官方网站上所刊载的产品外观、应用技术等是否存在侵犯在先专利权的情形。

4. 电商平台上是否存在销售产品的可能。

5. 是否已有成功交易或者实际获利。虽然本案产品渠道有其特殊性，但不排除侵权人能够获得正品的可能性。

三、分析侵权人的行为后果

在尚未确认其他侵权情况是否存在的前提下，可以从以下方面着手进行考察和分析。

（一）是否构成虚假宣传

侵权人未经权利人的合法授权许可，伪造代理证书，对外虚构与权利人的代理合作关系这一行为，通过相关客户的反馈来看，可以认定已经造成行业内相关公众的混淆误认；同时，侵权人网站、公司宣传中，以及其在工商注册核准的经营范围均与品牌方所持有注册商标核准的商品或服务类别相同或近似，具备构成混淆误认的前提条件。

《反不正当竞争法》第 8 条第 1 款规定：“经营者不得对其商品的性能、功能、质量、销售状况、用户评价、曾获荣誉等作虚假或者引人误解的商业宣传，欺骗、误导消费者。”侵权人的上述行为属于作虚假或者引人误解的商业宣传，欺骗、误导消费者，构成不正当竞争行为。《反不正当竞争法》第 20 条第 1 款进一步规定了此侵权行为对应的法律后果：“经营者违反本法第八条规定对其商品作虚假或者引人误解的商业宣传，或者通过组织虚假交易等方式帮助其他经营者进行虚假或者引人误解的商业宣传的，由监督检查部门责令停止违法行为，处二十万元以上一百万元以下的罚款；情节严重的，处一百万元以上二百万元以下的罚款,可以吊销营业执照。”

(二)是否构成域名侵权

本案中,侵权人网站域名中完整包含权利人的注册商标字样。侵权人将权利人享有合法权益的注册商标用于其网站域名的行为,根据最高人民法院《关于审理涉及计算机网络域名民事纠纷案件适用法律若干问题的解释》(以下简称《域名侵权司法解释》)第4条“人民法院审理域名纠纷案件,对符合以下各项条件的,应当认定被告注册、使用域名等行为构成侵权或者不正当竞争:……(二)被告域名或其主要部分构成对原告驰名商标的复制、模仿、翻译或音译;或者与原告的注册商标、域名等相同或近似,足以造成相关公众的误认……”的规定,应当认定构成侵权。

针对侵权人的上述行为,在固定相关证据的基础上,权利人可主张侵权人的行为构成本文所分析的不正当竞争。如不正当竞争行为成立,根据《域名侵权司法解释》第7条第1款“人民法院认定域名注册、使用等行为构成侵权或者不正当竞争的,可以判令被告停止侵权、注销域名,或者依原告的请求判令由原告注册使用该域名;给权利人造成实际损害的,可以判令被告赔偿损失”的规定,权利人可主张经济损失赔偿,经济损失亦应包括权利人为维权所承担的合理开支,包括律师费、调查费、公证费用等。

尽管实务中对于域名侵权存在适用《商标法》或《反不正当竞争法》两种保护方式的不同观点,但是从结果来看,域名侵权均可以落入法律的保护范围。随着司法实践的不断积累,对于法律适用的界定已逐渐体现出倾向性。

在上海谊嘉宝达仕体育用品有限公司(以下简称上海谊嘉宝公司)与谊嘉宝实业有限公司(以下简称谊嘉宝实业公司)不正当竞争纠纷案①中,上海市第一中级人民法院认为,上海谊嘉宝公司使用 www. yijiabao. com. cn 进行棉鞋商品交易电子商务活动的行为属于商标侵权,侵害了谊嘉宝实业公司的商标专用权。另外两个被控侵权网站不构成商标侵权,应当从是否构成不正当竞争角度评判。

而在武汉东道广告有限公司(以下简称武汉东道公司)与东道品牌创意集团有限公司(原北京东道形象设计制作有限责任公司,以下简称北京东道公司)侵害商标权纠纷案②中,湖北省高级人民法院的审理适用法律思路亦与上

---

① 参见上海市第一中级人民法院民事判决书,(2014)沪一中民五(知)终字第80号。

② 参见湖北省高级人民法院民事判决书,(2017)鄂民终660号。

述案例中法院一致。湖北省高级人民法院认为，武汉东道公司对“dongdaoad”域名的主要部分即“dongdao”不享有权益，也没有注册使用该域名的正当理由。武汉东道公司将与北京东道公司注册商标近似的英文注册为域名，并通过该域名进行商业活动，容易导致相关公众误认，其行为属于给他人注册商标专用权造成损害的行为，侵害了北京东道公司的注册商标专用权。在武汉东道公司注册使用的“dongdaoad”域名构成侵权的情况下，北京东道公司对网络域名享有的民事权益已经得到法律保护，本案无须再认定该行为构成不正当竞争。

如果域名并不存在相关商品交易的电子商务，不构成商标侵权，法院应当依据《域名侵权司法解释》第 4 条适用《反不正当竞争法》的相关规定依法作出认定和裁判。对于最高人民法院《关于审理商标民事纠纷案件适用法律若干问题的解释》第 1 条中的“电子商务”的认定有严格的考量因素，其是指市场经营者使用电脑技术和网络通信技术在互联网上以电子交易方式进行交易活动和相关服务活动，核心是以计算机网络为基础所进行的各种商务活动，包括商品和服务的提供者、广告商、消费者、中介商等有关各方行为的总和，单纯的企业宣传和商品展示则不属于商品交易的电子商务活动。

（三）赔偿金额预估

由于目前侵权人是否实际有过成功交易、是否获利，以及权利人因此产生的损失均无法确定。实践中一般而言，司法机关会根据以下因素酌情确定赔偿金额：

1. 涉案侵权行为的性质、持续时间。用以评估侵权行为造成的影响深度和广度。

2. 侵权人的主观过错。根据侵权人对外宣传时明显的造假和“搭便车”行为，可以佐证侵权人的不正当竞争行为具备明显的侵权恶意。

3. 侵权人的经营规模。经营规模可以在一定程度反映侵权人不正当竞争行为所带来的不利影响，并有助于司法机关评估其获利的范围和程度。

4. 侵权人的侵权行为对权利人所造成的影响。鉴于目前无法证明因侵权人的不正当竞争行为导致的具体损失数额，该部分的影响将由司法机关进行酌定，一定程度上将小于预期。

5. 涉案产品的价格。同样用于评估侵权人通过本案涉及的不正当竞争行为所获得的利益。

6. 涉案产品用于哪些特定行业中。评估侵权人的不正当竞争行为对相关公众的影响力范围，意在衡量其广度。

在上述多个因素中，以权利人能够佐证侵权人的获利及权利人由此导致的损失为最佳证据。但是需要明确的是，侵权人的虚假宣传行为，虽然可以为其带来一定的竞争优势和交易机会，但最终的交易成功受多种因素影响，如客户对产品品牌的关注度等。同时，受市场影响，企业营业收入的减少有多种原因，如果企业无法证明涉案侵权行为是造成其经营收入减少的唯一或主要因素，则难以对损失赔偿金额的计算起到关键作用。

四、律师建议

综上，笔者建议，针对此类侵权问题的工作方案可以从以下几个方面梳理思路：

1. 确认侵权人有无其他侵权行为。如侵权人在其官网上、线下宣传中是否使用产品图片或示意图等涉嫌侵犯权利人的著作权，所宣传及销售的产品外观及技术等是否涉嫌侵犯专利权，有无实际经营获利情况。

2. 针对可以确认的侵权线索进行证据固定。本案所涉及的伪造的代理证书，是证明虚假宣传的重要证据，应尽可能获得原件。而电子数据形式的证据，如视频、图片、官方网站等，虽然可较为直观地反映侵权人可能存在的各类侵权行为、侵权恶意，但不易保存，为避免线索丢失，建议尽快针对网站等电子数据类证据进行网页、邮件公证等证据保全工作。

3. 对侵权行为以及能够反映侵权人主观恶意的证据进行调查、制定并采取公证购买等证据固定方案。鉴于现阶段无法证明侵权人的获利情况，公证购买可以从一个方面反映侵权人的获利情况。

4. 为了后续可能的诉讼维权工作考虑，可以着手准备有关域名侵权、不正当竞争或其他案由的证据材料，并根据初步材料对提出上述指控的可行性进行进一步分析，确定是否向侵权人发函警告抑或直接提起诉讼。

根据笔者在诉讼实务中的经验，此类侵权诉讼案件相较合同纠纷等往往需要更加充分、扎实的证据加以佐证，方可获得理想的维权效果。因此，通过非诉方式积累侵权的证据，不仅是为了增加谈判筹码，更是对后续启动司法程序维权有着至关重要的作用。

4 分享特定行业内数据信息的电子商务平台，如何规避侵权风险？

咨询问题 ▶▶

我公司经营电商平台，平台中提供某品牌数据手册下载服务，以帮助相关领域技术人员进行选品，但不提供销售服务。日前，该品牌公司联系我公司主张对相关数据手册享有著作权，我公司于电商平台中提供该数据手册的下载服务属于侵权，要求我方立即下架，否则将诉诸法院。

请问：该数据手册是否属于作品？我公司是否构成侵权，应如何抗辩？

律师答疑 ▶▶

此问题反映了电子商务平台经营者负有的知识产权审核注意义务。提出问题的公司（以下简称A公司）立足于电子商务平台经营者角度。对于相类似的疑问，笔者还曾接到另一公司（以下简称B公司）的咨询，其立足于合法权益受侵害一方角度提出："我公司发现某供应商信息查询网站未经我公司许可在其网站发布与我公司有关的交易信息，但其中所涉企业名称、企业性质、经营地址、产品价格均为虚假，且含有我公司机密信息，经多次沟通后对方仍不予删除，我公司应如何应对？"上述两件咨询反映出两个不同的观察角度。

对于以分享特定行业供应商信息、数据手册为业的电子商务平台，其经营的基础在于所发布的供应商信息具备可信度，网站中囊括供应商越全面、信息越具体，越能够吸引用户。平台运营者一方面需要通过多种途径搜集信息，另一方面又无法就所有信息的真实性逐一核实或取得授权，这便会产生侵犯商业秘密、侵犯知识产权等有关争议。

一、警惕不足，对所发布内容是否受知识产权保护的问题未注意分辨

狭义的知识产权包括商标、专利、著作权，大多数企业可以分辨所发布的某一内容是否涉嫌侵犯他人商标权或专利权，或至少对此能有所警觉。但对于某一信息是否属于作品，是否受《著作权法》保护的问题，企业在面对一些复

杂情况时，往往容易忽略。

在A公司的咨询问题中，其作为平台经营者，时常需要发布各大品牌企业的产品数据手册，并以此作为突出优势，从而在业内享有一定影响力。A公司认为，数据手册中所描述的问题皆为行业内惯常用语，主要是起到说明书的作用，不受《著作权法》保护，可以不经品牌方许可使用。但实际上，满足一定条件的数据手册可以被认定为《著作权法》意义上的作品，受我国法律保护，擅自使用可能被认定为侵权。原因主要在于：数据手册中势必含有一定的计算公式、数据图表等内容。即便有文字，其文字部分（如产品描述、特性、注释、运行原理、应用信息等）均采用简练文字、精简语汇罗列，相关词汇均为此专业领域技术资料的常用表达，且词汇的选择受限于所描述的产品特征，该表达本身在很大程度上即为思想的体现，难谓有独创性。而对于数据手册中的图表、公式部分，根据《著作权法》第5条："本法不适用于：……（三）历法、通用数表、通用表格和公式"之规定，此类内容属于法律规定不受著作权法保护的通用数表、通用表格或公式。但是，就数据手册整体而言，其页眉、页尾使用"商标+产品名称+线条"的形式排列，中部内容排版亦可体现创作者的独创性，故该手册整体属于《著作权法》保护的作品。

在微芯科技公司诉上海海尔集成电路有限公司著作权侵权纠纷上诉案①中，上海市高级人民法院也持相同意见，即"被告虽在本案中主张数据手册的部分内容属于通用表达或有限表达，不应受著作权法保护，但这并不影响原告对数据手册这一文字作品在整体上所享有的著作权"。

二、对所发布内容的真实性、合法性未尽初步审核义务，发现所发布信息涉嫌侵权或虚假，未及时采取必要措施避免损失扩大

《电子商务法》第17条规定："电子商务经营者应当全面、真实、准确、及时地披露商品或者服务信息，保障消费者的知情权和选择权"。第41条规定："电子商务平台经营者应当建立知识产权保护规则，与知识产权权利人加强合作，依法保护知识产权。"第42条规定："知识产权权利人认为其知识产权受到侵害的，有权通知电子商务平台经营者采取删除、屏蔽、断开链接、终止交易和服务等必要措施。通知应当包括构成侵权的初步证据。电子商务平台经营者

① 参见上海市高级人民法院民事判决书，(2013)沪高民三(知)终字第8号。

接到通知后,应当及时采取必要措施,并将该通知转送平台内经营者;未及时采取必要措施的,对损害的扩大部分与平台内经营者承担连带责任。因通知错误造成平台内经营者损害的,依法承担民事责任。恶意发出错误通知,造成平台内经营者损失的,加倍承担赔偿责任。”此外,《反不正当竞争法》第 9 条第 1 款规定:“经营者不得实施下列侵犯商业秘密的行为:(一)以盗窃、贿赂、欺诈、胁迫、电子侵入或者其他不正当手段获取权利人的商业秘密;(二)披露、使用或者允许他人使用以前项手段获取的权利人的商业秘密……”可见,电子商务平台经营者对所发布信息具有一定核实义务、对收到的侵权投诉具有及时采取必要措施的义务,且所发布信息不得侵犯他人商业秘密。

在 B 公司的咨询问题中,涉案平台作为在北京、上海、广州、重庆、天津、杭州、南京、西安、武汉、成都等 10 个重点城市设有专业信息搜集团队,专门从事定期更新某领域供应商信息数据库服务的网站经营者,应当认定具备核实相关信息真伪的能力。但其却在未经核实、未取得 B 公司许可的情形下,出于盈利目的擅自编造、虚构、披露与 B 公司有关经营信息、虚假企业名称甚至商业秘密,已涉嫌违反《电子商务法》《反不正当竞争法》等法律法规,涉嫌侵犯 B 公司企业名称权、商业秘密及消费者知情权。同时,在 B 公司已向涉案平台书面投诉要求删除后,其仍不予理会,继续侵权,足以证明涉案平台存在持续侵权、恶意侵权的情形,应当承担侵权责任。同样地,在 A 公司的咨询问题中,主张 A 公司构成侵权的企业已向 A 公司发出侵权警告,如 A 公司未及时下架涉案手册,亦将可能因此被认定具有侵权恶意,存在进一步增加赔偿责任的风险。

在广州友拓数码科技有限公司、杭州阿里巴巴广告有限公司侵害发明专利权纠纷案①中,广东省高级人民法院也做了同样的说理阐述:“明知其平台上可能存在侵权行为而不采取有效的措施,放任侵权行为范围扩大,程度加重。其应当对权利人扩大的损失承担连带责任。”

三、用户浏览平台无须付费,不代表平台发布信息行为不具有营利目的

就 A 公司案例而言,根据《著作权法》等相关规定,未经著作权人许可,擅自以营利为目的使用其作品的,属于侵犯作品著作权。首先,如前所述,该数

① 参见广东省高级人民法院民事判决书,(2018)粤民终 430 号。

据手册属于受著作权法保护的作品;其次,如无相反证据,在作品上署名的作者为作品著作权人;最后,A公司经营网站使用涉案数据手册过程中,虽未直接通过提供数据手册查询、下载服务获利,但该服务内容属于经营网站提供服务内容之一,实质是为增加用户黏性,也是为营利目的而使用。因此,A公司行为较大可能被认定为侵犯他人著作权,具体到此案例中,A公司可能涉嫌侵犯他人著作权中的信息网络传播权、复制权等。

从抗辩角度而言,A公司所经营的电商平台并未提供数据手册对应产品的销售服务,而是仅提供该产品介绍服务,有购买需求的消费者自平台通过阅读手册了解产品性能后自行通过其他渠道购买其产品。因此A公司可考虑从其在主观上与权利人是合作态度,权利人亦并未因此遭受任何损失等角度进行抗辩,以争取降低赔偿责任。

四、律师建议

根据《电子商务法》的精神,电子商务平台运营企业因互联网的便利特点导致曝光量的增加,经营中存在的合规瑕疵问题往往容易被发现或扩大。某种程度上,其相比传统企业而言也受到了更多关注或约束。

笔者建议,此类平台的运营企业,应及时梳理平台经营模式,识别其中易发生知识产权或其他类型侵权争议的风险点,逐一确认信息发布行为是否已取得权利人的授权。在遭遇类似侵权纠纷后,也可借机审视公司对于侵权警告的重视程度是否不足、相关岗位员工知识产权保护意识是否有待加强,或企业相关流程制度是否尚有完善空间等,并及时开展相关知识的培训、规章制度的修改更新。

对于发现某平台存在侵犯自身知识产权行为的企业,则可及时通过可信时间戳、公证截图等方式固定证据。再以平台投诉、发送警告函或律师函等形式进行警告,如对方并无配合意愿,则可进一步通过行政投诉、提起民事诉讼等方式维护自身合法权益。

5 “网络品牌”是什么？未注册是否有侵权风险？

咨询问题 ▶▶

我公司曾委托A商标代理机构（以下简称A机构）在第7、35、42类申请注册“ZJYH及图”（实际为企业名称的四字中文简称，此处音译供参考）商标，刚刚获得受理通知书。今日，我公司接到B商标代理机构（以下简称B机构）电话，称他们的客户要注册“YH机电”域名，但发现我公司申请在先，希望协商转让域名，否则将进行域名投诉。我公司随后致电A机构了解情况，得知A机构在提交商标注册申请时还提交了“.CN”顶级域名的注册申请。A机构解释道：有了线上品牌才能注册网站、进行网络推广、在各大网站使用商标销售商品，我们注册的第35类商标中的广告项目只能在线下使用，不能在线上做推广、宣传。同时称，如域名被投诉后我公司不积极应对，则B机构所提交的“YH机电”线上品牌申请就能通过，B机构的委托人将有权针对我公司在公司网站、推广平台以及各电商平台进行品牌宣传推广的行为提出侵权赔偿。

请问：我公司已取得受理通知书的第35类是否包含线上的品牌宣传、推广和销售？如果公司不申请所谓的线上品牌，未来在互联网上使用“YH机电”四个字是否有侵权风险？

律师答疑 ▶▶

随着电子商务的兴起，企业对品牌的保护需求已日渐立体化，更多企业追求商标注册、著作权登记、企业名称登记、域名注册等多维度保护策略。“网络品牌”的概念也在此种背景下产生。所谓“网络品牌”其实并非法律概念，是否需进行保护，要结合企业实际情况综合判断，具体解析如下：

一、第35类是否包含线上品牌宣传、推广和销售

经查，咨询问题的公司在第35类提交的申请具体包含了“广告、广告宣传、计算机网络上的在线广告、进出口代理、替他人推销、市场营销、人员招收、开发票、会计、寻找赞助”共10个服务项目。如该商标获得注册，则公司即在前

述项目上享有商标专用权,可以在线上或线下使用“ZJYH及图”商标开展前述项目业务。

此外,所谓“线上品牌”其实是指注册域名地址的行为,并非法律概念。不排除少数代理机构为争取代理域名注册的业务订单,而将域名包装成“线上品牌”,将第35类叙述为仅限线下活动使用的情况。

二、如不申请所谓线上品牌,是否在网上使用“YH机电”文字就有侵权风险

1. 本问题中,咨询问题的公司申请注册的商标为“ZJYH及图”,非为“YH机电”。如该公司未来商标核准注册,其在线上、线下使用的商标是“ZJYH”或“ZJYH及图”,则其属于使用企业名称简写或使用注册商标的行为,具有合法性及正当性。

如该公司在线上、线下使用的是“YH机电”字样,由于“ZJYH”与“YH机电”并不相同且难以被认定为近似,而据商标局官方网站查询了解,该公司尚未就“YH机电”四字递交商标注册申请,则此种使用行为有可能侵犯其他已将“YH机电”注册为商标的主体的商标专用权。

2. 目前尚不掌握公司涉案域名地址,暂不了解B机构与咨询问题的公司之间实际争论焦点是“ZJYH”还是“YH机电”等内容。但是,即便有第三方注册了某一域名,其也仅是获得了该域名地址整体的所有权(例如:www.XXX.com完整地址),有权在该域名地址项下的网页上开展经营,但如其并未就中间的“XXX”部分申请商标权保护,其也难以在行业内对“XXX”字样进行垄断,甚至起诉他人侵权。

《商标法》第57条规定:“有下列行为之一的,均属侵犯注册商标专用权:(一)未经商标注册人的许可,在同一种商品上使用与其注册商标相同的商标的;(二)未经商标注册人的许可,在同一种商品上使用与其注册商标近似的商标,或者在类似商品上使用与其注册商标相同或者近似的商标,容易导致混淆的……”

综上,如咨询问题的公司在网上使用“YH机电”字样进行宣传,由于该公司未就该字样获得商标注册,则其有可能侵犯他人商标权,但并不会直接侵犯他人域名(所谓线上品牌)。

三、律师建议

(一)域名争议问题

《互联网域名管理办法》第 42 条规定:“任何组织或者个人认为他人注册或者使用的域名侵害其合法权益的,可以向域名争议解决机构申请裁决或者依法向人民法院提起诉讼。”第 43 条规定:“已注册的域名有下列情形之一的,域名注册服务机构应当予以注销,并通知域名持有者:(一)域名持有者申请注销域名的;(二)域名持有者提交虚假域名注册信息的;(三)依据人民法院的判决、域名争议解决机构的裁决,应当注销的……”

《国家顶级域名争议解决办法》(以下简称《域名解决办法》)第 8 条规定:“符合下列条件的,投诉应当得到支持:(一)被投诉的域名与投诉人享有民事权益的名称或者标志相同,或者具有足以导致混淆的近似性;(二)被投诉的域名持有人对域名或者其主要部分不享有合法权益;(三)被投诉的域名持有人对域名的注册或者使用具有恶意。”第 9 条规定:“被投诉的域名持有人具有下列情形之一的,其行为构成恶意注册或者使用域名:(一)注册或受让域名的目的是为了向作为民事权益所有人的投诉人或其竞争对手出售、出租或者以其他方式转让该域名,以获取不正当利益;(二)将他人享有合法权益的名称或者标志注册为自己的域名,以阻止他人以域名的形式在互联网上使用其享有合法权益的名称或者标志;(三)注册或者受让域名是为了损害投诉人声誉,破坏投诉人正常的业务活动,或者混淆与投诉人之间的区别,误导公众;(四)其他恶意的情形。”

根据上述规定,域名被投诉后并不必然导致被注销或转让所有人,而是需满足一定前提。在米其林集团总公司投诉闵某有关“michelintransport. cn”域名争议案①中,中国国际经济贸易仲裁委员会域名争议解决中心专家组认为,综合考虑争议域名与投诉人注册商标之间的相似性,投诉人注册商标的显著性和知名度,相关公众产生混淆的可能性,现有关于被投诉人之合法权益、对投诉人注册商标的认知可能以及争议域名注册和使用意图等的证据和主张,被投诉人未在答辩期限内答辩和举证等情形,专家组认为被投诉人注册和使用争议域名的行为符合《域名解决办法》第 9 条第 3 项和第 4 项所称的恶意情

---

① 参见中国国际经济贸易仲裁委员会域名争议解决中心裁决书,(2021)中国贸仲域裁字第 0005 号。

形。本案投诉符合《域名解决办法》第8条规定的三项条件。因此,根据《域名解决办法》第14条的规定,专家组裁决将争议域名“michelintransport.cn”转移给投诉人米其林集团总公司。

本文咨询问题中,鉴于该公司已经提交并注册了相关域名,笔者推测该域名可能与公司品牌或企业名称存在关联或近似。假设未来该域名由他人占有并用来经营与该公司同类业务,可能导致该公司客户群体在互联网搜索该公司信息时误入他人持有的域名项下的网页,如此将产生丧失订单的风险。从此角度考虑,建议咨询问题的公司积极组织证据应对域名争议,争取保留域名。具体还需结合公司发展实际需求权衡判断。对于一般企业而言,也可参考前述建议,及时在域名维度对企业商标、字号等进行防御保护。

（二）互联网宣传中字样使用问题

如上所述,若咨询问题的公司在未就“YH机电”获得商标注册的情况下,使用该字样开展经营活动,有可能侵犯“YH机电”商标所有权人的权利。因此可考虑:(1)暂时以企业简称“ZJYH”开展相关经营,待所提交的“ZJYH及图”商标获准注册后,再以该商标开展经营。(2)如公司希望不更换商标,而是继续使用“YH机电”,则建议尽快将该四字向商标局提交注册申请,以争取商标专用权。

在此笔者也建议企业,商标注册内容与实际使用内容应当保持一致,此种一致包括内容、字体、比例、颜色(如有指定颜色)的一致。如擅自更改注册商标进行使用,且更改后的商标与他人在先注册商标构成相同或近似的,也将存在被认定侵权的风险。

6 合同约定知识产权为共有，我公司能否不经共有人同意而使用？

咨询问题 ▶▶

2020年1月6日，我公司作为受托方与委托方就某项目签署《委托设计合同》，约定我公司（乙方）为委托方（甲方）提供设计服务，由委托方向我公司支付费用。

请问：对于合同中有关设计作品知识产权归属存在分歧的条款，应作何理解？我公司或对方公司能否不经另一方另行书面许可，直接实施设计作品？

律师答疑 ▶▶

对于委托设计合同中知识产权归属的问题，《著作权法》第19条规定："受委托创作的作品，著作权的归属由委托人和受托人通过合同约定。合同未作明确约定或者没有订立合同的，著作权属于受托人。"因此，关于类似问题，有约定从约定，无约定则归属受托人。但实践中常有约定不明，或名为"委托"实为"合作"的情况发生，故引起相关权属争议。

一、条款约定不明时的分析思路

咨询问题中所述合同对于知识产权归属的约定，一方面，作出了委托设计作品知识产权属于双方共同所有的约定，另一方面，权利义务条款又明确委托方支付全额委托费用后享有设计作品的著作权。从字面上理解确有歧义。尽管笔者结合合同上下文理解，能够得出有利于著作权归属双方共有的解释，但双方共有的范围仍存在争议。

（一）权利归属问题

合同中虽作出前述矛盾约定，但同时结合违约责任条款，可将合同整体内容解释为：委托方未付清设计费用前，相关设计作品著作权归属受托方；委托方付清设计费用后，双方对于相关设计作品的著作权在有限范围内共有。

(二)共有范围问题

对于共有范围的问题,合同中明确约定:"双方可共同署名,委托方不单独享有作品修改权,委托方不单独享有作品财产权。"但对于修改权、财产权是属于双方共有,还是属于受托方单独所有,合同中并未有明确约定。根据《著作权法》等法律规定的原则,受委托创作的作品,著作权归属约定不清的,属于受托人享有,笔者倾向于认为咨询问题中所述设计作品除署名权外,剩余权利包括修改权、财产权等应属于受托人享有。

二、合同中任何一方能否不经另一方另行许可擅自实施设计作品

咨询问题中所述设计作品除"图纸、方案、文件"资料外还包括数份建筑工程施工图;受托方所述的"实施",除指代复制图纸、方案等文件外,还指代将建筑工程施工图从平面到立体的施工过程。此类争议属于侵权行为与违约行为的竞合,维权时应如何选择?

从违约角度分析,合同中约定双方不得未经对方同意将共有知识产权产品及相关成果(仅限于图纸、方案、文件等)提供给任何第三方,否则违约方将承担所获收益30%的违约金。因此,若一方共有人实施了将建筑工程施工图从平面到立体的施工过程。根据常理判断,其必然需要将"共有知识产权产品及相关成果"提供给第三方予以实施。故此类争议可从违约角度维权。

从侵权角度分析,将各类图纸以平面到平面的形式进行复制,属于侵权行为已无争议,但将建筑工程施工图由平面到立体的施工过程并不能简单认定为著作权的复制行为。在湖南中大冶金设计有限公司(以下简称中大公司)与新疆其亚铝电有限公司(以下简称其亚公司)著作权权属纠纷案①中,新疆维吾尔自治区高级人民法院认为:"虽然《著作权法》本身规制的复制行为包括了从平面到立体的复制,但在本案中涉案作品为工程设计图,工程设计图具有一定的实用功能、涉及到具体的技术方案,而这种实用功能、技术方案并不受《著作权法》保护,不同于一般作品,工程设计图所体现的是点、线、面的组合表现出的科学美感,这种科学美感仅来自于图形本身,而与实用功能、技术方案无关。基于此,除非在工程设计图以及实际工程中,技术方案、实用功能能够完全和工程设计图所表现出科学美感分离出来,否则,按照工程设计图建设施工的行

① 参见新疆维吾尔自治区高级人民法院民事判决书,(2018)新民终98号。

为不属于《著作权法》所规制的复制行为。因此,其亚公司按照图纸施工的行为并未侵犯中大公司的著作权,中大公司该项主张不成立,本院不予支持。”因此,该咨询问题如从侵权角度主张,则存在被诉侵权行为不能够获得全面支持的风险。

综上,企业可以根据所掌握的证据,将依据合同约定主张违约金及依据知识产权法律追究其侵权责任的后果相比较,选择其中证据较为充分或可能获得赔偿数额较高者予以运用。值得注意的是,2020 年修订的《著作权法》第 54 条第 1、2、3 款规定:“侵犯著作权或者与著作权有关的权利的,侵权人应当按照权利人因此受到的实际损失或者侵权人的违法所得给予赔偿;权利人的实际损失或者侵权人的违法所得难以计算的,可以参照该权利使用费给予赔偿。对故意侵犯著作权或者与著作权有关的权利,情节严重的,可以在按照上述方法确定数额的一倍以上五倍以下给予赔偿。权利人的实际损失、侵权人的违法所得、权利使用费难以计算的,由人民法院根据侵权行为的情节,判决给予五百元以上五百万元以下的赔偿。赔偿数额还应当包括权利人为制止侵权行为所支付的合理开支。”该条已将著作权侵权纠纷案件中的法院酌定赔偿上限提高至 500 万元,同时设定最低 500 元的底线,相较之前的最高酌定赔偿 50 万元而言已有了质的飞跃。

三、其他问题

受托方是否可限制委托方以自身名义或委托第三方的形式复制委托作品并规模化生产盈利?对此,协议条款中已有清晰约定,即委托方不仅不得将相关作品提供给第三方实施,其自身进行的实施作品及作品修改稿的行为,也需征得受托方同意并支付费用。而对于受托方而言,其仅不得委托第三方复制委托作品,合同并未限制其修改权及自身实施作品并获利的权利。因此,该公司仍可考虑从此角度制定下一步产品策略。

那么,公司能否将《委托创作合同》的名称修改为《合作创作协议》,但实质工作仍由公司作为受托人的角色实施,这样委托人无法证明其参加过创作,是否就不能享有著作权,也不能自行实施相关作品?

《著作权法》第 14 条第 1、2 款规定:“两人以上合作创作的作品,著作权由合作作者共同享有。没有参加创作的人,不能成为合作作者。合作作品的著作权由合作作者通过协商一致行使;不能协商一致,又无正当理由的,任何一方不得阻止他方行使除转让、许可他人专有使用、出质以外的其他权利，但是所得收益应当合理分配给所有合作作者。”在前述中大公司与其亚公司著作权权属纠纷案中，法院同时还认为：“其亚公司提交的技术论文属于对工艺技术的描述，论文署名作者包括中大公司人员及其亚公司人员，但据此无法认定其亚公司实际参加了涉案工程设计图的创作。故其亚公司主张涉案作品为合作作品不能成立，涉案工程设计图应为委托作品，著作权属于中大公司。”

可见，对于合作创作的作品，未参与创作的主体不能成为作者，也不能参与著作权相关权利的行使。

7 被判决停止侵权后又实施同种侵权行为的，权利人可否再次起诉维权？

咨询问题 ▶▶

我公司曾就某侵权人开设仿冒店、设立同名企业一事诉至法院，主张其侵犯了商标专用权且构成擅自使用他人企业名称的不正当竞争行为。一审、二审我公司均胜诉，被告被判令停止侵权并变更企业名称。但判决生效后被告仍在侵权，并且更改后的字号与原字号仅一字之差，发音也相同。

请问：我公司是否可以针对更改后的字号再起诉主张侵权？

律师答疑 ▶▶

对于知识产权的重复侵权行为，最高人民法院在《关于审理侵害知识产权民事案件适用惩罚性赔偿的解释》（以下简称《知识产权惩罚性赔偿的解释》）中列举了五种可以认定侵权人存在主观故意的情形，其第4条第2款进一步列举了可以认定为“情节严重”的七种情形，其中就包含了“重复侵权”——“因侵权被行政处罚或者法院裁判承担责任后，再次实施相同或者类似侵权行为”。

一、确认现阶段侵权行为

如何追究侵权人的重复侵权行为，笔者认为，首先应就现阶段侵权人行为进行再次梳理和确认，针对侵权人在法院裁判后的侵权情况分析后续策略的重点。需注意的方面有：

1. 法院判决生效后侵权人仍然重复出现的侵权行为。主要涉及：(1)于其产品、官网中使用涉案注册商标字样。(2)于其产品、官网中使用侵权人变更前的侵权企业名称字样。

2. 侵权人于生效判决确认的侵权事实之外，正在进行的涉嫌侵权行为。主要涉及：(1)侵权人未对其在工业和信息化部政务服务平台官网的备案信息中的主办单位名称进行变更，仍使用原侵权企业名称。(2)侵权人更名后的企业名称仍与权利人注册商标的标识发音相同。此种情况是否构成近似及擅自使用他人企业名称待下文讨论。

二、可诉性分析

（一）法院判决生效后侵权人仍然重复出现的侵权行为

针对已经经过司法机关审理并作出生效判决确认的侵权行为事实，现阶段侵权人已经属于重复侵权，权利人当然可以起诉，并可根据《知识产权惩罚性赔偿的解释》第1条第1款“原告主张被告故意侵害其依法享有的知识产权且情节严重，请求判令被告承担惩罚性赔偿责任的，人民法院应当依法审查处理”和第4条第1款“对于侵害知识产权情节严重的认定，人民法院应当综合考虑侵权手段、次数，侵权行为的持续时间、地域范围、规模、后果，侵权人在诉讼中的行为等因素”的规定，向法院主张要求对侵权人进行惩罚性赔偿。

司法实践中也已有在先案例对此予以支持。在阿迪达斯有限公司与阮某某等侵害商标权纠纷案[①]中，浙江省高级人民法院认为，在本案侵权行为发生之前，已经注销的被上诉人瑞安市正邦鞋业有限公司于2015年、2016年先后两次因生产、销售侵犯该品牌商标权的鞋帮产品被处以行政处罚，且同为被上诉人的阮某某因本案侵权行为接受行政机关询问时表示知道被查获的鞋帮侵犯他人注册商标权。被上诉人多次侵犯该运动品牌的多枚相同商标权的行为，表明其主观恶意非常明显。应当认定侵权行为在数量上具有规模性，在时间上具有持续性，在后果上具有恶劣性，符合情节严重的特点。最终法院支持了上诉人惩罚性赔偿的诉讼请求。

（二）侵权人于生效判决确认的侵权事实之外，正在进行的涉嫌侵权行为

此处仅对更名后的企业名称仍与权利人注册商标的标识发音相同，是否能够被认定为擅自使用权利人企业名称的问题进行分析。

首先，最高人民法院《关于审理注册商标、企业名称与在先权利冲突的民事纠纷案件若干问题的规定》第2条规定：“原告以他人企业名称与其在先的企业名称相同或者近似，足以使相关公众对其商品的来源产生混淆，违反反不正当竞争法第六条第（二）项的规定为由提起诉讼，符合民事诉讼法第一百一十九条规定的，人民法院应当受理。”因此，如果侵权人擅自使用与权利人注册

---

① 参见浙江省温州市中级人民法院民事判决书，(2020)浙03民终161号。

商标、企业名称相近似的文字组合作为自己的企业名称,则以“构成不正当竞争”为案由提起诉讼,从程序上是符合法律规定的。

其次,从实体上看,企业名称近似构成不正当竞争有几个前提条件。

(1)两企业名称是否构成近似。在后登记的企业名称与在先登记的企业名称近似是构成不正当竞争的基础。判断企业名称是否构成近似,可以参照认定商标近似的原则进行判断。

在发音相同而字形不同的中文标识中,如果施以一般注意,在视觉上较难使相关公众产生近似或者混淆的认知。再结合商标审查规则中关于汉字组成的商标近似认定标准,仅从认定近似角度出发,这两个企业名称存在被认定为不构成近似的可能性。

当然,从两个短语的发音呼叫对于相关公众进行认知、识别起到重要作用角度出发,以及综合考虑侵权人在先侵权导致权利人诉讼维权,再到判决其更名的事实背景以证明其侵权行为存在主观恶意,认定其构成侵权不无可能。

在开封市金珠老黄记餐饮服务发展有限公司(以下简称老黄记公司)与开封市黄家正宗小笼包子老店(以下简称黄家老店)不正当竞争纠纷案①中,上诉人老黄记公司不服开封市中级人民法院的判决结果,针对其与黄家老店注册商标专用权以及企业字号被判构成侵权一案,向河南省高级人民法院提出上诉。本案一审、二审法院一致认为,无论是老黄记公司的注册商标“金珠老黄记”,还是其字号“老黄记”,在文字、构图上均与黄家老店的“黄家”注册商标存在较大差别,老黄记公司对黄家老店的注册商标专用权并不构成侵犯。但老黄记公司在与黄家老店无任何历史渊源之情况下,将“老黄记”作为企业字号予以登记并突出使用,显然意在误导公众,产生市场混淆,违反诚实信用原则,属不正当竞争行为。

(2)两企业是否存在竞争关系。法律所规制的是扰乱市场竞争秩序、损害其他经营者或消费者合法权益的行为。随着经济的发展,市场主体的范围不断扩展,加之线上线下的多种经济模式深度融合,市场关系日趋复杂化、多样化,因此目前的司法实践普遍认为,竞争关系的认定不能狭隘地理解为直接竞争关系,还应当将阻碍市场竞争、侵害消费者或社会公共利益的间接竞争关系也纳入调整范围。相应地,实践中法院不再仅拘泥于依据工商登记信息中所

① 参见河南省高级人民法院民事判决书,(2012)豫法民三终字第163号。

公示的经营范围来确定,还会综合企业实际经营的内容是否重合、服务对象或者所生产销售产品的受众是否重合、所对应的市场是否重合等多角度进行判断和确定。

(3)在后登记企业是否具有"搭便车"的主观恶意。一般而言,法院在考量在后登记企业是否具有主观恶意时,主要关注以下两个方面:

一是在先登记企业名称的知名度。如果在后企业在进行登记注册时,在先登记的企业名称已经具有一定的市场知名度,为包括在后企业在内的相关公众所知悉,则通常可以推定在后登记企业具有主观恶意。结合咨询问题中企业名称的注册商标已经获得驰名商标认定的事实,企业名称应当推定具有一定的市场知名度,为相关公众所熟知。

二是在先登记的企业名称的显著性。在先登记企业名称的显著性越强,如一些人造的非通用词汇,在正常情况下与他人企业名称近似的可能性越小,因此如在后登记企业的名称使用了与在先登记企业近似的企业名称,在后登记企业极有可能模仿了在先登记企业的名称,其主观恶意就越明显。

黄家老店一案中,河南省高级人民法院之所以认定老黄记公司对黄家老店构成恶意攀附商誉,是以"老黄记"本地方言发音与"黄家"的相似性为切入点,基于日常生活逻辑和经验为基础推定的。老黄记公司作为与黄家老店处于同一地域范围的同业经营者,熟悉开封地区语言习惯,并明知相关公众对"黄家老店"具有较高知晓程度,仍将"老黄记"注册为自己的企业字号,该行为在主观上明显具有攀附"黄家老店"良好品牌声誉的故意,客观上也容易使相关消费者对服务来源产生误认,从而损害黄家老店正常的市场竞争利益。

结合本咨询问题在先的侵权事实背景,侵权人在已经经过生效判决认定侵权后,所更改的企业名称仍然与权利人注册商标发音一致,主观上具有"搭便车"的故意。一般而言,经过司法机关判决认定侵权后,侵权人的涉案企业名称的更改应当更加注重合理避让,以避免重复侵权之嫌,然而侵权人的行为明显未尽到合理避让义务,罔顾已经生效的裁判认定,具有更为严重的主观恶意。

(4)是否导致相关公众产生混淆和误认。此部分需要向相关行业内的客户群体收集证据,以证明存在混淆和误认。

三、律师建议

1. 针对经法院判决生效后侵权人仍然重复出现的侵权行为,权利人可先向法院申请强制执行,借助司法机关的强制执行力,要求侵权人立即停止实施侵权行为。权利人同时也可以以自己名义发送正式函件,函告侵权人注意重复侵权行为,要求其履行生效判决的义务。

2. 将侵权人正在进行的侵权行为固定证据。不排除侵权人的行为不仅仅局限于重复侵权,亦有新形式的侵权行为产生的可能,如侵权人官方网站上的侵权情况、销售的产品、宣传物料,权利人应尽快进行网页公证等证据保全工作,以固定侵权事实,为日后可能的维权工作做准备。

3. 收集侵权人产品、宣传导致混淆或误认的证据。在主要的经营范围基本一致的前提下,则可向交易客户询问该侵权人有无主动联系、接洽过权利人的客户群体,是否有向客户暗示或引导客户错误理解与权利人的关系,是否有客户向权利人核实侵权人的关系;也可以尝试以消费者身份向侵权人主动询问关联关系等。这些证据不仅可以作为造成混淆误认的证据,也可以佐证侵权人在经营过程中存在明显的“搭便车”恶意。

4. 如权利人决定起诉,可将更名后企业名称仍涉嫌侵权一事与其他重复侵权的行为向法院提起诉讼,一并列入诉讼主张。这样一来既可以就侵权人的重复侵权行为要求法院进行惩罚性赔偿,也可以在审理企业名称侵权问题部分让法庭考量前述案件背景及主观恶意,提高认定更名后的名称与侵权人注册商标构成近似的可能性。

8 如何认定属于“自行改变注册商标”?

咨询问题 ▶▶

我公司针对拟上市的化妆品正在申请许可批件,与此同时我们委托设计公司对包括注册商标在内的外包装元素进行了艺术美化,比如英文大小写和文字排版。然而,申请批件过程中,药械科认为设计效果属于自行改变注册商标,可能导致批件不被审核通过。

请问:这些美化设计属于自行改变注册商标吗?自行改变注册商标的情形有哪些?

律师答疑 ▶▶

一、包装图上对注册商标的艺术美化是否属于自行改变注册商标

最高人民法院、最高人民检察院《关于办理侵犯知识产权刑事案件具体应用法律若干问题的解释(三)》(以下简称《知产刑事案件司法解释(三)》)第1条规定:“具有下列情形之一的,可以认定为刑法第二百一十三条规定的‘与其注册商标相同的商标’:(一)改变注册商标的字体、字母大小写或者文字横竖排列,与注册商标之间基本无差别的;(二)改变注册商标的文字、字母、数字等之间的间距,与注册商标之间基本无差别的;(三)改变注册商标颜色,不影响体现注册商标显著特征的;(四)在注册商标上仅增加商品通用名称、型号等缺乏显著特征要素,不影响体现注册商标显著特征的;(五)与立体注册商标的三维标志及平面要素基本无差别的;(六)其他与注册商标基本无差别、足以对公众产生误导的商标。”

据此,当注册商标的标识内容为文字时,一般主要的文字类型以英文字母和中文文字居多。使用时在标识上进行的变动多为排版改动(横版、竖版)、字体改动、大小写变动、颜色变化以及字形整体上的变化。

一般而言,注册商标标识中字母的大小写、字与字之间排版的轻微调整和设计变动,符合上述《知产刑事案件司法解释(三)》第1条第1款的描述,应认

定为与注册商标相同，并不属于自行改变注册商标的情形。

二、如何认定达到了“自行改变注册商标”的程度

商标局相关专家对自行改变注册商标这一行为认定的观点是：“自行改变注册商标，是商标注册人或其被许可人在实际使用并标注注册标记时，在保持其注册商标基本特征的前提下，擅自改动其注册商标的文字、字母、数字、图形、立体形状、颜色组合等标志的违法行为……文字商标仅作普通字体改变，视为自行改变；图形商标非显著部分改变，视为自行改变；图文组合商标，仅将文字或图形部分单独使用（单独使用的文字字体未改变），或改变文字与图形的相对位置，视为自行改变。”①

当然，仅从字面上理解前述标准比较困难，由于商标的识别和观感是包含主观判断因素的法律问题，是相对而非绝对的，因此判断商标改变程度应当个案认定。改变后的商标与原注册商标近似的，并非一定属于自行改变。在实践中，主要分为两个方面。

（一）是否拆分、组合使用了标识

1. 拆分使用

四川好医生药业集团有限公司与平安健康互联网股份有限公司侵害商标权纠纷案②中，被告注册商标：平安好医生、平安好医生；被告实际使用：平安好医生。被告将其注册商标拆分使用，与原告的“好医生”商标近似，原告认为，被告突出使用“好医生”或“平安好医生”的商业标识行为，仍然是模仿上诉人驰名商标，并构成侵犯商标权。

四川省高级人民法院认为，被告采取组合、拆分使用被控标识中的“平安好医生”“好医生”字样，既不是对自己注册商标的规范使用，也不符合商业模式和习惯，将导致相关公众误认为原告与被告存在某种关联性，混淆不可避免，其主观过错明显，被告实施的使用“好医生”或“平安好医生”的行为，构成对原告涉案商标权的侵害。

---

① 参见本书编写组编著：《商标法律理解与适用》，中国工商出版社 2009 年版，第 388 ~ 390 页。

② 参见四川省高级人民法院民事判决书，(2019)川知民终字 154 号。

2. 组合使用

中国黄金集团黄金珠宝有限公司与上海世纪联华超市宝山月浦有限公司、李某标侵害商标权纠纷案①中，被告注册商标：老；被告实际使用商标：中国老黄金。被告在其获得授权许可的图形商标基础上，组合使用了“中国黄金”四个中文字，引起混淆误认，原告作为“中国黄金及图”商标的权利人，提起侵权诉讼。

上海知识产权法院认为，虽被告获得案外人授权其使用“老”商标，被告在经营活动中未规范使用“老”商标，其使用的“中国老牌黄金”标识中，“老”系以图形表示，显著性较弱，有些使用方式又与“牌”字形成词组修饰黄金，进一步削弱了显著性，而“中国”“黄金”则以较大的字号位于“老”图形、小字号的“牌”两边，显著性较强，系涉案标识的主要部分，其与“中国黄金”文字、读音完全相同。原告亦提供了证据证明有消费者因他人使用与被告一致的“中国老牌黄金”标识而产生了实际混淆。

（二）是否改变了标识的显著特征

1. 法院认定改变显著特征使用

山西汾阳市杏花村宴会汾酒业有限公司与山西杏花古井酒业股份有限公司侵害商标权纠纷案②中，被告的注册商标：；被告实际使用的商标：。本案原告认为，被告没有规范使用原来的注册商标，实际使用的“青汾酒”标识与其涉案注册商标构成高度近似，侵害了涉案注册商标专用权。案件的争议焦点围绕被告是否不规范使用注册商标以及实际使用的商标是否侵权。

山东省高级人民法院认为，本案中，被告经许可使用的第217689号注册商标标识整体为由美术体“青汾”二字组成的三角形图形，相关公众施以一般注意力的情况下，该商标的三角形图形较“青汾”文字更具显著性，系该商标的主要识别部分，宴会汾酒业公司虽在涉案白酒包装盒上部使用了注册商标，但标

① 参见上海知识产权法院民事判决书，(2016)沪73民终221号。

② 参见山东省高级人民法院民事判决书，(2016)鲁民终2260号。

识明显较小，而其在包装盒中部显著位置以较大字体突出使用的“青汾酒”标识较注册商标更具显著性和识别性，且“青汾酒”标识字体与注册商标中的“青汾”文字字体差别较大，而更接近汾酒厂股份公司的涉案注册商标中的“汾”“汾酒”字体，并非对注册商标的规范使用。

2. 法院认定未改变标识显著特征

张某与原国家工商行政管理总局商标评审委员会行政诉讼案①中，诉争商标：

；实际使用商标：。2015 年 10 月 19 日，张某作为申请人向商标局提出对诉争商标第 5400430 号“亿健 YIJIAN”连续三年不使用的撤销申请，商标局经审理后驳回张某的撤销申请。张某不服，再向商标评审委员会提出复审申请，认为诉争商标无正当理由已连续三年未使用，被申请人提交的相关证据材料中所使用的商标并非本案诉争商标，诉争商标的注册应予以撤销。

北京知识产权法院认为，关于实际使用的商标与诉争商标存在区别的问题，最高人民法院《关于审理商标授权确权行政案件若干问题的意见》第 20 条规定，人民法院审理涉及撤销连续三年停止使用的注册商标的行政案件时，实际使用的商标与核准注册的商标虽有细微差别，但未改变其显著特征的，可以视为注册商标的使用。本案中，诉争商标与实际使用商标均由中文“亿健”与英文“YIJIAN”组成，其区别仅在于两部分排列不同，字体不同，但上述区别尚未达到显著特征不同的程度，另考虑顶康公司在第 28 类商品上并未注册其他商标，故应认定诉争商标在核准使用的“锻炼身体器械”上进行了《商标法》意义上的使用。

三、自行改变注册商标的法律风险

《商标法》第 49 条对于自行改变注册商标的行为，规定了存在被撤销的后果：“商标注册人在使用注册商标的过程中，自行改变注册商标、注册人名义、地址或者其他注册事项的，由地方工商行政管理部门责令限期改正；期满不改正的，由商标局撤销其注册商标。”根据上述规定，商标局在收到商标没有正当理由连续三年不使用的撤销申请后，将通知该商标注册人在指定限期内提供商标使用证据，逾期不提供或者提供的证据证明无效的，商标局将依法撤销该

① 参见北京知识产权法院行政判决书，(2017)京 73 行初 633 号。

注册商标。但商标注册人不规范使用商标,或者在核定使用商品之外的类似商品上使用其注册商标,都不能视为对其注册商标的使用。

因此,如果自行改变了注册商标,一是会被行政管理部门责令限期改正未能规范使用注册商标的行为;二是该注册商标可能会被提起撤销申请,最坏的结果将导致该注册商标丧失专用权;三是改变后的商标如与其他注册商标构成近似或高度近似,则可能侵犯他人的注册商标专用权而受到侵权指控。

9 针对商品被侵权假冒的行为，公司应如何维权？

咨询问题 ▶▶

我公司自20世纪50年代起即享有、运营X品牌、Y品牌等知名品牌，近几年在线下商超、线上平台发现多个店铺侵犯我公司知识产权，有的是登记含有我公司商标的企业名称，有的是仿冒我公司商品包装装潢，有的是销售带有我公司商标的商品，还有些是在产品链接名称中体现我公司商标，侵权人和侵权类型众多。我公司希望采取维权措施，但逐一打击耗时耗力、效果不明显。

请问：公司应如何采取有效维权措施，如何为未来认定驰名商标做准备？

律师答疑 ▶▶

咨询此类问题的公司往往具有悠久的历史，品牌的知名度和美誉度极高，自然容易引起不法攀附。

按照笔者所在团队以往的办案经验，若缺乏全方位、有组织、多角度的知识产权方案，仅仅针对个别侵权零星打击，可能因缺乏组织导致重复劳作甚至多做无用功，人力、物力、财力投入后，总体维权成本大大增加，又无法有效遏制侵权。同时，具有悠久历史的品牌，一般从经营时间上已具备认定驰名商标的基础，但从销售利润、行业排名、权利被侵犯的频率及以往成功维权的案例数等角度，还未必能够完全满足认定驰名商标的条件。

因此，公司可借助市场清理的机会，对公司自身商标布局、所掌握的证据等进行自我审视、梳理，有意识地积累维权成功案例，并在未来合适时机到来时争取认定驰名商标。

一、商标保护概况梳理

笔者通过商标局官方网站查询得知，该公司名下共有上百件商标申请或受让记录。同时公司还针对其中图形商标进行了著作权登记。经梳理，笔者认为该公司商标保护类别较为充分，保护形态较为立体，目前均处有效期，将被提出异议或无效等可能影响行权的风险暂不明显。

二、侵权主体行为分析

在掌握公司商标布局后，建议了解市场侵权规律。笔者通过在“天猫”“淘宝”“京东”“拼多多”等平台渠道中使用关键词进行检索，发现大量店铺所售产品包装、商品标识、商标图样等与咨询问题的公司产品包装装潢、商标等存在一定近似度。进一步分析后发现，相关主体涉嫌侵权方式各不相同：部分主体直接复制公司商标；部分主体将包含公司商标在内的文字注册为其名称；部分主体使用与公司产品相似的包装、装潢；此外还有小部分主体使用公司享有著作权的图形作品。不同的侵权行为对应不同的权利基础、争议焦点，具体维权过程中，需针对不同情形区别分析。

《商标法》第 57 条规定：“有下列行为之一的，均属侵犯注册商标专用权：……（二）未经商标注册人的许可，在同一种商品上使用与其注册商标近似的商标……容易导致混淆的……”最高人民法院《关于审理商标民事纠纷案件适用法律若干问题的解释》第 1 条规定：“下列行为属于商标法第五十七条第（七）项规定的给他人注册商标专用权造成其他损害的行为：（一）将与他人注册商标相同或者相近似的文字作为企业的字号在相同或者类似商品上突出使用，容易使相关公众产生误认的……”

因此，使用咨询问题的公司的商标，将该公司商标注册为其名称后又突出使用、造成消费者混淆的行为，已涉嫌构成侵犯商标权。

《著作权法》第 52 条规定：“有下列侵权行为的，应当根据情况，承担停止侵害、消除影响、赔礼道歉、赔偿损失等民事责任：……（四）歪曲、篡改他人作品的；（五）剽窃他人作品的……”第 53 条规定：“有下列侵权行为的，应当根据情况，承担本法第五十二条规定的民事责任；侵权行为同时损害公共利益的，由主管著作权的部门责令停止侵权行为，予以警告，没收违法所得，没收、无害化销毁处理侵权复制品以及主要用于制作侵权复制品的材料、工具、设备等，违法经营额五万元以上的，可以并处违法经营额一倍以上五倍以下的罚款；没有违法经营额、违法经营额难以计算或者不足五万元的，可以并处二十五万元以下的罚款；构成犯罪的，依法追究刑事责任：（一）未经著作权人许可，复制……通过信息网络向公众传播其作品的，本法另有规定的除外……”

因此，剽窃、篡改、复制、通过信息网络传播咨询公司享有著作权的作品的行为，涉嫌构成侵犯著作权。

《反不正当竞争法》第6条规定:“经营者不得实施下列混淆行为,引人误认为是他人商品或者与他人存在特定联系:(一)擅自使用与他人有一定影响的商品名称、包装、装潢等相同或者近似的标识;(二)擅自使用他人有一定影响的企业名称(包括简称、字号等)、社会组织名称(包括简称等)、姓名(包括笔名、艺名、译名等);(三)擅自使用他人有一定影响的域名主体部分、网站名称、网页等;(四)其他足以引人误认为是他人商品或者与他人存在特定联系的混淆行为。”

因此,虽未使用咨询问题的公司的商标,但产品包装、装潢与该公司相同或高度近似,或实施其他混淆行为的,涉嫌构成不正当竞争。

三、侵权法律后果

如法院认定相关主体商标侵权、著作权侵权或不正当竞争行为成立,根据我国法律、行政法规,该主体应承担包括但不限于停止侵权/不正当竞争行为、赔偿损失、承担权利人合理开支等法律责任,构成犯罪的,依法追究刑事责任。对于不正当竞争案件中公司名称因突出使用而侵犯在先注册商标专用权的情形,法院也可以根据案件具体情况判令停止使用,或者对该公司名称的使用方式、使用范围作出限制。

在涉及具体赔偿数额确定的问题上,《商标法》《著作权法》《反不正当竞争法》遵从了类似的逻辑,即一般按照权利人因被侵权所受到的实际损失、侵权人因侵权所获得的利益的顺序予以确定。在商标侵权、著作权侵权案件中,上述金额无法确认时,还可参照该权利许可使用费的倍数合理确定。如上述金额难以确定的,法院可根据侵权行为的情节酌定赔偿金额,在商标侵权、不正当竞争案件中,酌定赔偿幅度为500万元以下,在著作权侵权案件中,酌定赔偿幅度为500元以上500万元以下。此外,对于商标侵权、著作权侵权案件,如有证据证明侵权人属于恶意侵权、情节严重的,法院可以按照上述方法确定数额的1倍以上5倍以下确定惩罚性赔偿。对于上述所有类型争议,侵权人赔偿数额还应当包括权利人为制止侵权行为所支付的合理开支。

四、律师建议

1. 掌握侵权行为发生的规律,并有意识地进行定期搜集、整理。如侵权产品为饮料等高度市场化的产品,则在各大产品零售网站中可能存在侵权线索,公司应针对此类网站进行重点关注，定期梳理。

2. 梳理侵权线索后，应及时分析了解其侵权主体、侵权类型、发生地域、侵权规模等信息。

3. 对其中侵权规模较大者进行专业调查，掌握其仓库、库存等情况。

4. 根据前述步骤进展，制定证据保全方案，采取包括但不限于公证截图、购买、行政投诉等方式进行证据固定，保留其侵权证据。

5. 调查财产线索、组织证据提起诉讼。

此外，除进行市场清理外，为早日实现公司认证驰名商标的目的，笔者建议咨询问题的公司有意识地开始进行商标注册、使用的规范化管理工作，包括但不限于：

1. 针对公司自身甚至关联公司相关商标的注册、续展、转让、许可等事项，梳理相关文件原件及资料归档，确保各项商标权利处于有效状态，对于遗失原件者或即将到期者，及时申请补发商标注册证或办理续展。

2. 针对公司不同品牌系列（如咨询公司名下的 X 品牌系列、Y 品牌系列）商标的使用情况进行系统梳理，识别影响未来诉讼举证、驰名商标认定、其他不利于维护品牌价值的漏洞并及时排除。

3. 有意识地为拟认定驰名的品牌产品制定产品销售或推广奖励制度，鼓励业务人员提升相关品牌业绩。同时完善产品销售及推广活动的协议文本内容、付款凭证等文件管理流程，为未来举证提供充分便利。

4. 系统检索、监控与拟认定驰名的品牌相同或近似的商标的申请情况，寻找适合认证驰名案例的同时，及时对不适宜主张驰名的案件提出异议、无效宣告申请，以积累不同年度、不同程序的成功维权案例。

5. 积极参与或更新较高级别的行业排名、知名品牌认证等活动，并保留荣誉证明。

10 针对电商平台上超出授权期限并涉嫌售假的侵权店铺，应如何维权？

咨询问题 ▶▶

我公司为某化妆品国内总代理，我公司发现电商平台上曾经的签约授权店铺，在授权到期后仍在售卖我公司产品。店铺显示的授权期限与合同不一致。原定合同到期，库存将由我方回购，但实际对方在届期时未提供库存清单，也不要求回购。因此，在销产品的真伪性也无法确定。我们已经通过平台上的私信联系他们下架产品，但无果。

请问：针对上述情形，我公司应当如何维权？

律师答疑 ▶▶

由于超出授权期限的经销商和代理商本身销售的是品牌方、厂家的正品，基于商务角度考虑，许多授权方本着给予库存销售期的想法，往往对此类超期经销的行为姑息纵容。

《电子商务法》规定了电商平台运营方在知识产权侵权纠纷中应尽的义务。具体而言，电商平台运营方在收到知识产权权利人负有侵权初步证据的侵权通知后，应当及时采取删除、屏蔽、断开链接、终止交易和服务等必要措施，并将通知转送平台内经营者。平台内经营者如果认为不构成侵权的，应当向电商平台运营方提交不侵权的声明以及初步证据。电商平台运营方有义务向权利人转送该不侵权声明。并且，在转送声明到达权利人后 15 日内，如果电商平台运营方未收到权利人已经投诉或者起诉的通知，则应当及时终止所采取的上述措施。此外，电商平台运营方还有义务及时公示收到的上述通知、声明及处理结果。

一、投诉维权

在与问题经销商、代理商通过私下沟通方式维权无果的前提下，借助第三方即电商平台运营方的力量，依照《电子商务法》赋予的权利进行举报投诉，是较为行之有效的方法。《电子商务法》第42条第1款规定："知识产权权利人认为其知识产权受到侵害的，有权通知电子商务平台经营者采取删除、屏蔽、断开链接、终止交易和服务等必要措施。通知应当包括构成侵权的初步证据。"品牌权利人可与电商平台运营方取得联系并投诉举报（可通过电话、邮件等形式，注意保留相关沟通记录）。举报投诉具体可通过公函、通知函等书面形式进行，首先表明知识产权权利人身份，告知平台运营方侵权事实，并提供向问题经销商、代理商发送过的授权到期的提示文件，再要求平台运营方断开链接、删除该侵权的网页及商品链接。如果平台运营方不愿意配合，则可以进一步通过律师函以更加正式、严肃的形式要求平台运营方履行该等法定义务。

在郝某与深圳市旋唯电子有限公司、浙江天猫网络有限公司（以下简称天猫公司）侵害外观设计专利权纠纷案①中，广东省高级人民法院认为，尽管作为平台运营方的天猫公司已经进行了删除链接，然而因为其管理疏忽，导致侵权产品再次在其平台上销售，此时天猫公司应当承担法律责任。考虑问题店铺的经营者超过了授权期限仍在进行销售行为，那么该问题经销商、代理商的身份信息，可以在投诉时直接向平台运营方提供。

另外，需要注意对权利人资格认知的误区，上述举报、投诉行为须以品牌方名义或相关知识产权权利人的名义进行。仅以公司内部销售人员个人的名义进行举报和投诉，是无法令平台运营方依据《电子商务法》第42条对这些问题经销商、代理商进行处理的。原因在于，销售人员并不是涉案相关品牌知识产权合法的权利人，不符合法律对举报投诉的主体的要求。事实上，销售人员所作的投诉和举报，是基于其作为个人消费者针对产品所作的投诉，其仅能针对产品质量问题进行举报投诉。假设该问题经销商、代理商销售的是正品，则此时销售人员个人名义的投诉举报是无效的。如品牌权利人投诉举报经销商、代理商超期经销侵犯其知识产权，则须以品牌方或相关知识产权权利人的名义作出方为有效。

品牌方及权利人可以正式函件的形式，向问题经销商、代理商发送书面文件，内容为提醒其授权期限已届满，应当按照约定的方式处理善后事宜。相关书面文件请注意保存记录，作为后续维权工作的证据。

---

① 参见广东省高级人民法院民事判决书，(2014)粤高法民三终字第80号。

二、投诉维权的限制

《电子商务法》第 42 条第 3 款对错误抑或是恶意举报投诉作出了规定："因通知错误造成平台内经营者损害的,依法承担民事责任。恶意发出错误通知,造成平台内经营者损失的,加倍承担赔偿责任。"实践中也有先例可循,在王某诉江某不正当竞争纠纷案①中,原告王某和被告江某均为第三人浙江淘宝网络有限公司运营的网络平台淘宝网上的店铺经营者。被告先后两次假冒注册商标权人的名义,以原告经营的店铺销售侵犯商标权的假货为由,分别向阿里巴巴知识保护平台提出投诉与反申诉,致使原告经营店铺中的涉案商品链接被删除,店铺遭受搜索降权处罚,投诉之后的营业额大幅下降。经审理,杭州铁路运输法院认定,利用电商平台投诉机制恶意投诉其他经营者商品的行为构成不正当竞争,并援引《电子商务法》第 42 条加倍赔偿条款进行判决,判决被告江某赔偿原告王某经济损失 210 万元(包括为制止侵权所支出的合理费用)。

因此,知识产权权利人行使举报投诉这一权利也是有限制的,须谨慎、准确行使,避免权利滥用,否则需要承担相应的法律责任。如欲启动司法程序对该等问题经销商、代理商追责的,建议将购买流程进行全程公证,以固定证据。

三、律师建议

在正式向平台运营方出具书面文件时,须注意以下几点:

1. 表明权利人身份。公司须向平台运营方表明作为合法的知识产权权利人的事实,相关权利证明文件应切实充分、授权链路完整。如作为海外品牌的中国总代理商,除提供涉案商标注册证书以外,还需要提供涉案知识产权合法的授权证明文件以证明是该海外品牌在中国的总代理经销商及注册商标使用权人。

2. 提供侵权行为的初步证据。证明问题经销商、代理商已经超出授权期限的事实,公司可以将与该商家的授权经销协议、授权书等,隐去价格等关键信息后,提供给平台运营方。至于产品真伪部分,在尚不能确定涉案产品是否是正品还是假冒产品的情况下,建议公司可以先购买该店铺中的涉嫌假冒的

① 参见杭州铁路运输法院民事判决书,(2018)浙 8601 民初 868 号。

产品与在售的正品进行对比,待确认真实性后一并在函中提及。

3. 权利人主动公示合法经销商、代理商。作为品牌方及权利人,还可在自己的官方网站、旗舰店等主营的公开渠道中,明示目前仍在经销期内的合法经销商、代理商。比较常见的做法有在官网设置经销商、代理商查询栏,消费者可以通过输入经销商、代理商名称的方式自行求证;也可以通过在企业官网或旗舰店中刊载声明,告知消费者不要从明示的授权经销商、代理商以外的其他渠道购买相关产品,并表明无法对前述其他渠道的产品真实性及产品质量承担法律责任。

如上述方案操作后仍然无果,则可以选择以下方式进行维权:

1. 行政举报。权利人可以依据《商标法》第 57 条、《反不正当竞争法》第 6 条等规定,向相关市场监督管理部门举报投诉,通过行政手段达到要求问题经销商、代理商停止侵权的效果。需提示的是,通过行政举报的方式,可以引起较大的社会影响,但相关执法流程将由行政机关主导,权利人需要配合行政机关进行维权。

2. 民事诉讼。固定相关证据后,可考虑一并提起侵犯注册商标专用权及不正当竞争之诉,要求问题经销商、代理商停止侵权、消除影响并承担侵权赔偿责任。此种方式下,由于公司处于原告地位,对于整体维权方向的把控以及主动决策的制定都可以由公司自行决定,较为灵活。

无论选择哪一种方式进行维权,都应从企业的实际情况、品牌的现有知名度以及未来发展计划考虑。知识产权是企业重要的无形资产,于生产经营的每个阶段都会面临不同的问题,作出最符合企业发展的决策,是取得最佳维权效果的前提。

11 进口医疗器械的中文标签与他人注册商标冲突，是否构成侵权？

咨询问题 ▶▶

我公司考虑从德国进口医疗器械到国内，现正在申请注册相应证书，应食药监局要求，生产企业的中英文名称均已上报。但我们发现其中文名称与国内已注册商标完全一致；注册类别一致，但产品不同。而该医疗器械的德国生产商在我国未开展业务，未有工商登记，既无办事处也未进入我国市场。

请问：产品标签上坚持使用该中文会构成商标侵权吗？

律师答疑 ▶▶

随着贸易全球化、自由化的推进，商品进口已经成为一种越来越普遍的贸易方式。除了法律法规的强制性要求之外，进口商品的中文标签在商品销售以及市场积累中起到了一定的推动作用。如果外文商标所对应的中文标识在原外文商标的基础上发挥了第二印象的巩固性识别作用，即商标性作用，而该中文标识属于不同的权利人，则可能构成侵权。

一、商标检索与信息评估

企业在发现与在先权利可能引起冲突时，首先，需要分析已有的在先中文商标的权利情况。可以通过我国商标局官网公示信息系统进行检索，查询该在先权利商标目前是否处于有效注册状态。如权利状态显示存续有效，则进一步查询其被核准注册的类别及群组，是否与企业拟进口的产品属于相同或者近似的类别及群组。

其次，就在先注册商标的权利人基本信息进行检索。目的是获取该在先权利商标在获准注册后的实际使用情况，评估在先权利商标的知名度，以期考查是否存在通过合法途径清除在先权利商标的可能。在网络资讯日益发达的今天，如果在公开途径搜索不到与注册商标相关的商品信息、权利人官网、官方旗舰店、公开售卖产品等信息，则为后续可能的申请撤销商标、宣告无效的策略释放了较为有利的信号。

同时,企业还需确定拟进口的医疗器械在我国的知名度情况,分析探索是否存在被恶意抢注的可能。收集可能的证据以证明拟进口医疗器械的生产商与在先权利商标注册人可能产生交集、在先权利商标注册人可能获得相关信息。如有,同样是有利于后续探索申请宣告该注册商标无效的可能性。

二、企业名称与注册商标的侵权分析

《商标法》第58条规定:“将他人注册商标、未注册的驰名商标作为企业名称中的字号使用,误导公众,构成不正当竞争行为的,依照《中华人民共和国反不正当竞争法》处理。”

咨询问题中所涉医疗器械生产商没有在我国境内申请过企业工商登记注册,但笔者认为,“作为企业名称中的字号使用”这一行为有诸多表现形式,并不仅仅局限于将企业名称进行工商登记注册。在进口商品的中文标签中标注生产商企业名称的行为,亦符合“作为企业名称中的字号使用”这一情形。根据相关法律规定,拟进口至我国的商品,一般都必须贴有中文标签。鉴于我国境内消费者对于不同语言文字的识别认知能力不同,中文一定优于外文,换言之,汉字一定优先于字母为我国消费者所认知。本咨询问题中的产品本是以德文标注,而对德文有认知能力的相关消费者人群在现阶段的国内市场还是相对较少的。因此当对生产商的名称作出中文翻译时,以我国市场的消费者认知水平,主要还是会通过中文对生产商的身份进行认知和识别,而非通过德文。故中文标签中的中文企业译名,笔者认为属于“作为企业名称中的字号使用”的行为。

在俞某与莆田市瑞升贸易发展公司、晋江市金柏源酒业商行商标权侵权纠纷案①中,福建省高级人民法院认为,进口食品应当有中文标签、中文说明书,产品或者其包装上的标识应当包括产品名称、原产地及境内代理商名称等相关信息。被告在进口食品外包装上标注有相关中文信息的行为与相关中文注册商标构成相同或近似标识。该案中,涉案标签对于涉案产品名称的描述中含有该产品外文商标“OETTINGER”的中文译名“奥丁格”,而“奥丁格”又恰恰是他人在相同商品上的注册商标。虽然在进口啤酒产品时按照相关法律

---

① 参见福建省高级人民法院民事判决书,(2014)闽民终字第914号。

规定需加贴有关商品名称等信息内容的中文标签，但“奥丁格”并非“OETTINGER”英文商标的唯一中文译法，被告也没有提供证据证明早在“奥丁格”中文商标注册之前中国（除台湾地区）就有名称为“奥丁格啤酒”的产品在市场上进行流通。因此，被告在涉案产品标签上使用“奥丁格”文字显然有“搭便车”的故意。由于被告在其产品上不当使用“奥丁格”中文标识，易使消费者误认为该产品源于原告或与原告存在关联关系。消费者这种认识上的误差必然导致其消费选择上的被误导，这在客观上显然会挤占原告所应有的市场份额，损害原告的利益。故最终二审法院依法判定在进口商品上加贴涉案中文标签的行为构成商标侵权。

同样，在入选浙江2020年度十大知识产权司法保护案件的百威投资（中国）有限公司（以下简称百威公司）与厦门古龙进出口有限公司（以下简称古龙公司）侵害商标权纠纷案[①]中，浙江省高级人民法院经审理认为，原告百威公司通过长期诚信经营和大量宣传投入，使其酒类产品中文“科罗娜”与英文“Coronita Extra及图形”商标建立起紧密的对应关系，两者均指向同一商品来源。被告古龙公司在报关、检验检疫材料中使用“卡罗娜”作为产品中文名称和标识，破坏了“科罗娜”商标与英文“Coronita Extra及图形”商标之间的对应性，割裂了“科罗娜”商标与商品之间的对应关系，削弱了“科罗娜”商标的来源识别作用，亦使得百威公司为提高“科罗娜”商标知名度，开拓国内市场所做出的努力受到损害，妨碍了百威公司对商标权的支配，构成商标侵权。

结合上述裁判要旨，进口商品上加贴中文标签应合理避让他人注册商标专用权，如缺乏合理的理由，则会构成商标侵权。本咨询问题中外国生产商的中文译名并非只能唯一对应涉案注册商标的中文，因此如后续被追责，公司也较难就使用该两个汉字作为字号名称的原因提供强有力且合理的解释，即便提供解释，也很难为司法机关所认可并采纳。

三、律师建议

1.与外国生产商协商更换中文公司名称，选定多个备选中文译名。在经过商标初步检索后确定具体名称，确定后再就进口医疗器械注册一事向食药监局申请变更生产商名称。同时，为以后市场布局考虑，公司可以同步进行我

---

① 参见浙江省高级人民法院民事判决书，(2020)浙民终326号。

国境内的市场策划及商标注册工作。

2. 如果已经发生的费用较高、进口医疗器械注册流程已经走到后期，在不放弃已经投入的成本的前提下，公司可以对涉案在先权利商标的实际使用、宣传情况进行检索，评估是否存在商标已经注册但并未实际投入使用的情形。如有，公司可以依据《商标法》第 49 条第 2 款“注册商标成为其核定使用的商品的通用名称或者没有正当理由连续三年不使用的，任何单位或者个人可以向商标局申请撤销该注册商标”的规定向商标局提起“撤三申请”，即撤销该在先注册商标，以清除权利障碍。但是需要注意的是，“撤三申请”本身成功与否尚存在风险，如果公司提起“撤三申请”后，该被申请人提供了相应证据以证明其在近三年内存在使用该注册商标的情形，则该“撤三申请”将会被驳回。

3. 如果能有证据证明现有在先注册商标权利人系通过恶意抢注该外国生产商的名称而获得商标的核准注册，则该注册商标权利人侵犯了外国生产商的在先权利。若能提供充分的证据，申请宣告该注册商标无效的成功率将显著提高，以清除权利障碍，达到拟进口的医疗器械产品不侵权的目的。

在向我国境内进口外国产品时，由于语言文化背景的不同，经常面临产品名称等外国文字需要翻译成中文后进行销售宣传的问题。虽然表面上看这只是翻译工作，但着眼于长远而言，这是整个品牌策划的一部分。

因此，当商标注册人及许可使用人将标有该商标的商品投放市场后，产品本身与注册商标、包装装潢等多种要素发生紧密联系，并与商标权人的商誉形成了专属的对应关系。改变商标或商品的某一要素都可能导致商品差异，并且当这种差异达到一定的程度时，就可能造成消费者的混淆，并使商标所代表的商标权人的主体身份和商品特征的功能受到损害。对于任何一家企业而言，知识产权的维护和发展都不是一蹴而就，应对每一阶段的工作和计划加以重视。

12 公司字体侵权的应对策略有哪些?

咨询问题 ▶▶

我公司收到某字体公司的商洽函,说我公司的注册商标未经许可使用了他们的付费字体,要求我们支付对价,否则就要起诉我公司侵犯著作权。我公司的这几个注册商标是委托设计公司设计的,对于当时选用字体有没有付费,我公司其实并不清楚。

请问:针对此种情况,有什么好的应对方法?

律师答疑 ▶▶

随着国家法律法规对知识产权规定的日益完善,以及公民知识产权保护意识的提高,字体以及软件侵权等知识产权维权问题逐渐受到企业的关注。基于国家层面对知识产权的正向维护态度,一些权利人意图以维权之名达到商业合作的目的,发送商洽函向侵权方提出警告,往往是权利人迈出的第一步。

一、损失赔偿

《著作权法》第 54 条第 1、2、3 款规定:"侵犯著作权或者与著作权有关的权利的,侵权人应当按照权利人因此受到的实际损失或者侵权人的违法所得给予赔偿;权利人的实际损失或者侵权人的违法所得难以计算的,可以参照该权利使用费给予赔偿。对故意侵犯著作权或者与著作权有关的权利,情节严重的,可以在按照上述方法确定数额的一倍以上五倍以下给予赔偿。权利人的实际损失、侵权人的违法所得、权利使用费难以计算的,由人民法院根据侵权行为的情节,判决给予五百元以上五百万元以下的赔偿。赔偿数额还应当包括权利人为制止侵权行为所支付的合理开支。"

由此可见,对于知识产权的损失赔偿数额的确定,法院一般会根据原告方因被侵权所遭受的损失、侵权方侵权获利、法院酌情判断的顺序进行,前一种计算方式无法计算的,则依次选择后一种计算方式。笔者检索了同类案例,选取具有代表性的几个案例，如表1所示，公司可以参考以往类似情形维权获得的赔偿数额。要注意的是，侵权方的侵权规模、使用时间、正版产品的价值等亦对赔偿数额的确定有重要参考价值，如为上市公司、国有企业等规模较大的主体，则公司旗下产品种类、数量、销售范围、销售额以及企业品牌影响力均要高于案例中的被告公司。因此，如被起诉侵权，不排除诉讼中判赔数额高于案例中赔偿数额的可能性。

表1 类似情形的代表性案例

序号	案例	案情简介	赔偿数额
1	北京汉仪科印信息技术有限公司与青蛙王子(中国)日化有限公司、福建双飞日化有限公司等侵害著作权纠纷上诉案[1]	被告的注册商标标识使用了涉案字体	4.8万元+合理支出
2	河北蓝亨啤酒有限公司与北京北大方正电子有限公司、南京中央金城仓储超市有限责任公司侵害著作权纠纷案[2]	被告转让所得的注册商标标识使用了涉案字体	3万元+合理支出
3	北京北大方正电子有限公司与暴雪娱乐股份有限公司、上海第九城市信息技术有限公司、九城互动信息技术(上海)有限公司、北京情文图书有限公司侵犯著作权纠纷二审案[3]	被告游戏界面中的中文文字使用了涉案字体	200万元+合理支出

[1]参见江苏省高级人民法院民事判决书，(2012)苏知民终字第0161号。

[2]参见江苏省南京市中级人民法院民事裁定书，(2014)宁知民辖终字第14号。

[3]参见最高人民法院民事判决书，(2010)民三终字第6号。

二、应对措施

(一)一般情形

根据笔者以往服务经验，通过发送此类知识产权侵权商洽函、警告函从而达成知识产权许可、收取知识产权许可费用的目的，是这些版权方增加营业收入的主要方式之一，因此公司收到函件并不意味着事件已经定性，亦不表明函件所述即为事实，可能公司仅是其在同一时期内对外批量发出函件的收信主体之一。此类公司大部分对于知识产权的侵权取证、发函警告、起诉维权等程序已经形成一套较为成熟的“流水线”，在发函前已经进行了比较完备的证据搜集工作。

但在笔者的服务实践中，亦曾遇到发函方未经深度调查、未能确认收函方是否确实存在授权瑕疵，甚至未保留侵权证据便草率发函，省略确切的侵权行为描述，以试探对方反应的情形。针对此类侵权警告函，大部分企业普遍采用的方式是立即删除、停用侵权产品，并且消极观望对方下一步的动作。

（二）针对性意见

1. 对外消极处理

收函后，公司对外可以消极方式处理，即不做回复，等待对方的下一步动作。主要原因为：

（1）如主动进行回应，将有可能被发函方列为“活跃名单”，作为重点索赔对象进行下一步发展。

（2）若采用消极方式处理，如争议纠纷走到了诉讼程序，此时双方还可以谈判和解。同时，如果公司使用的该类宣传物料的设计工作由第三方完成，则可根据双方的合作协议，考虑针对上述赔款损失向该第三方追偿。

2. 内部开展自查

除权利人明确在商洽函中所提及的注册商标使用了侵权字体以外，包括关联公司范围内，严格审查公司官网、工作区域装饰装潢（如有）、对外文件（如有）、其他注册商标标识情况、对外宣传物料以及生产销售的产品包装中使用的字体是否存在类似侵权情况，并对公司内部是否非法安装侵权字库的行为进行排查。

3. 自查改进建议

（1）根据内部排查结果，如公司对该字体需求程度不高，笔者建议：首先，立即停止使用涉嫌侵权的产品、物品包装以及物料，包括删除相关宣传广告、停止印刷和使用带有侵权字体的宣传物料等。其次，针对使用了涉嫌侵权字体的注册商标，及时更改为免费字体重新申请注册商标，并将涉嫌侵权的注册商标申请注销。另外，《民法典》侵权责任编以及最高人民法院《关于审理侵害知识产权民事案件适用惩罚性赔偿的解释》（以下简称《知识产权惩罚性赔偿的解释》）均规定了侵害知识产权的惩罚性赔偿条款。《知识产权惩罚性赔偿的解释》第 3 条规定：“对于侵害知识产权的故意的认定，人民法院应当综合考虑被侵害知识产权客体类型、权利状态和相关产品知名度、被告与原告或者利害关系人之间的关系等因素。对于下列情形，人民法院可以初步认定被告具有侵害知识产权的故意：（一）被告经原告或者利害关系人通知、警告后，仍继续实施侵权行为的……”由此可知，被告经原告或者利害关系人通知、警告后，仍继续实施侵权行为的,法院可以初步认定被告具有侵害知识产权的故意。

因此,公司若收到商洽函务必予以重视,并针对函中所述侵权情况开展全面排查,灵活采取应对举措,及时停止涉嫌的侵权行为,避免被认定为存在侵权的故意而遭受惩罚性赔偿的后果。

(2)根据内部排查结果,如公司对该字体确实需求程度很高,付费也不失为解决方案之一。实践中,考虑诉讼成本及取证难度,对于权利人而言获得法院判决通常并非最佳方案,即便涉诉,大多情况仍可通过协商获得授权予以解决。公司如与权利人接洽谈判,请注意措辞,回避承认侵权。但需要提醒的是,联系权利人后不排除对方重点紧跟的可能性。

综上,在已经确认使用了侵权字体的前提下,笔者认为,公司首先应正视侵权行为的事实,对行为本身须有清晰的认知。然后根据经营业务上的实际需要、自身的成本、管理等因素进行综合评估,选择最为符合自身利益的应对方式。如果公司遇到了恶意或是滥用知识产权维权的情况,也无须过分紧张,侵权主张须基于事实而出,在并无侵权行为的基础上,公司应据理力争,必要时可使用法律武器维护自身的合法权益。

CHAPTER 5

第五章

公司经营与合规

1 国有企业对外借款需要关注哪些要点?

咨询问题 ▶▶

我公司为国有控股企业,拟借款给民营企业。

请问:是否可以操作?需要履行什么程序?

律师答疑 ▶▶

现实中,国有企业在资金充裕的情况下,多会考虑能否将闲余资金对外出借给其他主体。对于国有企业对外借款应作哪些重点关注,笔者通过对现行法律、法规之规定进行相应梳理,对国有企业能否进行对外借款之行为进行综合分析如下。

根据目前笔者所做相关法律检索之情况,关于国有企业是否可对外借款,法律、行政法规尚无明确规定,但多地已就地方国有企业对外借款制定了对应的地方性规定,比如《成都市市属国有企业投融资及借款和担保监督管理办法》第35条规定,“企业不得向自然人、外部非法人单位、境外企业提供借款和为其提供担保。除市政府确定的项目外,企业不得向无权属关系的法人单位、企业和组织提供借款和为其提供担保(主营业务为担保、小额贷款、典当、融资租赁等业务的企业除外)”;上海市静安区《区国资委关于规范本区区管企业对外担保、借款行为的若干意见(试行)》第8条规定,“委管企业对外担保及借款行为报区国资委审批”;中共德州市委、德州市人民政府《关于全面加强市属国有企业监管的意见(试行)》中亦明确规定,“企业间拆借资金实行限额核准,报市国资办备案。具体限额标准由市金融工作领导小组根据市属国有企业实际情况确定”。由上述规定可知,为防范企业对外借款风险、确保企业经营合规,在地方政府及有关部门有明确规定的情况下,地方国有企业对外借款应严格按照地方性国资监管规定履行相关程序。

关于企业对外借款的相关法律依据及实践问题,笔者大致归纳以下几点。

一、国有企业对外借款行为是否被法律、行政法规等所禁止

根据对《民法典》《公司法》等法律的检索,尚未发现有不允许企业间进行

资金拆借的明确禁止性规定。同时,通过对最高人民法院《关于审理民间借贷案件适用法律若干问题的规定》(以下简称《民间借贷司法解释》)及《企业国有资产法》中相关内容进行检索,也暂未见相关明确禁止性规定。但是,国资委《关于加强中央企业资金管理有关事项的补充通知》却对中央企业的资金保障、资金筹集与使用等提出了明确要求,其中第 3 条规定:"依法合规筹集和使用资金……对闲置资金运作和理财要依法合规,禁止对集团外企业拆借资金……"

笔者认为,虽然现行法律、行政法规并未就国有企业对外借款之行为作出明确禁止性规定,但不排除相关部委系统内部针对央企的流转文件(可能未对外公布)中有相关限制性、禁止性内容。

二、企业间因资金拆借而签订的《借款合同》是否有效

《贷款通则》第 21 条规定:"贷款人必须经中国人民银行批准经营贷款业务,持有中国人民银行颁发的《金融机构法人许可证》或《金融机构营业许可证》,并经工商行政管理部门核准登记。"中国人民银行《关于对企业间借贷问题的答复》规定:"根据《中华人民共和国银行管理暂行条例》第四条的规定,禁止非金融机构经营金融业务。借贷属于金融业务,因此非金融机构的企业之间不得相互借贷……因此,企业间订立的所谓借贷合同(或借款合同)是违反国家法律和政策的,应认定无效。"

但《民间借贷司法解释》第 10 条有不同规定:"法人之间、非法人组织之间以及它们相互之间为生产、经营需要订立的民间借贷合同,除存在民法典第一百四十六条、第一百五十三条、第一百五十四条以及本规定第十三条规定的情形外,当事人主张民间借贷合同有效的,人民法院应予支持。"结合《民法典》中关于合同无效的规定,笔者认为,通常情况下,若借款合同没有明显违反相关法律、行政法规规定,不应直接被认定为无效。但鉴于中国人民银行所作出的部分文件规定,不排除企业间所签订的借款合同在某些情形下存在效力风险。

三、国有企业对外借款涉及的程序

《企业国有资产法》第 30 条规定:"国家出资企业合并、分立、改制、上市,增加或者减少注册资本,发行债券,进行重大投资,为他人提供大额担保,转让重大财产,进行大额捐赠,分配利润,以及解散、申请破产等重大事项,应当遵守法律、行政法规以及企业章程的规定,不得损害出资人和债权人的权益。"第

33 条规定:“国有资本控股公司、国有资本参股公司有本法第三十条所列事项的,依照法律、行政法规以及公司章程的规定,由公司股东会、股东大会或者董事会决定。由股东会、股东大会决定的,履行出资人职责的机构委派的股东代表应当依照本法第十三条的规定行使权利。”第 34 条第 1 款规定:“重要的国有独资企业、国有独资公司、国有资本控股公司的合并、分立、解散、申请破产以及法律、行政法规和本级人民政府规定应当由履行出资人职责的机构报经本级人民政府批准的重大事项,履行出资人职责的机构在作出决定或者向其委派参加国有资本控股公司股东会会议、股东大会会议的股东代表作出指示前,应当报请本级人民政府批准。”故而,国有控股企业、国有参股企业对外借款时,应参考前述规定以及地方政府及相关部门的规定,严格履行相关决策程序,确保企业对外借款合法合规。必要时,亦可向相关部门和上级公司致函咨询。一般来说,国有独资企业由企业负责人集体讨论决定,国有独资公司由董事会决定。

四、国有企业向关联方对外借款的特殊性规定

根据《企业国有资产法》第 44 条的规定可知,国有独资企业、国有独资公司、国有资本控股公司不得无偿向关联方提供资金、商品、服务或者其他资产,不得以不公平的价格与关联方进行交易。也就是说,国有独资企业、国有独资公司、国有资本控股公司对关联方出借资金需收取相应利息。

同时,该法第 45 条规定,未经履行出资人职责的机构同意,国有独资企业、国有独资公司不得与关联方订立财产转让、借款的协议。因此国有独资企业、国有独资公司借款给关联方,除按照章程履行内部决策程序外,还应取得履行出资人职责的机构的同意。未经履行出资人职责的机构的同意,不得借款给关联方。

综上,国有企业对外借款涉及的问题比较复杂,有着较为严格的程序性、条件性要求。考虑法律本身具有概括性、普遍性等特点,以及企业性质等因素,建议对此类问题有疑问的公司可就该问题收集对应内部文件,包括但不限于本公司章程等。同时亦可从财务角度出发,综合财务核算制度规定、税务清算要求等,向负责财务审计的会计师事务所确认包括但不限于其审计标准在内的相关内容,以综合判断、慎重评估国有控股企业对外借款的合规性。

2 离职员工以公司名义订立的合同,法律责任应由谁承担?

咨询问题 ▶▶

王某自2012年入职我公司,并于2019年开始担任公司采购部负责人。2020年10月,王某因严重违反公司规章制度被公司开除。而后王某由于不满公司解聘决定,于2020年11月以公司名义与Y公司签订采购合同,并向Y公司出具了授权委托书。合同签订后,Y公司发函称货已备齐,要求公司支付提货款300万元。

请问:我公司是否会因王某的行为对Y公司承担法律责任?

律师答疑 ▶▶

由于王某在职时间已长达8年,且期间担任公司采购部负责人,公司在开除王某后未收回对其相关授权委托书,也未通知相关客户王某已无任何权限代表公司,故如无其他证据证明客户知晓王某已被开除或王某并无相关授权,法院有可能以此认定Y公司有理由相信王某与其签订合同的行为系代表公司,即王某的行为可能构成无权代理中的表见代理,Y公司有权要求公司履行该合同产生的义务并承担相应责任。公司向Y公司承担民事责任后,可以就该损失向王某追偿。

一、表见代理的构成要件

根据《民法典》第172条及相关规定,表见代理,是指行为人没有代理权、超越代理权或者代理权终止后仍实施的代理行为,如果相对人有理由相信行为人有代理权,那么被代理人即受合同的约束,相对人就可以要求被代理人承担合同中所规定的相关义务。根据前述定义可知,表见代理的构成要件主要包括以下几点:

1. 须是无权代理。代理人没有代理权、超越代理权或者代理权终止后实施的代理行为。

2. 须在代理行为外观上存在使相对人相信行为人具有代理权的理由。该要件主要包括两个方面:(1)存在外观授权,即其实施的代理行为在外观表现上有使相对人相信行为人有代理权的事实。如该无权代理人曾经拥有过代理权,或行为人持有被代理人的授权委托书、证照等文件表明其有代理权。(2)相对人对行为的代理权形成了合理信赖。如行为人实施的行为符合交易习惯等。

3. 须是相对人善意且无过失。如果相对人明知行为人为无权代理,却与其成立法律行为,属于"明知故犯",对行为后果应当自负,与被代理人无关[①]。

该要件的判断较为抽象,需根据具体案件进行判断。

根据咨询问题的公司所描述的情形,可以判定,王某以该公司名义与Y公司签订采购合同的行为已基本具备构成表见代理的外观形式。对该公司而言,如欲达到公司无须承担责任的证明目的,需根据授权委托书是否能让相对人有理由相信行为人具有代理权,或是否有其他能够证明相对人系明知或应当明知行为人已不具有代理权的相关情形,并据此进行综合分析后作出判断。

二、表见代理的举证责任及审判观点

司法实践中,对于是否构成表见代理的举证责任分配一般为:(1)由被代理人举证证明代理人确系无权代理;(2)由相对人举证证明其信赖代理人有代理权且有信赖理由;(3)由被代理人举证证明相对人主观上是否为恶意或在缔约过程中存在重大过失。故在本咨询问题中,需证明Y公司在主观上存在恶意或重大过失。

为避免扩大被代理人的责任,最高人民法院在《关于当前形势下审理民商事合同纠纷案件若干问题的指导意见的通知》中指出,要"严格认定表见代理行为",明确判断合同相对人主观上是否属于善意且无过失,应结合合同缔结与履行过程中的各种因素,综合判断合同相对人是否尽到合理注意义务,此外还要考虑合同的缔结时间、以谁的名义签字、是否盖有相关印章及印章真伪、标的物的交付方式与地点、购买的材料、租赁的器材、所借款项的用途、建筑单位是否知道项目经理的行为、是否参与合同履行等各种因素,作出综合分析判断。

在福能东方装备科技股份有限公司(以下简称福能公司)、佛山市华洋风

① 参见杨立新:《民法总则》,人民法院出版社2009年版,第430~431页。

机实业有限公司（以下简称华洋风机公司）买卖合同纠纷案[1]中，广东省佛山市中级人民法院认为，郭某东的股东身份及相关交易行为已具备了其有权代理福能公司的表象要素，即华洋风机公司有理由相信郭某东具有代理权。另外，本案并无有效充分证据显示华洋风机公司与郭某东之间存在恶意串通损害福能公司合法权益的情形，由此认为郭某东的对账所产生的法律后果亦应由福能公司承受。

在梁某与中国石化销售有限公司广东深圳东方加油站（以下简称东方加油站）买卖合同纠纷案[2]中，广东省高级人民法院认为，因陈某怀不是涉案的东方加油站的员工，即使其曾在深长实业高尔夫油站工作过，但也已在 2012 年 6 月 30 日离职（距本案一年多以前）。作为上百万元的交易，梁某从常理出发，完全应该且有条件了解交易对方的主体资格，而且其与陈某怀的交易每次均是在东方加油站外交付，此情形未引起梁某怀疑不符合常情，故本案不存在代理与被代理的关系，更不符合《民法总则》（已失效）第 172 条[3]关于表见代理规定的条件。

在《民法总则》草案中，原有关于不构成表见代理的列举的规定，第一次审议稿第 152 条有如下表述："有下列情形之一的，不适用前款规定：（一）伪造他人的公章、营业执照、合同书或者授权委托书等，假冒他人的名义实施法律行为的；（二）被代理人的公章、营业执照、合同书或者授权委托书等遗失、被盗，或者与行为人特定的职务关系已经终止，并且已经以合理方式公告或者通知，相对人应当知悉的；（三）法律规定的其他情形。"虽然前述内容最终被删除，但该条仍是司法实践中不构成表见代理的典型情形，在案件中公司仍可参照前述标准予以证明，具体可通过如下角度予以举证：（1）查实相对人收到的授权委托书是否属实，是否存在印章不实等情形；（2）相对人在签订合同时应当明知行为人不具有代理权限的相关证据，包括公司已向相对人告知行为人已不再是公司员工或其他其应当知悉的情形。

三、律师建议

司法实践中，通常下列情形易被认定为构成表见代理：（1）行为人曾作为

---

① 参见广东省佛山市中级人民法院民事判决书，（2021）粤 06 民终 8539 号。

② 参见广东省高级人民法院民事裁定书，（2018）粤民申 4005 号。

③ 参见《民法典》第 172 条。

代理人与相对人订立过合同，且订立的合同上加盖有被代理人公章或合同专用章；(2)行为人曾作为代理人与相对人订立过合同，在订立合同过程中提供了加盖有被代理人公章的授权委托书、介绍信、合同书或其他表明其具有代理权的证明文件；(3)被代理人明知或应当知晓行为人以自己名义订立合同，但未表示反对；(4)因被代理人管理制度的混乱，导致其公章、介绍信被他人借用或者冒用而订立了合同。

通过对前述情形总结可知，被认定为表见代理通常与被代理人存在过错有关，为避免公司再次出现本次咨询之问题，建议公司加强对人事、证照、授权文书等的管理，具体可通过如下方式进行：

1. 完善公司内部管理机制，建立严密的公章、合同等公司专属物品保管机制。公司证照、公章、合同章、财务专用章、法人委托书、介绍信等，是公司的重要凭证，是司法认定代理人具有代理权限的重要依据，建议公司成立专门的保管公司公章、合同的部门，建立严格的保管、携带和使用的审核登记制度，包括证照和印章的使用范围、保管制度、使用审批制度以及相应追责制度，以防因印章管理不当引发的表见代理。

2. 完善员工工作变动公示制度。员工工作变动包括在职员工职务范围变动及员工离退。其中，在职员工以公司名义在职务范围内的履职行为，属于有权代理，不是本案所涉的表见代理制度，为防止在职员工超出职务权限范围行为为公司造成损失，仍建议公司建立员工授权制度，如有必要的，也可向重要、经常合作的客户等主体通报相关员工的职权范围；对于公司员工离职或被辞退，或因发生其他情形导致该员工授权期限届满或提前取消授权的，为了避免该员工继续以原工作人员身份与客户或其他第三方往来，建议公司应当要求该员工办好交接流程，及时在公司的网站或公告栏上进行公示，如有必要，也可通过书面方式向该离职员工日常对接的供应商或客户进行通报。

3. 严格规范授权委托书的签发制度。为避免出现滥用授权书情形，建议公司尽量不出具空白授权书，做到“一事一开”，不在空白文书上加盖公章，对外出具授权委托时应明确授权的具体事项、授权的权限、时间期限等内容。

4. 公司、分公司或项目部撤销或搬迁的，为防止有人冒充原分公司或部门机构工作人员在原经营场所上进行活动而被第三人认定为表见代理而令公司蒙受损失，建议及时撤除公司相关名称及标识，并对撤销或搬迁事宜进行公告。

5. 向他人提供公司营业执照、法定代表人身份证、资质证书原件及复印件时,为防止被另作他用,建议在复印件上直接载明特定用途,借出原件的可要求对方就相关文件用途提供保证文件。

综上,根据咨询问题的公司的相关陈述,初步判断王某与 Y 公司订立合同的行为构成表见代理,但仍需公司进一步核查 Y 公司提供的相关证据是否有瑕疵或是否能够达到举证标准,同时,也可搜集其他能够证明 Y 公司在签订合同时应当明知王某不具有代理权限的相关证据。当然,公司也可评估王某与 Y 公司签订的合同履行之可能性,即是否能够做好备货或进一步与 Y 公司协商确认延迟交货等相关安排。另外,如存在相关损失的也应及时向王某追偿,以便维护好自身权利,保证公司资金不受损失。除此之外,建议公司完善相关制度,加强内部管理,以维护自身合法权益。

3 《出口管制法》的出台对于公司业务的影响有哪些?

咨询问题 ▶▶

请问:《出口管制法》的出台对公司业务有什么影响?该法律对出口的单据和合规文件保存有什么进一步的要求?

律师答疑 ▶▶

《出口管制法》已于2020年12月1日起施行。该法系统梳理了我国的出口管制制度,并对现有相对松散的出口管制法规、规章等进行了统筹协调整合,制度设计更为清晰。同时,《出口管制法》也在总结出口管制经验的基础上借鉴国际通行做法,增设了许可便利措施、管控名单制度等,完善了出口管制的管控范围,在管制物项对象范围方面独具特色地增加了"服务"的规定,同时新设规定了"对等原则"。

一、《出口管制法》对公司业务的影响

首先,《出口管制法》对于公司的影响,需要结合公司所提供的货物、技术和服务等是否属于管制物项,以及是否存在管制行为来确定。

根据《出口管制法》第2条的规定,适用《出口管制法》的管制物项可以分为两用物项、军品、核以及兜底性质的"其他与维护国家安全和利益、履行防扩散等国际义务相关的物项"几大类。每一大类中既包括有形的货物,也包括无形的技术和服务。其中,两用物项,是指既有民事用途,又有军事用途或者有助于提升军事潜力,特别是可以用于设计、开发、生产或者使用大规模杀伤性武器及其运载工具的货物、技术和服务;军品,是指用于军事目的的装备、专用生产设备以及其他相关货物、技术和服务;核,是指核材料、核设备、反应堆用非核材料以及相关技术和服务。

目前,我国针对核、生物、化学、导弹等敏感物项及军品制定了对应的出口管制清单。除《军品出口管理清单》外,其他清单所列物项被商务部和海关总署统一列入《两用物项和技术进出口许可证管理目录》,并列明了相应的海关

商品编号来进行管理。具体可结合公司日常经营的产品和提供的服务,并结合官方公布的《两用物项和技术进出口许可证管理目录》进行确认。需要关注的是,《出口管制法》中还特别强调管制物项包括物项相关的技术资料等数据,即对于与核心技术相关的源代码、算法等物项,管理部门后续在执法中会进一步解读,并在实操中确认。

其次,如果公司出口货物或服务等属于法律限定的管制物项范围,需要公司做好日常合规工作,包括相关基础交易等文件的审批和存档。

根据《出口管制法》的规定,我国对管制物项的管理方式主要为制定管制清单和管控名单,以及实施出口许可。管制清单明确了出口管制的范围,国家出口管制管理部门会同有关部门制定、调整管制物项出口管制清单,并及时公布。对于管制清单物项、临时管制物项以及可能存在以下风险的其他物项,出口经营者在出口前需要获得国家出口管制管理部门的许可:(1)危害国家安全和利益的;(2)被用于设计、开发、生产或者使用大规模杀伤性武器及其运载工具的;(3)被用于恐怖主义目的。被列入管控名单的进口商和最终用户,有关管制物项交易可能会受到禁止或限制,有关管制物项出口可能会被责令中止。列入管控名单的进口商、最终用户经采取措施,不再有上述情形的,可以向国家出口管制管理部门申请移出管控名单,国家出口管制管理部门根据实际情况决定是否移除。

《出口管制法》规定了九种出口管制违法行为,出口经营者是最主要的违法行为责任主体。在行政处罚措施上,罚款适用于全部九种出口管制违法行为,且罚款的金额较高,最高达到违法经营额的20倍,并可吊销相关管制物项出口经营资格。受到处罚的出口经营者,其违法情况将被纳入信用记录,出口管制管理部门可在五年内不受理其出口许可申请,其直接负责的主管人员和其他责任人员在五年内不得从事有关出口经营活动,因出口管制违法行为受到刑事处罚的,终身不得从事有关出口经营活动。

需要注意的是,该法具有域外管辖效力,外企在境内违反出口管制规定,或者在境外对从我国购入的受控物项实施再出口时发生违规问题,有可能被追究相关法律责任。不过,对于境外的组织或个人的具体合规义务、违法行为类型及对应处罚措施,都有待配套法规的进一步明确。

二、律师建议

笔者建议相关经营范围中涉及管控物项范围的公司做好如下工作:

1. 公司应当在了解《出口管制法》内涵和要点的基础上，结合经营物项的具体情况，探查《出口管制法》的适用性。出口经营者应关注国家出口管制管理部门发布的有关行业出口管制指南和临时管制清单，规范经营。当前阶段，我国出口管制物项和技术的范围主要在“核生化导”领域，对应领域的公司首先应该自查《出口管制法》对公司的适用性，其他领域公司的自查应从《两用物项和技术进出口许可证管理办法》入手，探查本公司进出口物项是否属于管制范围。笔者建议有其他技术进出口业务的公司密切关注我国颁布的出口管制相关实施细则或者其他规定性文件，并判断公司在技术出口的业务中是否有受管控的内容、是否需要申请出口许可证等。公司在对自身业务进行自查的时候，可综合参考《技术进出口管理条例》《中国禁止出口限制出口技术目录》等法规文件。对临时管制物项予以充分重视，提前评估其是否会对现有及未来业务或者经营战略规划等造成重大影响。

2. 不得与管控名单的实体进行交易。建议公司在订单接受和审核环节，以及管制物项出口销售环节建立相应的客户风险以及警示筛查制度，提前对相关风险进行预判。必要时，事先向国家出口管制部门进行咨询或者提出申请。

3. 检查管理漏洞，评估违规风险，建设出口管制内控机制。按照《出口管制法》的要求，公司可以从物项管制清单、出口许可证申领、最终用户和最终用途管理、管控名单管理、出口国最终用户用途的尽职调查等方面，检查自身的合规风险点，制定风险管理措施。

公司应依据相关法律规定制定出口业务相关的风险管控措施，建立出口管制内部合规制度，以便在未来获得出口管制管理部门给予的通用许可等便利措施，加速供应链的循环。《出口管制法》第 5 条第 4 款规定，国家出口管制管理部门适时发布有关行业出口管制指南，引导出口经营者建立健全出口管制内部合规制度，规范经营。同时，《出口管制法》第 14 条规定，出口经营者建立出口管制内部合规制度，且运行情况良好的，国家出口管制管理部门可以对其出口有关管制物项给予通用许可等便利措施。据此，建立健全合规体系不仅利于公司规避风险，更能帮助公司在出口贸易上节省时间和金钱成本，在激烈竞争的外贸市场中抢占先机。

在出口管制内部合规中，公司应注意将《出口管制法》的各项要求逐一落实到业务运营的各相关环节中，实现全流程管制。不仅在出口环节，更要在业务开展的全流程进行合规审查。例如,业务流程前期的出口经营资格申请方面,业务流程中期物项的出口管制管辖权的判断,出口许可证申请制度等方面。此外,在管制物项出口后也要对其最终用户和最终用途进行管制,以防止其被未经许可的主体获得或者被用于未经许可的用途。在《出口管制法》出台后,对最终用户和最终用途的管控是公司出口管制内部合规制度的重要关注点。

4. 通过"对等原则"提前预判风险,制定应对预案。关注我国与其他国家交流的国际环境及趋势,预判我国可能采取的出口管制措施。例如,结合"中美贸易摩擦"的背景,与中美两国存在紧密贸易关系的公司,应当高度关注我国采取"对等原则"的风险,提前制定应对预案。

5. 加强公司内部出口管制合规的培训和宣传,组建相关合规团队。同时,积极寻求出口管制合规专业团队协助,提高公司合规管理和风险识别水平。随着《出口管制法》的施行,有关的规定和指导案例会随着出口管制体系的完善而产生,所以,公司需要对此领域的相关规定和案例予以特别关注。公司应当针对《出口管制法》及其配套法规展开定期培训,对相关业务人员进行指导和教育。在《出口管制法》颁布后,出口管制管理部门会有更大的执法权限,执法范围将更加全面,涉及公司运营中的多个部门和多个环节,如采购、生产、研发、市场销售、物流、财务等,对违法行为的处罚也会更加严格。公司应当避免出现自身员工因为不熟悉新出台的法规而违反法律规定,从而承担严重经济损失的情况。

4 政府采购中相应处罚情形中的“较大数额罚款”如何认定?

咨询问题 ▶▶

2017 年 9 月,我公司曾收到某质监局作出的行政处罚决定书,我公司被处罚款 5 万余元。2020 年上半年,我公司在参与某财政局的采购活动时被举报,举报人认为前述罚款属于相关法律、法规中规定的“较大数额的罚款”,依据相关规定认为我公司有重大违法记录。财政局亦认为,根据当年被罚款的事实,依据当年的相关规定确属重大违法,由此认定我公司在本次投标中提供的“过去三年无重大违法记录”系虚假承诺。

请问:我公司是否有合理理由可以向财政局作出有效说明,保证顺利参与本次招采活动?

律师答疑 ▶▶

《政府采购法》第 22 条第 1 款第 5 项规定,供应商参加政府采购活动应当具备“参加政府采购活动前三年内,在经营活动中没有重大违法记录”的条件。尽管《政府采购法实施条例》对“重大违法记录”进行了解释,但实践中对此问题一直存在争议。

通常情况下,“重大违法记录”可分为刑事处罚记录和行政处罚记录,即刑事处罚与责令停产停业、吊销许可证或者营业执照、较大数额罚款的行政处罚均应属“重大违法记录”。

上述咨询问题,涉及“重大违法记录”项下“较大数额罚款”如何进行量化的问题。笔者通过对相关法律、法规等检索,作出如下分析意见。

一、相关法律、法规等废止、修改的情况说明

本咨询问题中公司被处罚时,根据《质量技术监督行政处罚程序规定》(国家质量监督检验检疫总局令第 137 号)第 33 条的规定:“质量技术监督部门拟作出以下行政处罚决定之一的,应当告知当事人有要求举行听证的权利。自告知次日起算,当事人享有在 3 日内提出听证申请的权利:(一)责令停产停业

的;(二)吊销质量技术监督部门核发的许可证的;(三)处以较大数额罚款的。前款(三)项规定的较大数额罚款的标准,按照地方性法规、地方政府规章等有关规范性文件的规定执行。地方性法规、地方政府规章等有关规范性文件未做规定的,较大数额罚款的标准为3万元以上(含3万元)。"《北京市行政处罚听证程序实施办法》(北京市人民政府令[96]年第14号)第2条第1款规定:"本市各级行政机关(含经依法授权或者受委托的行政执法组织,下同)对当事人依法作出责令停产停业、吊销许可证或者执照、对公民处以超过1000元的罚款,对法人或者其它组织处以超过30000元的罚款,以及市人民政府规定的其它行政处罚决定前,当事人要求举行听证的,依照行政处罚法和本办法执行。"可知,依照当时的规定,3万元以上(含3万元)即应被认定为"较大数额罚款"。但《质量技术监督行政处罚程序规定》已于2018年废止,《北京市行政处罚听证程序实施办法》则分别于2018年、2021年进行了修改。

与此同时,《市场监督管理行政处罚听证办法》①第5条第1款第3项作出了规定,市场监督管理部门作出对自然人处以1万元以上、对法人或者其他组织处以10万元以上罚款的行政处罚决定之前,应当告知当事人有要求举行听证的权利。

通常情况下,如何界定"较大数额罚款"可借鉴《行政处罚法》的规定。根据《行政处罚法》第63条的规定,行政机关作出较大数额罚款等行政处罚决定之前,应当告知当事人有要求举行听证的权利,也可以理解为,一旦针对罚款数额当事人有要求举行听证的权利,即可认定为"较大数额罚款",这一认定方法已基本成为行业共识。

换言之,如果处罚机关在处罚决定之前告知供应商有要求举行听证的权利,则属于较大数额的罚款;如果没有告知,则应当根据罚款所依据的具体部门或地方相关规定,进行综合判断。

除此之外,《北京市行政处罚听证程序实施办法》(2018年修正)第2条规定:"经立案调查,当事人涉嫌违法的行为可能面临责令停产停业、吊销许可证或者执照、较大数额罚款等行政处罚的,行政机关(含经依法授权或者受委托的行政执法组织,下同)应当在案件调查终结前告知当事人有要求举行听证的

① 由于该咨询问题发生在2020年,故而援引《市场监督管理行政处罚听证暂行办法》。目前该暂行办法已被2021年7月15日起生效的《市场监督管理行政处罚听证办法》所取代。但两者在第5条款上的规定无实质性变化。

权利。当事人要求举行听证的,依照行政处罚法和本办法执行。前款所称较大数额罚款由市级行政机关确定,并报市政府法制机构备案。”该文件中也未再对较大数额作出具体的示明。

综上,结合现行规定的相关内容,可以推断出“对法人或其他组织处以十万元以上罚款”更符合“较大数额罚款”的认定。

二、新旧法律、法规等的适用问题分析

《立法法》第 93 条规定:“法律、行政法规、地方性法规、自治条例和单行条例、规章不溯及既往,但为了更好地保护公民、法人和其他组织的权利和利益而作的特别规定除外。”

其中,法的溯及力是关于法是否有溯及既往的效力的问题。法对它生效前所发生的事件和行为是否适用的问题,如果适用,即为有溯及力;如果不适用,即为没有溯及力。法作为社会的行为规范,它通过对违反者的惩戒来促使人们遵守执行,人们之所以对自己的违法行为承担不利后果,接受惩戒,就是因为事先已经知道或者应当知道哪些行为是法律允许的,哪些行为是法律不允许的,法律对人们的行为起指导和警示作用。不能要求人们遵守还没有制定出来的法律,法只对其生效后的人们的行为起规范作用。

如果允许法具有溯及力,行为人就无法知道自己的何种行为将要受到惩罚,故而“法不溯及既往”是一项基本的法治原则。在我国,无论是法律、行政法规、地方性法规、自治条例、单行条例还是规章,无论其效力等级是高还是低,都没有溯及既往的效力。

但是,任何原则都是相对的。对于法不溯及既往原则来说,从轻是例外,即当新的法律规定减轻行为人的责任或增加公民的权利时,作为法律不溯及既往原则的一种例外,新法可以溯及既往。因此,为了更好地保护公民、法人和其他组织的权利和利益,法律规范可以有溯及力。

基于此,考虑上文中提及的《质量技术监督行政处罚程序规定》已废止,《北京市行政处罚听证程序实施办法》已修改之情况,结合《市场监督管理行政处罚听证暂行办法》及《北京市行政处罚听证程序实施办法》(2018 年修正)的规定,公司或可尝试以适用新法的理由和现行新法的规定两方面向受理投诉的机关重申己方主张,即 2017 年所受 5 万元的行政罚款已经不构成现行法律、法规意义上的关于“较大数额罚款”的认定,进而强调并未违反《政府采购法》

第22条第1款第5项“参加政府采购活动前三年内，在经营活动中没有重大违法记录”的规定，同时亦不构成《政府采购法实施条例》第19条关于上述《政府采购法》中“重大违法记录”（指供应商因违法经营受到刑事处罚或者责令停产停业、吊销许可证或者执照、较大数额罚款等行政处罚）的认定。

诚实信用是政府采购活动的基本原则之一。在政府采购活动中，对参与政府采购活动的供应商进行守信激励、失信约束，对降低市场运行成本、改善营商环境、高效开展市场经济活动具有重要作用。但是，现有法律、法规等的规定并不完全清晰，“较大数额罚款”的判定还有待政府采购活动的充分实践和司法机关的裁判检验。

在社会信用体系之下，企业在面临可能受到重大行政处罚时，首先，应积极配合相关行政机关的执法，以合法方式争取不予处罚或者减轻处罚的处理结果，积极与执法机构进行沟通，提交相关材料，争取不予处罚的处理结果；其次，以程序性救济方式为己方争取有利结果，包括但不限于申请听证、启动行政复议、行政诉讼等救济方式；最后，对于错误或失效信息还应进行及时纠正或删除，通过包括但不限于信用核查、提交信用报告等方式完成信用整改，以避免对己方开展对外经营活动造成障碍。

5 公司应用程序收集使用个人信息的界限在哪里？

咨询问题 ▶▶

智能手机正在快速改变着中国人群的生活方式，企业应用程序（App）作为一种新式的营销手段，逐渐为大众消费者所接受，我公司也打算整合用户需求，上线App应用。

请问，公司通过App向客户提供服务或推广产品时，可以收集哪些个人信息？获取收集个人信息的界限怎么把握？

律师答疑 ▶▶

随着电子商务的发展，越来越多的公司通过自身的App推广产品、提供服务，并通过个人信息的获取开展定制化业务。各类App为消费者带来便利的同时，其中涉及的个人信息安全保护问题也逐步凸显。针对公司通过App非法获取、超范围收集、过度索权等侵害个人信息的现象，国家互联网信息办公室（以下简称网信办）依据相关法律在持续性对公众大量使用的App进行检测督查和通报。

《个人信息保护法》作为我国针对个人信息保护的专门立法，已于2021年11月1日起正式施行。结合《民法典》《网络安全法》《数据安全法》等法律和有关法规，我国在深化和进一步完善个人数据保护立法方面迈出了重要一步。相关法律法规的配套实施和清单式的规制思路，对公司App的业务运营、日常管理和相关个人信息处理提出了诸多细化的义务要求。其中，立法明确的必要原则设定了公司通过App收集个人信息的界限，需要相关公司给予高度关注。

一、App应用非必要收集使用个人信息的突出问题

根据网信办针对人民群众反映强烈的App非法获取、超范围收集、过度索权等侵害个人信息现象的逐次通报，依据《网络安全法》《数据安全法》《个人信息保护法》《App违法违规收集使用个人信息行为认定方法》《常见类型移动

互联网应用程序必要个人信息范围规定》等法律和有关规定，公众日常使用的实用工具类、网上购物类、学习教育类、电子图书类、婚恋相亲类、求职招聘类、生活服务类、网络游戏类、投资理财类、网络借贷类、问诊挂号类、用车服务类等诸多App存在非必要、超范围收集使用个人信息的问题，主要体现为以下方面：

(1)设定用户安装使用App必须授权采集特定个人信息，否则无法使用；

(2)App用户协议设定默认捆绑和不合理的免责条款等；

(3)超过自身业务的必要范围收集与功能无关的个人信息，非必要且不规范采集个人面部、声纹、指纹等生物特征信息；

(4)后台强制获取或频繁提示索要与功能无关的权限，如定位、麦克风、相机、发送通知，后台启动、关联启动获取上传个人存储信息、录音、拍照等敏感权限等。

二、App收集使用个人信息的基本界限要求

根据《个人信息保护法》第5条和第6条、《网络安全法》第41条与《民法典》第1035条等的规定，收集处理个人信息，应当遵循合法、正当、必要原则，应当限于实现处理目的的最小范围，不得超出必要范围过度获取和处理个人信息。

《信息安全技术 个人信息安全规范》(GB/T 35273—2020)中明确了个人信息安全的最小必要原则，即个人信息主体明确授权同意且所需的最少个人信息类型和数量。该规范针对企业应用程序运营者就个人信息的获取，明确从以下角度考虑收集、使用的界限：

(1)所要收集的个人信息须与实现产品或服务的业务功能有直接关联；

(2)采集个人信息的频率是实现产品或服务的业务功能所必需的最低频率；

(3)间接获取个人信息的数量应是实现产品或服务的业务功能所必需的最少数量。

根据《App违法违规收集使用个人信息行为认定方法》《网络安全标准实践指南——移动互联网应用程序(App)收集使用个人信息自评估指南》《网络安全标准实践指南——移动互联网应用程序(App)个人信息安全防范指引(征求意见稿)》等的规定，公司通过App收集和使用个人信息不违反必要性

原则须遵循的基本要求包括如下几个方面：

（1）不应收集与业务功能无直接关联的个人信息，即产品或服务的功能必需收集必要个人信息才能实现；

（2）不应以非正当合理的方式强迫捆绑和收集用户个人信息，如因用户不同意收集非必要个人信息或打开非必要权限，App 就拒绝提供业务功能；

（3）用户可选择拒绝 App 收集非必要个人信息或后台打开非必要的个人信息开放权限；

（4）收集个人信息的频度不应超出 App 相关业务功能实际需要。

国家互联网信息办公室、工业和信息化部、公安部、国家市场监督管理总局联合制定发布的《常见类型移动互联网应用程序必要个人信息范围规定》（国信办秘字〔2021〕14 号）第 3 条明确，必要个人信息，是指保障 App 基本功能服务正常运行所必需的个人信息，缺少该信息 App 即无法实现基本功能服务。具体是指消费侧用户个人信息，不包括服务供给侧用户个人信息。明确 App 运营者不得因用户不同意收集非必要个人信息，而拒绝用户使用 App 基本功能服务。并且，针对地图导航类、网络约车类、即时通信类、网络社区类、网络支付类、网上购物类、餐饮外卖类、邮件快件寄递类、交通票务类、婚恋相亲类、求职招聘类、网络借贷类、房屋租售类、二手车交易类、问诊挂号类、旅游服务类、酒店服务类、网络游戏类、学习教育类、本地生活类、女性健康类、用车服务类、投资理财类、手机银行类、邮箱云盘类、远程会议类、网络直播类、在线影音类、短视频类、新闻资讯类、运动健身类、浏览器类、输入法类、安全管理类、电子图书类、拍摄美化类、应用商店类、实用工具类、演出票务类共 39 类常见类型 App 的基本功能服务进行了明确，并就各类型 App 基本服务内容所需的必要个人信息范围进行了列举明晰。该规定第 6 条同时明确，任何组织和个人发现违反本规定行为的，可以向相关部门举报。相关部门收到举报后，应当依法予以处理。

除上述法律法规之外，尚在征求意见中的《信息安全技术 移动互联网应用（App）收集个人信息基本规范》将会对 App 收集个人信息时应满足的基本要求作出更为详尽的要求和规定，就各类型 App 能够收集的个人信息的范围和界限将会以清单的方式进行列举和具体限制。

三、公司 App 避免超越界限收集使用个人信息的合规建议

目前，针对我国诸多公司的 App 非必要、过度获取收集个人信息的诸多问

题，网信办等相关主管机关在加大监管力度。同时，随着用户对于个人信息安全意识和权利意识的提升，相关 App 如无法保证用户个人信息获取的界限和安全性，用户有权在发现相关问题后积极向相关部门进行投诉。

综合相关立法和执法动态，企业在使用应用程序（App）推广商品或提供服务等业务活动过程中，可参考以下相关建议避免超越必要范围收集使用的个人信息的风险：

1. 明确公司自身 App 基本业务功能和所必要的个人信息类型，避免超范围收集、使用与提供业务无直接性关联的个人信息；

2. 非相关业务功能所必需，不频繁提示用户开放个人信息授权权限、不滥用录音、拍照等敏感权限等；

3. 定期对照相关指引、标准核查 App 有无超出必要性收集使用个人信息的问题，并积极进行规范；

4. 时时关注和更新 App 方面的法律法规、相关部门监管动态和相关领域的特殊要求，及时调整 App 收集使用个人信息相应的操作规程。

由于网络数据除了一般个人信息外，还包括特定身份、医疗健康、金融账户、行踪轨迹等敏感个人信息，一旦泄露或者被非法使用容易导致自然人的人格尊严受到侵害或者人身、财产安全受到危害，风险较高。随着 App 应用日益成熟，相关公司应满足用户对个人信息安全的高度需要，保证所提供的 App 对于个人信息的获取和收集在法定界限内且安全，不会肆意收集个人信息。把握收集、获取相关个人信息的界限，成为一个安全的、受信任的 App，会让用户更加愿意使用并进行交互，公司也会因此而长久获益。

6 化妆品代加工及备案主体不一致，如何把控法律风险？

咨询问题 ▶▶

我公司是化妆品生产和贸易厂商，现打算委托上海某具有资质的A公司进行化妆品代加工，实际加工由上海另外一家公司B进行，化妆品备案仍用A公司名义。

请问：如此操作是否存在相关法律风险？请提供建议。

律师答疑 ▶▶

随着化妆品行业法律法规的不断完善，化妆品代加工公司在日常经营中，常面临诸如字号滥用、产品未备案、知识产权侵权、环保责任、安全生产责任、劳动人事纠纷以及各种刑事法律方面的风险。公司一旦触碰这些法律风险，不可避免地会产生很多直接和间接损失。

根据原国家食品药品监督管理总局《关于调整化妆品注册备案管理有关事宜的通告》的规定，委托生产的化妆品，委托双方应当分别向所在地行政区域内的省级食品药品监管部门报送备案信息。境外企业委托国内公司生产的产品及国内公司生产的仅供出口的产品，由实际生产企业向所在地行政区域内的省级食品药品监管部门报送备案信息。因此，化妆品代工公司生产委托方的产品，需承担一定的备案义务，即向所在地行政区域内的省级食品药品监管部门报送备案信息。若未进行备案，则存在相应的法律风险，化妆品代加工公司需要防范该类“雷区”。

一、化妆品的标签标注

《化妆品标识管理规定》第9条规定：“化妆品标识应当标注生产者的名称和地址。生产者名称和地址应当是依法登记注册、能承担产品质量责任的生产者的名称、地址。有下列情形之一的，生产者的名称、地址按照下列规定予以标注：(一)依法独立承担法律责任的集团公司或者其子公司，应当标注各自的名称和地址；(二)依法不能独立承担法律责任的集团公司的分公司或者集团公司的生产基地,可以标注集团公司和分公司(生产基地)的名称、地址,也可以仅标注集团公司的名称、地址;(三)实施委托生产加工的化妆品,委托企业具有其委托加工的化妆品生产许可证的,应当标注委托企业的名称、地址和被委托企业的名称,或者仅标注委托企业的名称和地址;委托企业不具有其委托加工化妆品生产许可证的,应当标注委托企业的名称、地址和被委托企业的名称;(四)分装化妆品应当分别标注实际生产加工企业的名称和分装者的名称及地址,并注明分装字样。"

原国家食品药品监督管理总局《关于规范化妆品注册及备案申报有关事宜的通告》第 2 条亦规定:"办理国产化妆品注册时,企业名称及地址栏按如下要求填写:属于自主生产的,企业名称及地址栏填写《化妆品生产许可证》中载明的'名称'及'住所'信息,'住所'与'生产地址'不一致的,应在备注栏中填写具体的实际生产场所地址信息。属于委托生产的,企业名称及地址栏填写申请人营业执照中对应的名称及地址信息。实际生产企业名称及地址信息填写《化妆品生产许可证》中载明的'名称'及'生产地址'信息,涉及多个生产地址的,填写实际生产场所地址信息。"

从上述法律法规可知,要求化妆品标注生产者,是要明确生产者自身承担的质量责任,如存在两家受托公司,则必然涉及至少两个生产场地,应当按照要求进行备案。

二、化妆品备案、行政许可法律规定和责任

笔者通过检索相关法律法规,对不同种类化妆品未履行备案、行政许可的相关规定进行了归纳总结,参见表 1。

表 1　化妆品未履行备案、行政许可相关规定

化妆品种类		备案	行政许可	未履行的行政责任
国产	特殊用途		取得批准文号后方可生产	没收产品及违法所得,处违法所得 3 ~5 倍的罚款,并且可以责令该企业停产或者吊销化妆品生产许可证
	非特殊用途	上市前备案,未经备案不得销售		处以警告的处罚,并可同时责令其限期改正。发现违法的,依法立案查处,并在产品备案信息相关栏目予以标注

续表

化妆品种类		备案	行政许可	未履行的行政责任
进口	特殊用途	应当在进口前向国务院药品监督部门备案	特殊化妆品经国务院药品监管部门注册后方可进口；经检疫检验合格，方可销售、使用	进口未经注册的特殊化妆品，化妆品货值金额不足1万元的，并处5万元以上15万元以下罚款；货值金额1万元以上的，并处货值金额15倍以上30倍以下罚款；情节严重的，责令停产停业、由备案部门取消备案或者由原发证部门吊销化妆品许可证件，10年内不予办理其提出的化妆品备案或者受理其提出的化妆品行政许可申请，对违法单位的法定代表人或者主要负责人、直接负责的主管人员和其他直接责任人员处以其上一年度从本单位取得收入的3倍以上5倍以下罚款，终身禁止其从事化妆品生产经营活动；构成犯罪的，依法追究刑事责任
	非特殊用途		经检疫检验合格，方可销售、使用	进口未备案的普通化妆品，化妆品货值金额不足1万元的，并处1万元以上3万元以下罚款；货值金额1万元以上的，并处货值金额3倍以上10倍以下罚款；情节严重的，责令停产停业、由备案部门取消备案或者由原发证部门吊销化妆品许可证件，对违法单位的法定代表人或者主要负责人、直接负责的主管人员和其他直接责任人员处以其上一年度从本单位取得收入的1倍以上2倍以下罚款，5年内禁止其从事化妆品生产经营活动

生产销售应当备案而未备案的化妆品，将面临警告、行政罚款等行政处罚。根据原国家食品药品监督管理总局《关于调整化妆品注册备案管理有关事宜的通告》中列明的《国产非特殊用途化妆品备案要求》的规定，国产非特殊用途化妆品生产企业应当在产品上市前，对产品信息进行网上备案，未经备案不得销售。未按要求履行国产非特殊用途化妆品上市前产品信息报备义务的，依照《化妆品卫生监督条例实施细则》（已失效）第45条相关规定处理，即被处以警告的处罚，并可同时被责令限期改进。生产特殊用途的化妆品，还要必须经国务院卫生行政部门（现为国务院药品监督管理部门）批准，取得批准文号后方可生产。根据《化妆品监督管理条例》的规定，生产经营未经注册的特殊化妆品，由负责药品监督管理的部门没收违法所得、违法生产经营的化妆品和专门用于违法生产经营的原料、包装材料、工具、设备等物品；违法生产经营的化妆品货值金额不足1万元的，并处5万元以上15万元以下罚款；货值金额1万元以上的，并处货值金额15倍以上30倍以下罚款；情节严重的，责令停

产停业、由备案部门取消备案或者由原发证部门吊销化妆品许可证件，10 年内不予办理其提出的化妆品备案或者受理其提出的化妆品行政许可申请，对违法单位的法定代表人或者主要负责人、直接负责的主管人员和其他直接责任人员处以其上一年度从本单位取得收入的 3 倍以上 5 倍以下罚款，终身禁止其从事化妆品生产经营活动；构成犯罪的，依法追究刑事责任。

根据《进出口化妆品检验检疫监督管理办法》《化妆品监督管理条例》的规定，进口未备案的普通化妆品，由负责药品监管的部门没收违法所得、违法生产经营的化妆品，并可以没收专门用于违法生产经营的原料、包装材料、工具、设备等物品；违法生产经营的化妆品货值金额不足 1 万元的，并处 1 万元以上 3 万元以下罚款；货值金额 1 万元以上的，并处货值金额 3 倍以上 10 倍以下罚款；情节严重的，责令停产停业、由备案部门取消备案或者由原发证部门吊销化妆品许可证件，对违法单位的法定代表人或者主要负责人、直接负责的主管人员和其他直接责任人员处以其上一年度从本单位取得收入的 1 倍以上 2 倍以下罚款，5 年内禁止其从事化妆品生产经营活动。对于进口未经注册的特殊化妆品，相关法律责任类同于上述生产经营未经注册的特殊化妆品。

如果应当备案而未备案的化妆品最终销售至消费者，生产者、销售者有可能面临惩罚性赔偿。根据最高人民法院《关于审理食品药品纠纷案件适用法律若干问题的规定》第 15 条和第 17 条第 1 款的规定，生产不符合安全标准的化妆品或者销售明知是不符合安全标准的化妆品，消费者除要求赔偿损失外，还可以向生产者、销售者主张赔偿金或者依照法律规定的其他赔偿标准要求赔偿。实务中已有案例认定未经备案、未获得相关生产批号等化妆品为不符合安全标准的化妆品，即应当备案而未经备案属于认定不符合安全标准的化妆品的因素。

三、产品质量责任

根据咨询问题所知的信息，一旦该化妆品发生质量问题，上海 A 公司将承担生产者责任。但如果上海 A 公司以“仅从事灌装工作，不涉及产品配方的生产加工，实际生产者应当为上海 B 公司”进行抗辩，则其可能会：

1. 因未标注实际生产者，被认定为属于伪造产品产地、伪造或者冒用他人厂名、厂址,受到行政处罚。①

2. 因销售该等化妆品,被认定为销售明知是不符合安全标准的化妆品,受到行政处罚并面临消费者的索赔。②

四、律师建议

在委托生产化妆品的法律关系中,委托方与受托方均有备案义务。任意一方未尽备案义务,产品也会因为备案信息不全,不能上市销售。化妆品代加工公司若未能履行备案义务、完成备案手续、取得相应凭证的,不但影响资金流转,还可能产生来自委托生产方的违约风险。因此,双方在签订合同时,一方面,需要关注未能及时、顺利完成备案手续情形时的约定,如因为政策变化、第三方责任、不可抗力等因素导致不能及时完成备案手续,负有备案义务一方可以约定在上述情形下享有一定的责任豁免。另一方面,双方在签订委托生产合同时,必须厘清备案责任,具体说明双方各自的备案义务,合同中避免“双方共同完成备案”等含糊的措辞。

另外,应当备案而未经备案的化妆品若流入市场,相关方即使没有过错,其也可能面临惩罚性赔偿的风险。对于非因化妆品代加工公司自身的责任而导致未备案的化妆品流入市场的情形,化妆品代加工公司在相关的合同中务必规避这种情形下责任的最终承担。一旦被认定需要承担惩罚性赔偿,委托方应向责任方及时追偿。

---

① 参见余姚市市场监督管理局行政处罚决定书,余市监处〔2017〕22 号。

② 参见浙江省杭州市中级人民法院民事判决书,(2020)浙 01 民终 2730 号。

7 公司印章使用不当的法律风险有哪些?

咨询问题 ▶▶

A公司拟向我公司采购四台设备,但因合同条款等原因,A公司要求《销售合同》只盖其公司采购专用章,合同中两台设备所对应的货款A公司已经全款汇入我公司账户。

请问:对于我公司来说这种做法是否存在风险?

律师答疑 ▶▶

关于公司印章使用问题,从提高合同规范性及交易安全的角度,笔者认为,根据咨询问题中《销售合同》"本合同一式两份,甲、乙双方各执一份;本合同自双方的法定代表人或授权代表签章之日起生效"的约定可知,该条款已经明确约定了合同生效的条件,即盖章和签字(法定代表人/授权代表)。因此,建议合同双方严格按照合同已有约定履行盖章及签字流程。关于采购专用章的使用及效力问题,笔者认为,采购专用章一般属于公司自行刻制的业务章,主要在公司内部使用,不当加盖可能会导致合同效力风险。但是,根据咨询问题可知,A公司已将其中两台设备的款项全部汇入合同相对方账户,参照《民法典》第490条第1款"当事人采用合同书形式订立合同的,自当事人均签名、盖章或者按指印时合同成立。在签名、盖章或者按指印之前,当事人一方已经履行主要义务,对方接受时,该合同成立"的规定,双方之间的合同已经成立,并对双方产生法律约束力。

综上,咨询问题的交易中关于用章部分的风险基本可控。在《销售合同》已经加盖了采购专用章的前提下,从保证己方交易安全的角度考虑,可再要求A公司法定代表人/授权代表(需有A公司出具的对应授权委托书)进行同步签字或争取补盖A公司公章/合同专用章以进一步巩固和加强前述合同效力。

公司印章的正确使用是合同管理及风险把控中非常重要的一个环节。针对如何准确使用公司各类印章,笔者作出如下分析意见。

一、公司印章的种类及用途

1. 公章。公章是公司处理内外部事务的印章，根据《关于进一步优化企业开办服务的通知》的规定，企业通过一网通办平台申请刻制公章。除法律有特殊规定外，公司对外的正式信函、文件等一旦使用公章即具有了相应的法律效力。同时，最高人民法院《关于在审理经济纠纷案件中涉及经济犯罪嫌疑若干问题的规定》第 6 条对于公章使用中，因管理疏漏等引发公司风险的情形作出了比较明确的规定："企业承包、租赁经营合同期满后，企业按规定办理了企业法定代表人的变更登记，而企业法人未采取有效措施收回其公章、业务介绍信、盖有公章的空白合同书，或者没有及时采取措施通知相对人，致原企业承包人、租赁人得以用原承包、租赁企业的名义签订经济合同，骗取财物占为己有构成犯罪的，该企业对被害人的经济损失，依法应当承担赔偿责任。但是，原承包人、承租人利用擅自保留的公章、业务介绍信、盖有公章的空白合同书以原承包、租赁企业的名义签订经济合同，骗取财物占为己有构成犯罪的，企业一般不承担民事责任。单位聘用的人员被解聘后，或者受单位委托保管公章的人员被解除委托后，单位未及时收回其公章，行为人擅自利用保留的原单位公章签订经济合同，骗取财物占为己有构成犯罪，如给被害人造成经济损失的，单位应当承担赔偿责任。"

2. 合同专用章。合同专用章通常在公司签订合同时进行加盖，对于合同当事人来说，合同上加盖合同专用章，即表明双方当事人对订立合同的要约、承诺阶段的完成，以及对双方权利、义务的确认，各方应当基于合同约定行使权利、履行义务。

3. 财务专用章。财务专用章用于公司内部的现金、银行收付业务（内部借款、往来结算），公司对外的现金、银行收付业务（预留银行印章、支票、汇票、业务委托书等）以及其他外部业务（工商部门备案等用途）等。

4. 法定代表人名章。法定代表人名章一般是指企业法定代表人的人名签章。该印章主要用于公司决议，以及银行事务办理等。

5. 发票专用章。发票专用章主要系公司开具发票时使用，其专用性在以下规定中均有所体现：《发票管理办法》第 22 条规定，"开具发票应当按照规定的时限、顺序、栏目，全部联次一次性如实开具，并加盖发票专用章"；《发票管理办法实施细则》第 28 条规定，"单位和个人在开具发票时，必须做到按照号码顺序填开，填写项目齐全，内容真实，字迹清楚，全部联次一次打印，内容完全一致，并在发票联和抵扣联加盖发票专用章”。

除此之外，公司自行刻制的其他业务章主要在公司内部使用，如档案专用章、招标业务专用章、投标业务专用章等，加盖行为仅是对事实部分的确认。如果不当加盖，则可能会引发合同效力风险。因此，需要根据具体情况采取补救手段，以加强合同效力。

二、公司印章使用不当的常见情形

因公司经营管理需要在文件上加盖公章是公章的正常使用，属于公司意思表示的行为，产生的法律后果由公司承担，而与公章的具体使用人无关。同时，若因公司决议失误在相关文件上加盖公章的，并不影响文件的有效性。但公司可以依据章程等内部管理制度向对决议负有责任的高管人员追究责任。实践中，公司对公章管理不善导致的不当使用的常见情形如下：

1. 借用行为。借用公司的合同专用章或者盖有公司公章的空白合同书，以公司名义签订合同给对方造成损失的，公司应承担赔偿责任。但有证据证明他人明知签订合同时对方当事人是借用行为，仍与之签订合同的除外。

2. 盗窃、盗用行为。盗窃、盗用公司公章、盖有公章的空白合同书，或私刻公司公章签订合同，公司有明显过错，且该过错行为与他人的经济损失之间有因果关系的，公司对该经济损失应当承担赔偿责任，否则，公司不承担责任。

3. 滞后管理行为。公司已经按规定办理了法定代表人的变更登记，但未采取有效措施收回其持有的公章、盖有公章的空白合同书，导致他人经济损失的，应承担赔偿责任。

三、电子签章的可靠性判断

实践中，已经有越来越多的企业通过网站签订电子合同，并直接生成电子签章。此类合同并无法定代表人或授权代表签名，那么对于电子签章的合同，如何判断其效力？

《电子签名法》第 3 条规定：“民事活动中的合同或者其他文件、单证等文书，当事人可以约定使用或者不使用电子签名、数据电文。当事人约定使用电子签名、数据电文的文书，不得仅因为其采用电子签名、数据电文的形式而否定其法律效力……”因此，在法律层面上，电子签名或签章的合同是具有法律效力的。

由此，引申出另一个问题，如何判断电子签章的可靠性？

《电子签名法》第13条规定："电子签名同时符合下列条件的，视为可靠的电子签名：（一）电子签名制作数据用于电子签名时，属于电子签名人专有；（二）签署时电子签名制作数据仅由电子签名人控制；（三）签署后对电子签名的任何改动能够被发现；（四）签署后对数据电文内容和形式的任何改动能够被发现。当事人也可以选择使用符合其约定的可靠条件的电子签名。"第14条规定："可靠的电子签名与手写签名或者盖章具有同等的法律效力。"通常情况下，合同签章一般只能做到形式审查，而对公章真伪进行实质性判断需要专业的司法鉴定。因此，《电子签名法》第16条规定："电子签名需要第三方认证的，由依法设立的电子认证服务提供者提供认证服务。"第28条规定："电子签名人或者电子签名依赖方因依据电子认证服务提供者提供的电子签名认证服务从事民事活动遭受损失，电子认证服务提供者不能证明自己无过错的，承担赔偿责任。"

因此，建议在面对电子签名时，审核该电子签名是否具有第三方认证服务出具的签名证书，并于工信部网站查询该认证机构是否已备案审批，以此判断该电子签名的可靠性。

四、合同倒签

实践中，类似咨询问题中先付款后签章的情况，即合同倒签的情况时有发生。根据《民法典》的规定，通常只要倒签日期的合同是真实意思表示并且没有违反法律法规的效力性强制规定，应当认定为有效。

签章形成时间关系合同成立、生效的起始点，合同倒签行为实际上存在较大的法律风险。原因在于，在正式签订合同之前实际上并不存在书面合同，双方的权利、义务没有通过书面形式确定下来，若在补签合同之前发生争议，可能会因缺乏明确条款而导致守约方因对方违约行为受损的维权困难。

综上，笔者建议公司务必注意针对印章的不同用途进行准确使用。公司内部应当建立比较完善的印章管理体系，制定包括但不限于印章保管、使用管理办法等相关文件并严格执行，以规范用章制度和用章流程，降低不当用章可能带来的潜在风险。

8 担任公司法定代表人负有哪些法律责任?

咨询问题 ▶▶

我公司为化工领域的外商独资企业,现准备任命外籍人士担任中国区公司法定代表人。公司需要对该外籍人士担任中国区公司法定代表人的相关法律责任进行事先培训和告知。

请问:综合行业规范和我国法律规定,公司法定代表人有哪些法律责任?

律师答疑 ▶▶

法定代表人,是指依照法律或公司章程规定,代表法人行使民事权利并履行民事义务的主要负责人。一般来说,法定代表人在经营中的行为由其代表的公司来承担责任,但在特定情形下,法定代表人本人亦须承担相应的法律责任。《刑法》等法律规定的"主要负责人"或"直接责任人"通常指的便是法定代表人。

一、履职过程中的民事责任和刑事责任风险

根据《公司法》等相关规定,具有民事行为能力、无较大数额且未予清偿的个人债务、未因特定经济类犯罪正在被追究责任或刑罚执行满一定期限的自然人才能担任法定代表人。

首先,法定代表人须依照法律或者公司章程的规定代表公司从事民事活动。如果公司超出经营范围从事非法经营,或者向政府机关隐瞒真实情况、弄虚作假,抽逃资金、隐匿财产以逃避债务,依法终止法人资格时擅自处理财产,不及时申请办理变更登记和公告使利害关系人遭受重大损失,以及从事法律禁止的其他活动损害国家利益或者社会公共利益的,除公司承担责任外,法定代表人可以被处1万以上10万元以下的罚款,情节严重构成犯罪的,依法追究刑事责任。

其次,法定代表人对公司负有忠实义务和勤勉义务。法定代表人不得滥用职权收受贿赂、侵占公司财产、挪用公司资金等;不得违反公司章程或未经

股东会、董事会同意将公司资金借贷给他人或为他人提供担保、利用职务便利自营或为他人经营与所任职公司同类的业务，以及为自己或者他人谋取属于私利或商业机会等，存在上述情形所得收入归公司所有。

综上所述，法定代表人需要承担责任的主要风险来源为超越职权或经营管理过错导致的民事赔偿责任和滥用职权便利而引发的潜在的刑事责任风险。

1. 民事责任方面。法定代表人超越权限订立合同，相对方不知道或不可能知道其超越权限的，该合同有效，如表见代理行为。但如果因此给公司造成损失，公司可以向法定代表人要求民事赔偿。另外，若公司与法定代表人为进一步约定法定代表人的权利义务，签订经营管理合同，法定代表人没有尽到相应义务的需承担违约责任。除上述外，如法定代表人单独或与其他人损害公司利益的，公司可要求其承担民事侵权赔偿责任。

2. 刑事责任方面。法定代表人滥用职权收受贿赂，或为了公司利益向国家机关工作人员或相关单位行贿，将触犯非国家工作人员受贿罪和对非国家工作人员行贿罪等。结合处罚案例，商务活动中的金钱给付，赠送礼品、购物卡、加油卡或者提供旅游等均为常见的贿赂方式。同时，需要提示的是，商业贿赂是全球各个国家打击的违法行为，依据贿赂行为的相对方的性质，存在同时触犯包括我国《刑法》、美国《反海外腐败法案》和英国《反贿赂法》等规定而被多重处罚的风险。

二、基于公司经营范围和特殊监管要求需要承担的安全生产责任

我国对矿山企业、建筑施工企业和危险化学品、烟花爆竹、民用爆炸物品生产企业实行安全生产许可制度。根据《安全生产法》《环境保护法》《水污染防治法》《刑法》等相关规定，相关企业法定代表人须全面负责本单位经营过程中的安全生产工作、危险化学品安全管理、消防和环境资源保护等。

（一）主要负责人对本单位的安全生产工作全面负责

主要负责人负责组织制定本单位安全生产规章制度和操作规程、安全生产教育和培训计划以及生产安全事故应急救援预案，保证安全生产所必需的资金投入和有效实施，督促检查本单位的安全生产工作并及时消除生产安全事故隐患，以及及时且如实报告生产安全事故。同时，危险物品的生产、经营、储存单位主要负责人和安全生产管理人员必须按照规定考核合格，对从业人员、被派遣劳动者以及实习生进行安全生产教育和培训，按照规定如实告知有

关的安全生产事项，如实记录安全生产教育和培训情况，将事故隐患排查治理情况如实记录或者向从业人员通报，定期组织演练，确保特种作业人员按照规定经专门的安全作业培训并取得相应资格上岗作业。

生产经营单位的法定代表人未履行安全生产管理职责的，相关政府部门责令限期改正；逾期未改正的，处1万元以上5万元以下的罚款，责令生产经营单位停产停业整顿。如果法定代表人未能履行职责而发生重大伤亡事故或者造成其他严重后果的，依照刑法有关规定追究刑事责任，将面临3年以下有期徒刑或者拘役；情节特别恶劣的，处3年以上7年以下有期徒刑。同时，负有安全生产监督管理职责的部门根据事故等级一般、较大、重大或特别重大处以年收入30%～80%的罚款。

如果发生生产安全事故后，法定代表人不立即组织事故抢救、迟报或漏报事故，或在事故调查处理期间擅离职守，将被处以年收入的40%～80%的罚款。如果存在伪造、故意破坏事故现场，转移、隐匿资金、财产，销毁有关证据、资料，拒绝接受调查，拒绝提供有关情况和资料，在事故调查中作伪证，指使他人作伪证，谎报、瞒报事故，事故发生后逃匿的，将被处年收入80%～100%的罚款。

（二）主要负责人对本单位的危险化学品安全管理工作全面负责

发生危险化学品事故，事故单位主要负责人应当立即按照本单位危险化学品应急预案组织救援，并向当地负有安全生产监督管理职责的部门和环境保护、公安、卫生主管部门报告；主要负责人不立即组织救援或者不立即向有关部门报告的，将被处以年收入40%～80%的罚款；如果构成犯罪的，依法追究刑事责任。发生危险化学品事故造成他人人身伤害或者财产损失的，依法承担赔偿责任。

（三）主要负责人是本单位的消防安全责任人

主要负责人负责制定本单位的消防安全制度、操作规程，制定灭火和应急疏散预案；按照国家标准、行业标准配置消防设施、器材，设置消防安全标志，并定期组织检验、维修；确保对建筑消防设施每年进行全面检测，检测记录应存档备查；保障疏散通道、安全出口、消防车通道畅通，保证防火防烟分区、防火间距符合消防技术标准；组织防火检查，及时消除火灾隐患；组织进行有针对性的消防演练；其他消防安全职责。违反消防管理法规，经消防监督机构通知采取改正措施而拒绝执行，造成严重后果的，对直接责任人员处3年以下有期徒刑或者拘役；后果特别严重的，处3年以上7年以下有期徒刑。

（四）主要负责人是本单位的环境资源保护的安全责任人

建设项目未依法进行环境影响评价，违反法律规定未取得排污许可证排放污染物，通过暗管、渗井、渗坑、灌注或者篡改、伪造监测数据，或者不正常运行防治污染设施等逃避监管的方式违法排放污染物，尚不构成犯罪的，公安机关对直接责任人员处10日以上15日以下拘留，情节较轻的，处5日以上10日以下拘留。企业事业单位违反法律规定造成水污染事故的，除依法承担赔偿责任外，对直接负责的主管人员和其他直接责任人员可以处上年收入50%以下的罚款。

需要注意的是，根据法律规定，事故发生企业的法定代表人受到刑事处罚或者撤职处分的，自刑罚执行完毕或者受处分之日起5年内不得担任任何生产经营单位的主要负责人。

三、基于公司金融问题需要承担的民事责任和行政限制

根据最高人民法院的意见，法定代表人以个人名义与出借人签订民间借贷合同，所借款项用于公司生产经营，出借人请求公司与个人共同承担责任的，人民法院应予支持。

我国境内的外国法人独资企业应按照规定缴纳税款，如公司欠缴税款，法定代表人在出境前应当让公司向税务机关结清应纳税款、滞纳金或者提供担保。未结清税款、滞纳金，又不提供担保的，税务机关可以通知出境管理机关阻止其出境。

四、基于劳动用工管理可能产生的民事、行政责任和拒付员工工资的刑事责任

（一）民事责任方面

根据《劳动合同法》的规定，公司基于劳动合同对员工承担用工单位责任。员工依据劳动合同享有权利，履行责任。同时，用人单位变更法定代表人等事项，不影响公司与员工之间劳动合同的履行。法定代表人在履行职责范围内因自己的过失造成员工人身损害或财产损失的，公司对员工赔偿后有权向有过错的法定代表人进行追偿。

（二）行政责任方面

生产经营单位与从业人员订立协议，免除或者减轻其对从业人员因生产

安全事故伤亡依法应承担的责任的，该协议无效；对主要负责人处2万元以上10万元以下的罚款。

（三）刑事责任方面

一方面，针对员工职业病防范，违反法律规定造成重大职业病危害事故或者其他严重后果，构成犯罪的，对直接负责的主管人员和其他直接责任人员依法追究刑事责任。另一方面，针对员工工资支付，单位以转移财产、逃匿等方法逃避支付员工的劳动报酬或者有能力支付而不支付且数额较大，经政府有关部门责令支付仍不支付的，对单位判处罚金，并对其法定代表人等直接负责人员处3年以下有期徒刑或者拘役，并处或者单处罚金；造成严重后果的，处3年以上7年以下有期徒刑，并处罚金。尚未造成严重后果，在提起公诉前支付员工的劳动报酬，并依法承担相应赔偿责任的，可以减轻或者免除处罚。

五、公司市场和客户管理开拓中的民事责任和刑事责任

（一）民事责任方面

根据相关规定，法定代表人对外签署合同等代表行为通常由公司承担后果，除非交易相对方知道或有证据证明其应知道法定代表人超越权限行使责任而被认定无效。法定代表人履职过程中造成其他公司或客户损害且存在过错的，公司对外承担民事责任后有权向法定代表人追偿。

（二）刑事责任方面

需要特别注意的是，法定代表人作为公司事务的直接责任人对“单位犯罪”事项需要承担刑事责任。主要涉及生产、销售伪劣商品类犯罪、走私类犯罪、商业贿赂类犯罪和非法经营类犯罪等罪名：

1. 公司生产销售伪劣产品造成严重损害的，构成单位犯罪，同时追究直接负责的主管人员和其他直接责任人员的刑事责任，刑罚最重至死刑。在“三鹿奶粉”事件中，董事长兼总经理田某华作为单位负责人被处无期徒刑。

2. 公司为拓展市场或争取机会，向国家机关工作人员或相关单位行贿，或法定代表人滥用职权收受贿赂。此部分责任在上述履职过程中的民事责任和刑事责任风险中已有叙述。

3. 法定代表人涉及走私普通货物、物品罪的案例比较常见，最长刑期可达10年以上有期徒刑。

六、公司无良好履约或偿债能力时可能会受到的司法限制

公司如果未根据生效裁判文书在指定期间及时履行义务，根据《民事诉讼法》规定，权利人可申请对其法定代表人限制出境和限制高消费。负责执行的法院根据申请经审查后出具限制出境令或限制消费令，通知有关单位配合执行。申请执行人有权要求对负债公司法定代表人限制出境和限制高消费直至被执行公司履行完毕生效法律文书确定的债务。

在被采取限制消费措施后，公司法定代表人出行不得选择飞机、列车软卧、乘坐G字头动车组列车全部座位、其他动车组列车一等以上座位、轮船二等以上舱位，不得在星级以上宾馆、酒店、夜总会、高尔夫球场等场所进行高消费，不得购买不动产或者新建、扩建、高档装修房屋，不得租赁高档写字楼、宾馆、公寓等场所办公，不得购买非经营必需车辆，不得旅游、度假，其子女不得就读高收费私立学校，不得支付高额保费购买保险理财产品等高消费及非生活和工作必需的消费行为。如果在限制高消费期间违反列举规定并经法院查证属实，可对被限制的法定代表人予以罚款、拘留，情节严重的追究刑事责任。

随着我国征信系统的不断完善，我国法院对于裁判文书的执行力度将不断加强，因法定代表人系公司相关债务履行的直接责任人，也将因公司的履约和偿债能力受到影响。

综上，法定代表人对公司的运营管理负有直接责任，由此也将面临特定情形下的民事、行政和刑事风险。结合公司的经营范围、运营当中涉及的相关义务和上述相关规定，只有最大限度保证公司运营依法合规，才能避免给公司运营管理负有直接责任的法定代表人造成法律风险。为此，笔者建议如下：

1. 法定代表人依照法律或者公司章程的规定行使职权，全面负责公司运营和生产，对公司履行勤勉忠实义务。

2. 重视安全生产责任，依照相关部门的要求和标准，对公司经营过程中的安全生产工作、危险化学品安全管理、消防和环境资源保护等落实责任制，专人负责，定期监管，确保相关培训和监管常态化。

3. 针对大型项目、新领域业务的开展，公司应事先咨询律师等相关专业人士寻求风险评估意见，同时垂询政府相关部门确认相关审批程序、监管要求和责任。

4. 规范公司业务操作规程，重视企业合规建设，提高员工安全、业务素养，

加强反商业贿赂、反垄断等法律法规等方面的培训，提升部门、员工的责任意识和风险意识，最大限度地使公司的经营合规化。

5. 遵守契约精神诚信经营，积极履行依法纳税等义务。同时，积极理性应对政府相关部门的调查，及时复盘涉诉案件等争议性事项，针对生效法律文书确定的义务及时履行，以免给法定代表人带来不便和影响。

9 公司如何防范垄断风险?

咨询问题 ▶▶

我公司在相关区域内占有一定市场体量,也通常会给经销商转售提供销售价格建议,我公司担心在具体业务中存在垄断风险。

请问:对于业务中垄断协议的认定,法律是如何规定的?又该如何防范?

律师答疑 ▶▶

垄断协议的审查及风险规避是企业反垄断合规业务的重中之重。《反垄断法》相关章节明确规定企业不得达成垄断协议。国家市场监督管理总局发布的《禁止垄断协议暂行规定》,也从诸多方面对预防和制止垄断协议作出了具体规定。垄断协议,是指排除、限制竞争的协议、决定或者其他协同行为。通常垄断协议又可根据协议各方在产业链和交易中的关系,分为横向垄断协议和纵向垄断协议两类。结合2022年8月1日施行的新修正的《反垄断法》,相关认定标准和风险防范建议如下:

一、横向垄断协议

(一)横向垄断协议的认定标准

具有竞争关系的经营者之间所达成的垄断协议,一般被称为横向垄断协议。根据《反垄断法》的规定,典型的横向垄断协议通常表现为:(1)固定或者变更商品价格。(2)限制商品的生产数量或者销售数量。(3)分割销售市场或者原材料采购市场。(4)限制购买新技术、新设备或者限制开发新技术、新产品。(5)联合抵制交易。(6)国务院反垄断执法机构认定的其他垄断协议。

横向垄断协议通常具有严重的排除或限制竞争的效果,因此,其一直是反垄断执法所关注的重点。随着《反垄断法》的不断完善,可以预见的是,经营者之间所达成和实施的垄断协议的隐蔽性将越来越强。

(二)横向垄断协议的风险防范

实践中,比较常见的横向垄断协议有:约定同步涨价或降价、最低或最高限价、统一价格或价格计算公式等行为。随着人工智能技术的发展，采取相同的自动定价算法也可能被认定为达成横向垄断协议的表现形式之一。从横向垄断协议的表现形式来看，结合现行法规及过往案例，在商品或者服务价格方面，企业应注意避免与竞争对手达成下列协议：

(1)固定或者变更价格水平、价格变动幅度、利润水平或者折扣、手续费等其他费用。

(2)约定采用据以计算价格的标准公式。

(3)限制参与协议的经营者的自主定价权。

(4)通过其他方式固定或者变更价格。

随着信息交流渠道多样性的发展，信息交流的形式已不再重要，经营者之间一旦通过任何方式交换价格等敏感信息，即可能被视作协议的达成。为了避免被认定为签订横向垄断协议，并防止遭受行政处罚的后果，企业应当特别注意与同行竞争者之间举行的定期或不定期的行业会议、邮件往来和微信交流等，对与同行竞争者交流行业内产品价格信息的情况保持高度警惕。对于经营过程中掌握到的竞争对手在行业内产品或服务的价格信息，要尽量进行脱敏处理，避免其中涉及敏感信息，同时明确限制交换信息的用途和接触的人员范围。

二、纵向垄断协议

(一)纵向垄断协议的认定标准

企业与交易相对人达成的排除或限制竞争的协议称为纵向垄断协议。根据《反垄断法》的相关规定，典型的纵向垄断协议通常表现为：(1)固定向第三人转售商品的价格水平、价格变动幅度、利润水平或者折扣、手续费等其他费用(以下简称固定转售价格)。(2)通过限定价格变动幅度、利润水平或折扣、手续费等其他费用限定向第三人转售商品的最低价格(以下简称限定最低转售价格)。(3)通过其他方式固定转售商品价格或者限定转售商品最低价格。

2019 年 12 月，江苏省市场监督管理局公布了丰田汽车(中国)投资有限公司(以下简称丰田汽车)达成并实施纵向垄断协议的违法行为①，并对其进行处罚。执法机构主要基于丰田汽车区域销售经理通过召开经销商会议、巡店、微信通知等方式，要求江苏省内经销商在互联网平台(汽车之家、易车网)销售雷

① 参见江苏省市场监督管理局行政处罚决定书，苏市监反垄断案〔2019〕1 号。

克萨斯汽车时，统一按照各车型建议零售价进行报价，经销商不得擅自降低网络报价的行为，认定丰田汽车与交易相对方（经销商）之间达成了纵向垄断协议。

《反垄断法》明确禁止企业与交易相对人达成固定转售价格或者限定最低转售价格的纵向垄断协议，企业应当对这条“红线”时刻保持警惕。在企业日常经营中，最为常见的纵向协议就是品牌商与经销商之间的协议。如果该等协议中存在直接或间接固定转售价格（如直接约定下游经营者向消费者转售商品时应按照规定的价格进行销售或规定下游经营者的利润率）或限定最低转售价格的约定（如约定下游经营者向消费者转售商品时应以不低于×元的价格进行销售），则大概率可能被认定为达成纵向垄断协议。

需要注意的是，固定或限制交易相对方的转售价格可能构成纵向垄断协议，但纵向垄断协议并不限于价格方面。如果与交易相对方达成有关地域限制和客户限制、独家采购/销售安排，也可能构成纵向垄断协议。当然，更多的情况是，垄断协议中同时包含了价格限制和非价格限制的安排。

在东莞市横沥国昌电器商店与东莞市晟世欣兴格力贸易有限公司（以下简称晟世公司）纵向垄断协议纠纷案①中，广东省高级人民法院认定，晟世公司限制最低转售价格行为并不构成《反垄断法》所禁止的垄断协议。其审理思路体现了个案中要对具体竞争状况进行分析，如果证明存在排除限制竞争的效果，才认为构成纵向垄断协议。正如该案审理思路中对“证明是否具有排除、限制竞争效果”重要性的肯定，2022 年 8 月 1 日修正的《反垄断法》第 18 条中新增了纵向垄断协议项下的两种“豁免”情形，即专门明确了对于固定转售价格和限定最低转售价格的协议，如果经营者能够证明其不具有排除、限制竞争效果，以及能够证明市场份额低于国务院反垄断执法机构规定的标准及其他条件的，将不予禁止。这相当于肯定了在分析转售价格固定或限制的问题时，应采用合理性分析的思路。上游企业为保留其对产品价格的控制权，对销售其产品的下游企业提出的价格限制要求，将不再会被视为本身违法。实际上，从经济分析角度，转售价格固定或限制并不仅带来负面效应，其利弊后果并不明确，且当协议各方规模较小时，可能产生的竞争效果也会很小。由此可见，对于此类协议不应一概而论，而应秉承合理性原则，具体问题具体分析，将执法成本集中到更需要重视的案件中。

---

① 参见广东省高级人民法院民事判决书，(2016)粤民终 1771 号。

回顾对纵向垄断协议的既往行政处罚案件，执法机构往往在认定存在2008年《反垄断法》第14条规定的行为要件后，即认定构成被禁止的纵向垄断协议，只有在符合2008年《反垄断法》第15条规定的一系列条件后才可以被豁免，也就是通常说的"禁止加豁免"原则。同时也可看到执法机构对排除、限制品牌间竞争的效果有过不同程度的提及，一定程度上与司法实践进行了融合。在新修订的《反垄断法》新增两种"豁免"情形的背景下，相应执法机关在后续执法实践中，能更精准地筛选出被禁止的纵向垄断协议，优化反垄断执法效率和执法效果。

（二）纵向垄断协议的风险防范

随着近年来反垄断执法力度的不断加大，纵向垄断协议的合规风险获得更多的关注。为避免因达成纵向垄断协议受到行政处罚，企业应注意以下问题：

1. 避免以"建议价格"为名的限价行为

直接限制经销商的转售价格固然违反反垄断法，但某些间接管理价格的行为也有可能构成违法，例如，通过实施价格监测，对不遵守建议价的经销商取消返利、拒绝供货或提前解除授权协议等。实践中，企业在协议中约定转售产品的"建议价格"，同时采取措施诱导或强迫经销商遵循该价格，也会因其排除和限制竞争的实质效果而构成违法。

因此，企业在制定政策、签订协议以及后续推进项目时，应当避免以任何形式（包括通过销售人员口头告知）强制经销商遵守其提供的建议价格，也不应将经销商是否采用建议价格纳入商业往来的衡量因素。

2. 避免非价格纵向限制

虽然我国目前尚无认定纵向非价格限制单独构成垄断协议的执法案例，但从2019年1月4日国务院反垄断委员会发布的《关于汽车业的反垄断指南》相关规定到国家发展和改革委员会对美敦力（上海）管理有限公司价格垄断案进行处罚①等案例，都可以看出我国反垄断执法机构对非价格纵向限制的反竞争效果的关注。

可以预见，随着《反垄断法》的修改完善，我国反垄断法的实施将步入一个越发成熟的阶段，企业将面临更为复杂、更为专业的反垄断合规挑战。企业反垄断合规建设正当其时，只有合规管理与业务发展齐头并驱，企业才能在高效多样化发展过程中稳步前行，规避法律风险。

---

① 参见国家发展和改革委员会行政处罚决定书[2016]8号。

10 公司如何管控员工的舞弊行为?

咨询问题 ▶▶

近期,我公司因某员工报销差旅费用提交的发票问题而被税务稽查,在配合税务机关核查过程中,我公司内部同步进行了相关的财务审计调查,结果发现在一定阶段内存在诸多员工提交假发票、连号发票,多张定额抵充发票,以及虚构工作安排但提交没有实际消费的发票申请报销等情形。

请问:对此类情况,公司应如何进行处理?

律师答疑 ▶▶

一、员工舞弊行为及影响

员工舞弊,一般是指公司内部人员采用欺骗、滥用权利等违法、违规手段,为企业、自己或他人谋取不正当利益的行为。公司的日常管理中呈现的员工舞弊形式多种多样,常见的手段包括:(1)内部员工伪造因公支出费用或提交虚假单据,套取公司补贴或报销。(2)员工收取供应商等第三方贿赂,为其交换或谋得交易机会。(3)内部员工伙同第三方通过虚构交易、虚增交易金额等,套取公司利益。(4)内部高级管理人员利用其实际控制公司进行资本运作。(5)内部人员利用职务便利谋取或侵占公司利益等。

员工舞弊行为不仅会给公司带来实际利益的损失,例如,侵害公司资产导致公司资产流失,最终利润减少、亏损等,也会直接导致公司商誉受损、扰乱公司决策、管理秩序,造成公司经营秩序混乱等。如果是上市公司,情况严重者可能也会直接导致公司股价市值下跌,使公司整体价值遭受重大影响。

二、员工虚假报销舞弊行为的处理

首先,就尚在进行当中的税务机关稽查活动,建议公司应税务机关要求积极配合提交相关材料并做出说明。其次,针对员工虚假报销的舞弊行为,需要明确具体类型和相关责任,从而制定调查策略进行内部调查,进一步整肃员工

报销行为并完善相关制度，实现合规管理。

（一）相关人员行为属于员工舞弊当中的虚假报销

虚假报销属于公司内控合规常见的员工舞弊行为之一，是员工侵犯公司财产类型的舞弊行为。对此，还需结合虚假报销的类型和可能涉及的责任，进行及时处理和日常风险管控。

（二）员工虚假报销的常见类型

1. 提交假发票或涂改发票

提供假发票或涂改发票金额报销相关费用的，属于典型的虚假报销行为，财务部门作为关键屏障，应就相关人员提交发票进行核查，如相关人员无法对存在问题的发票作出合理解释，亦无法提供有效证据证明，提供假发票或涂改发票的行为属于缺乏诚信、违背职业道德的行为，不能因数额大小而改变其行为的性质，可结合公司相关规定确认是否属于严重违纪行为，根据劳动合同约定及内部规章制度对相关员工进行处理。

2. 提交无法就消费内容和发票开具做出合理解释的连号发票

如员工在向公司提交的申请报销出租车车费汇总中，存在同一天乘坐同一辆出租车、连续多日乘坐同一辆出租车，以及不同日期乘坐的出租车发票连号等情形，或同日内针对同一家餐厅开具了连号的高额多张发票，相关情形有违常理，与真实客观事实不符，该部分费用报销如无法提供合理解释或相关佐证，很大程度上构成虚假报销行为。

3. 虚构工作安排而产生的报销

出差途中，非因工作安排，绕道前往另一城市旅游却以公务名义报销，或不属于工作安排而在工程报告中和报销过路费、餐费的票据中，谎称和编造回程日期等。

（三）员工虚假报销的司法认定

司法机关审查虚假报销的主要立足点在于相关消费是否为履行工作职责或安排的工作任务产生，且是否存在实际消费。并非为履行工作职务产生的消费，如购买购物卡、虚构工作安排、无法做出合理解释的其他消费等，一般会被认定为个人消费，对此提交公司予以报销的显属非公虚假报销。假发票、涂改发票、连号发票、明显不合理且无法证实产生实际消费的发票，因没有实际消费，显然属于虚假报销。

值得注意的是，在相关虚假报销款项的调查或追责过程中，员工常以公司内部通过审批作为抗辩理由。对此，相关判例中法院认为，对于经过领导或公司内部相关部门审核，甚至已经报销入账的报销，只要用人单位发现报销的发票所记载消费事项、金额是不真实的，均有权根据提交报销人的情节轻重，并依据相关规定作出处理。但是，针对实际因公司事务消费产生的报销，即使存在形式上的瑕疵，比如开票与消费存在时间差、发票类目不准确、替票冲账以及因员工工作疏忽重复报销等，若用人单位对此予以审批或者在日常操作规程中默认，一般不会被认定为虚假报销。

总而言之，司法机关判定员工是否属于虚假报销，采取"实质审查为主，合理怀疑推定为辅"的思路。对于并未实际消费或属个人消费的报销，司法机关会尽可能查清相关事实，做出合理判定。在无法查清事实时，用人单位应对其怀疑提供初步证据佐证，而员工应对该怀疑作出合理解释，司法机关再结合高度盖然性的法律事实推定规则，做出最终的判定。

（四）虚假报销的法律责任

用人单位与员工之间时常因员工虚假报销而发生劳动争议。若发生严重损害公司利益的情况，公司可以以员工严重违反用人单位的规章制度等要求解除劳动合同。除劳动争议纠纷，员工可能还会因其虚假报销的手段而涉嫌购买伪造的增值税专用发票罪、持有伪造的发票罪、职务侵占罪、诈骗罪等刑事犯罪。

1. 购买伪造的增值税专用发票罪

针对购买发票类犯罪，《刑法》第 208 条规定了非法购买增值税专用发票、购买伪造的增值税专用发票罪，结合最高人民检察院、公安部《关于公安机关管辖的刑事案件立案追诉标准的规定（二）》第 60 条"非法购买增值税专用发票或者购买伪造的增值税专用发票二十份以上且票面税额在十万元以上的，应予立案追诉"的规定，当员工从他人处购买了 20 份以上且票面税额在 10 万元以上的伪造的增值税专用发票时，其即可能涉嫌购买伪造的增值税专用发票罪。

2. 持有伪造的发票罪

《刑法》第 210 条之一规定了行为人明知是伪造的发票而持有，数量较大的，构成持有伪造的发票罪。当员工持有伪造的增值税专用发票或者增值税普通发票的份数及票面税额达到该罪的立案追诉标准时，其仍有可能构成持有伪造发票罪。最高人民检察院、公安部《关于公安机关管辖的刑事案件立案追诉标准的规定(二)的补充规定》第3条的规定,明确了明知是伪造的发票而持有应予立案追诉的具体标准。

3.诈骗罪

《刑法》第266条规定,诈骗公私财物,数额较大的,构成诈骗罪。员工依照规章制度提交相应的报销凭证,其报销行为利用了工作便利,如果利用虚假的发票或者他人的发票,虚构报销事项进行报销的,可能涉嫌诈骗罪。

4.职务侵占罪

《刑法》第271条第1款规定,公司、企业或者其他单位的工作人员,利用职务上的便利,将本单位财物非法占为己有,数额较大的,构成职务侵占罪。行为人利用伪造的发票或者他人的发票进行报销是否属于"利用职务上的便利",即因在本单位具有一定的职务所产生的方便条件,如管理、保管、经手本单位财物的便利等的,需要综合考量实施虚假报销员工的职权范围是否包含经手公司报销开支等便利条件予以判断。

在实际案例中,普遍存在相关报销员工与审批部门人员通谋,将虚假的发票用以公司差旅报销,将公司财物非法占为己有的情况。此时,普通员工与财务人员构成职务侵占罪的共同犯罪。根据最高人民法院、最高人民检察院《关于办理贪污贿赂刑事案件适用法律若干问题的解释》的规定,职务侵占罪中的"数额较大""数额巨大"的数额起点,按照该解释关于受贿罪、贪污罪相对应的数额标准规定的二倍、五倍执行。而该司法解释第1条明确,贪污受贿数额明确在3万元以上不满20万元,为"数额较大"情形。贪污或者受贿数额在20万元以上不满300万元的,为"数额巨大"情形。因此,在认定行为人是否构成职务侵占罪时,应当关注其犯罪数额是否已达到6万元。

综上,建议公司针对具体员工报销中的问题及时进行证据搜集,可根据相关文件和证据及时安排员工约谈,结合公司内部规章制度进行处理。如涉及刑事犯罪的,可及时移交公安机关进行处理。

11 销售返利模式中的法律风险如何防范?

咨询问题 ▶▶

我公司在经销模式项下,针对经销商采取销售返利、返点模式。

请问:此种模式下可能存在的法律风险有哪些? 有哪些防范措施?

律师答疑 ▶▶

经销商返利、返点模式虽能够激发下游经销商或者下游客户的购买积极性,但此种模式也存在一定的法律风险。

一、销售返利、返点的相关法律规定和商业贿赂风险

根据《反不正当竞争法》和原国家工商行政管理局《关于禁止商业贿赂行为的暂行规定》(以下简称《商业贿赂暂行规定》)的规定,销售返利是一种合法的商业促销方式,属于折扣的一种表现形式,即支付价款总额后再按一定比例予以退还。但销售返利必须满足《反不正当竞争法》和《商业贿赂暂行规定》关于明示、入账的要求,否则按回扣处理。

根据国家税务总局《关于纳税人折扣折让行为开具红字增值税专用发票问题的通知》的规定,“纳税人销售货物并向购买方开具增值税专用发票后,由于购货方在一定时期内累计购买货物达到一定数量,或者由于市场价格下降等原因,销货方给予购货方相应的价格优惠或补偿等折扣、折让行为,销货方可按现行《增值税专用发票使用规定》的有关规定开具红字增值税专用发票”。

根据《增值税专用发票使用规定》的规定,开具红字增值税专用发票需要由购货方向主管税务机关提出申请。主管税务机关审查通过后,向购货方出具开具红字增值税专用发票通知单(以下简称红字发票通知单)。红字发票通知单为一式三联,第一联由主管税务机关留存,第二联由购货方转交销货方留存,第三联由购货方自行留存。销货方收到红字发票通知单第二联后,才能据此向购货方开具红字增值税专用发票,并冲抵销项。购买方取得销售方开具的红字增值税专用发票以后,应当与其留存的红字发票通知单第三联一并

入账。

尽管随着增值税发票电子化的发展,线上开具红字增值税专用发票已相对简便,但在实务中,许多企业都因为下游客户不配合、开票手续烦琐、开票周期长等原因,为图便利而使用“变通手段”规避红字增值税专用发票的使用。但如果在财务上处理不当,这些所谓的“变通手段”就有可能触发商业贿赂风险。

二、销售返利、返点与商业贿赂的对比分析

(一)商业贿赂的内涵及法律依据

《商业贿赂暂行规定》第 2 条规定:“……商业贿赂,是指经营者为销售或者购买商品而采用财物或者其他手段贿赂对方单位或者个人的行为。前款所称财物,是指现金和实物,包括经营者为销售或者购买商品,假借促销费、宣传费、赞助费、科研费、劳务费、咨询费、佣金等名义,或者以报销各种费用等方式,给付对方单位或者个人的财物。第二款所称其他手段,是指提供国内外各种名义的旅游、考察等给付财物以外的其他利益的手段。”

《反不正当竞争法》第 7 条第 2 款规定:“经营者在交易活动中,可以以明示方式向交易相对方支付折扣,或者向中间人支付佣金。经营者向交易相对方支付折扣、向中间人支付佣金的,应当如实入账。接受折扣、佣金的经营者也应当如实入账。”基于此规定可以看出,商业回扣是商业贿赂的一种典型形式。《商业贿赂暂行规定》第 5 条规定:“……本规定所称回扣,是指经营者销售商品时在帐外暗中以现金、实行或者其他方式退给对方单位或者个人的一定比例的商品价款。本规定所称帐外暗中,是指未在依法设立的反映其生产经营活动或者行政事业经费收支的财务帐上按照财务会计制度规定明确如实记载,包括不记入财务帐、转入其他财务帐或者做假帐等。”

《反不正当竞争法》第 19 条规定:“经营者违反本法第七条规定贿赂他人的,由监督检查部门没收违法所得,处十万元以上三百万元以下的罚款。情节严重的,吊销营业执照。”

(二)销售返利、返点的内涵及法律依据

《反不正当竞争法》第 7 条第 2 款规定:“经营者在交易活动中,可以以明示方式向交易相对方支付折扣,或者向中间人支付佣金。经营者向交易相对方支付折扣、向中间人支付佣金的,应当如实入账。接受折扣、佣金的经营者

也应当如实入账。”

《商业贿赂暂行规定》第6条规定:“经营者销售商品,可以以明示方式给予对方折扣。经营者给予对方折扣的,必须如实入帐;经营者或者其他单位接受折扣的,必须如实入帐。本规定所称折扣,即商品购销中的让利,是指经营者在销售商品时,以明示并如实入帐的方式给予对方的价格优惠,包括支付价款时对价款总额按一定比例即时予以扣除和支付价款总额后再按一定比例予以退还两种形式。本规定所称明示和入帐,是指根据合同约定的金额和支付方式,在依法设立的反映其生产经营活动或者行政事业经费收支的财务帐上按照财务会计制度规定明确如实记载。”第7条规定:“经营者销售或者购买商品,可以以明示方式给中间人佣金。经营者给中间人佣金的,必须如实入帐;中间人接受佣金的,必须如实入帐。本规定所称佣金,是指经营者在市场交易中给予为其提供服务的具有合法经营资格中间人的劳务报酬。”

(三)销售返利、返点与商业贿赂的本质区别

如实记账的销售返利不是商业贿赂,不如实记账的销售返利则极有可能被认定为商业贿赂,两者的区别是,销售返利是在购销合同中明确规定的,而且提供方和接受方均应将返利如实记账;而商业贿赂无论在购销合同中如何规定,提供方和接受方均未将返利如实记账。纵观当今社会经济生活,凡商业贿赂行为,无论其情节如何复杂、手段如何隐蔽,但万变不离其宗,均是用不正当手段收买、交换以争取交易机会、更优惠条件、更多的竞争优势。因此,商业贿赂与销售返利的本质区别可归纳为如下四点:

(1)销售返利为法律所允许,在市场竞争中只要有竞争能力的市场主体都可以采取,从某种意义上对争取交易机会的作用相对有限;而商业贿赂为法律所禁止,少数违法者为更便捷争取交易机会而使用。

(2)销售返利必须严格按照财务制度规定的方式进行,而商业贿赂因违反法律法规而在方式上突破了限制,往往针对对方的特点、个人爱好、习惯投其所好进行。

(3)销售返利通常作用于交易对方单位,而商业贿赂还可能作用于相关个人以及对交易有直接影响的关键人物。

(4)销售返利由于销售收入的减少导致销售方的利润减少,而商业贿赂虽然表面上并没有减少销售收入,且有可能使质次价高的商品得以销售,但企业往往需要支出相较于销售返利更多的资金才能达到贿赂目的。

三、律师建议

综上，笔者建议在处理销售返利的问题上，需要完善销售返利流程及记录，尽可能将销售返利按照价格折扣处理，或者通过红字增值税专用发票来体现销售返利，从而在激励销售的同时尽可能降低商业贿赂风险。法律并不禁止企业为激励经销商而制定销售返利政策的行为，与拿"回扣"的性质不同，并不涉嫌构成商业贿赂。但在税务处理方面应注意符合《增值税暂行条例》《增值税暂行条例实施细则》等相关规定。目前比较常见的处理方式主要有如下三种：

1. 货币返利。经销商与销货方可以在协议中约定，经销商在一定时期内累计购买货物达到一定数量，销货方给予其补偿等折扣、折让行为；同时，销货方应按照税务部门的相关规定对货币返利开具红字发票。实操中比较常见的方式是以收入与现金返利冲减，而一般不计入销售费用。

至于本问题中的咨询公司提到的以经销商开具服务费发票走费用报销流程来提取返点的方式，笔者认为在一定程度上存在税务风险。原因是"返点"的基础是基于公司与经销商之间的框架合同或购销合同，而该等"服务"并不存在真实的交易基础。

2. 实物返利。根据《增值税暂行条例实施细则》的规定，实物返利视同销售处理，在开具发票方面也会涉及两份发票，一是折让的红字发票，二是视同销售的蓝字发票。但此种操作方式，销货方的成本较高，是否采用还需公司作商务评判。

3. 商业折扣。实践中，也有部分企业在经销商完成年度销售目标后，在次年采取给予价格折扣的方式进行奖励。但从合法合规角度考虑，该优惠折扣在销货时需明确，且折扣额和销货款需体现在同一张发票上。

除此之外，笔者仍然建议企业在与经销商签订框架协议时，明确销售返利政策，原因在于：

1. 便于公司根据合同或返利政策所约定的返利条款，从财务角度合理预计各经销商最终享受返利的可能性，提前进行会计处理（在销售确认符合"很可能导致经济利益流出的现时义务"的条件时，应作为预计负债予以计提）。

2. 实务中也确实存在销货方业务人员为促成业绩，而私下许诺经销商各种优惠或返利的行为，此种行为可能构成表见代理，最终将由公司承担法律责任。

12 公司如何进行内部合规调查?

咨询问题 ▶▶

在我公司日常运营管理过程中,基于对员工舞弊行为长期有效的合规管理,公司投入了较高的成本进行长久且定期的内部合规调查。

请问:能否从外部介入、辅助调查的角度,针对公司内部合规调查中应采取的措施和注意事项给予提示和建议?

律师答疑 ▶▶

公司内部的合规调查,一般是指公司为了维护商业利益和企业形象,加强公司内部合规管理和控制,根据相关法律法规、公司章程以及公司内部员工行为准则或商业道德规范等外部强制性规范和内部自治性规范,由自身相关部门或委托外部第三方专业机构在相关权限范围内采用合法有力的手段,以公开或者秘密的方式,查明相关事件,收集相关证据并基于相关规范为维护公司自身利益所采取的综合措施。公司内部合规调查通常以达到避免、追回公司损失为目的,防止公司形象受损和内部管理失衡,有助于防止舞弊现象的发生或查明公司内部相关制度施行及管理情况。

良好的公司合规调查流程,不仅应满足公司特定合规事件解决的需求,还需要根据相关事件,将基于风险管控角度的合规调查应用于与公司自身可能涉及的日常第三方管理、特定国家或地区重点风险领域、特定阶段和政策下监管领域等的合规工作当中。

综合第三方介入、辅助开展的员工舞弊和专项合规调查等实务中的总结,公司合规调查流程在具体合规工作内容中需保证的基础关键性步骤和相关注意事项主要有以下几点。

一、梳理合规事项并定义调查目标

公司的合规调查流程不仅要基于所发现的合规事项本身,除了相关事件中涉及的员工、制度等之外,还需要与公司战略、金融、管理和声誉风险保持

一致。

公司的日常运营势必伴随着员工、产品、服务和资金等要素的流动，势必需要与原材料供应商、经销商、物流方、项目合作方、联合投标竞标方以及最终客户等各类第三方进行商事交易。同时也势必会产生、收集和存储与人员、产品、服务和资金等相关的数据。但在全球化日益增强的大背景下，公司面临盘根错节的法规和越来越多的风险点，并且更需要在日常运行和与第三方的合作中准确把握并防控可能产生的风险点。

由此，不同行业、不同国家或地区、不同阶段的经营实体所涉及的合规内容和侧重点均有所区别。针对特定阶段政策调整下的特定行业企业，关注的合规内容均会有所变化和调整。特别对于跨国公司及其分支机构等经营实体，有时一项简单的员工舞弊行为，其相关效应可能会涉及其他相关合规领域。在笔者之前协助的外资医药跨国公司员工舞弊、商业贿赂合规事件中，最终出现了产品质量、第三方串通、公司应收账款流失、内控政策失灵等问题，并触犯美国《反海外腐败法》等，使企业自身内外遭受损失。

因此，除了应对日常偶发的员工舞弊行为内部合规调查事件外，建议公司梳理运营中可能涉及的反商业贿赂、出口管制、数据收集与存储等存在强监管、高处罚风险的合规内容。同时，公司应以确定涉及的合规领域为根基，结合具体需要尽调的主体情况和事项，准确定义具体开展尽调的目标。

二、调查团队的组建及其工作内容

公司内部合规调查，不仅需要考虑调查如何高效、有序地开展，同时也需要考虑防控相关事件调查本身的风险，以有效实现调查目标。针对调查组建团队显得尤为重要，公司内部合规调查团队通常由公司内部人员或公司内部人员结合外部专业机构组成。

通常，公司内部调查团队的公司内部人员包含：

1. 公司高级管理人员。主要基于事件早期呈现的严重影响和内部评估而介入，凸显内部对于相关事件的重视程度。

2. 其他熟悉公司运营、管理、财务、审计、法律和日常事务的公司内部人员。主要是基于相关事件涉及的领域、相关部门和相关责任等角度考虑介入，保证相关事件调查的高效、客观，以及处理的有力和有利。

此外，针对相关违规事件对公司内外部造成恶劣影响导致公司出现较大损失，或公司作为典型案例整肃管理，或基于调查的专业性等的考虑，公司会外聘专业第三方进行调查，外部专业机构包含律师事务所和会计师事务所等。

调查团队组建后，针对特定事件的调查，一般工作包含如下内容：确定调查范围；获取并保存证据；锁定被调查对象；文件准备；针对公司员工的面谈；第三方访谈。

三、收集关键信息，筛选可能的第三方

针对不同的合作主体，需要收集的关键性信息也不同。对于公司实体或组织机构，需要收集的基本信息通常包括公司或相关机构成立文件、主要股东和受益人详细资料、集团结构和董事会成员、官方背景和政治因素参考。对于自然人，需要注重收集身份证明、资质和信用情况，以及潜在的政治联系等。

针对公司或个人在内的潜在第三方，应进行观察名单筛选程序，通过早期进行观察和检查，公司可以快速确定潜在的第三方关系是否会带来重大风险。同时，公司应实时关注相关国家或行业领域内，甚至是政策调控下的制裁名单、犯罪实体的执法名单、监管机构公布的被禁止或被取消资格的公司和个人名单等。

结合初步筛查关键性信息、具体合作事项和业务需求，确定潜在可能的第三方。但需要注意的是，针对相关信息的筛选和收集，应当注意相关区域内个人信息保护的相关规定，谨防为了相关合规事件导致公司自身违反个人信息保护的法律规定而遭受处罚。

四、信息验证及风险评估

在初步就相关事件进行风险评估之后，公司合规调查过程应包括对已收集和累积信息的核实，特别是针对公司合规管理中的第三方的管控。针对低风险的第三方，根据可搜集的公开信息核实细节、调查资信情况，针对高风险的第三方，需要加强对实体本身以及关联公司、子公司和其他相关实体的合规调查。同时，通过对法律数据库检索筛查，可以获知潜在客户或第三方的涉诉情况和信用情况。此外，通过媒体所报道的负面新闻可以确定潜在的声誉风险。

在进行了初步信息收集和初步核实后，进行风险评估。针对不同的合作第三方，结合公司所涉及的合规内容，需要具体考虑以下几个方面：

1. 原产国或原产地风险。可参照国际性民间组织透明国际(Transparency International)清廉指数评级所评估确定的贿赂风险,以及当下该主体所处国家或地区的政策导向和监管限制风险。

2. 特定领域的风险。特别是行业潜规则较多、政府高度介入、对当地代理需特别依赖等情况可能产生的贿赂、管制风险等。

3. 实体风险。如在交易中使用中间人、合资伙伴和洗钱等。

4. 内部控制风险。包括公司内部员工培训、技能和知识方面的缺位或不足,过度激进的奖励文化,招待和市场营销等方面缺乏明确的政策和程序,以及政治慈善捐款审核流程不完善等。

五、调查程序呈现及监控计划建立

在整个合规调查过程中,公司需要保证相关文件、评估和决策的全面记录,以确保能够全面客观呈现具体合规内容和相应风险,一方面,可以作为运营过程中合规风险把控的基础和重要依据;另一方面,也可以在很大程度上辅助业务部门判断与合作伙伴或第三方进行合作的决策是否客观准确。

在公司所处行业属于特定时期重点管控,或公司运营过程中确定与特定第三方进行持续合作,或所合作的特定第三方处于被审查或被处罚状态等情况下,公司需要设置高风险提示,并积极且持续性关注,以确保潜在风险出现之前及时防范和把控。

公司内部合规调查,有助于公司发现和完善运营流程中的瑕疵并加以改进,查明公司内部相关违规事件的真相,维护公司的合法权益与利益,协助公司进行内部处分或就相关刑事案件跟进,进行追赃活动。在公司内部调查中,除了上述几点需结合整体环境、行业政策和具体业务需求的变化不断调整外,公司还需定期审视并更新自身尽调的流程,以确保尽调整体流程贴合自身需求,随时助力公司做好风险防控。

CHAPTER 6

第六章

股权投资与风险防范

1 公司吸收新股东，如何不丧失公司控制权？

咨询问题 ▶▶

我们股东三人是技术出身，熟知肿瘤药理、免疫分析检测及药效筛选等相关核心技术。近期我们拟与一上市公司合资成立新公司，专门从事生物医药转化研究。该上市公司专注于药物研发服务，具有丰富的企业管理经验，市场开拓等综合实力较强。但我们股东三人之前有过失败的创业经历，不但使创业公司发展遭受极大阻碍，最终也基本丧失公司控制权。

请问：作为自然人股东，这次合资合作我们该如何保障自身的合法权利？如何不丧失公司控制权？

律师答疑 ▶▶

近年来，公司股权结构分散、所有权与经营权分离、中小股东利益得不到保障、公司控制权争夺以及股东权益平衡问题频发。对股东而言，如何从公司设立之初把握公司控制权，就显得尤为重要。对此，笔者结合公司法律服务经验，从以下三方面给出建议。

一、股权结构设计

公司通过设定投资人出资比例约定表决权，是公司治理的通常做法。根据《公司法》相关规定，对下列出资比例的把握对设计公司股权架构至关重要：(1)67%，公司的重大事项必须经代表2/3以上表决权的股东通过；(2)51%，除重大事项以外，其他需经股东会表决的事项均要求一半以上的表决权通过；(3)34%，在不能达到控股的情况下，通过重大事项的否决权来达到对公司的相对控制；(4)10%，可要求召集临时股东会、董事会，以及提起公司解散之诉以打破公司僵局等。特别是在股东数量众多，股权相对分散的情况下，股东在确定自身出资比例时，应特别重视对上述特殊持股比例的把控，预防公司经营僵局出现。

此外，还需避免股权设计过于分散及可能导致决策僵局的50∶50的股权结构。在林某清诉常熟市凯莱实业有限公司(以下简称凯莱公司)、戴某明公司解散纠纷案①中,凯莱公司仅有两名自然人股东且各占50%的股份,其公司章程规定“股东会的决议须经代表二分之一以上表决权的股东通过”,而各方自然人股东均认可该“二分之一以上”不包括本数。但现实情况是该两名股东意见一直存有分歧,互不配合,无法形成任何有效表决,导致公司四年未开股东会,股东会机制失灵,最终江苏省高级人民法院依法作出解散凯莱公司的判决。

现实中,如出现股权架构不甚理想的情形,笔者建议也可通过其他途径取得公司控制权,如投票权委托、一致行动人协议等。投票权委托,即表决权代理,是指部分股东通过协议约定的形式,将其投票权委托给其他特定股东行使。最为典型的是京东公司的投票权设置。在上市伊始,高瓴资本、腾讯公司等11家投资人就将其投票权委托给刘强东团队行使,进而使得在京东公司上市后,刘强东团队虽持股比例仅为20%却拥有83.7%的投票权。阿里巴巴等互联网巨头也都存在投票权委托的安排。而一致行动人,则是某些股东通过协议的事先约定,针对特定事项采取一致行动。特别是在公司决策意见不一致时,某些股东跟随一致行动人投票。此途径特别适用于创始股东之间、创始股东与外部投资人之间,可以通过签署一致行动人协议进而加大创收股东投票权权重和对公司的掌控。

设置中小股东对特别事项的一票否决权也能在一定程度上保障股东对公司控制权的把握。特别是当创始人股权比例较低时,为避免公司日后控制经营权旁落,可事先在股东会层面为创始人争取重大事项的一票否决权,包括公司合并、分离、融资、增资、公司解散、上市等。此种做法相对消极,但在特殊情况下,作为一种防御性策略也是可以考虑和借鉴的。

二、章程条款设计

股东在公司成立之初,应提前预判公司僵局出现的可能,并在公司章程条款中对公司的治理结构进行合理设置,这是预防和解决公司僵局的有效手段。

《公司法》第37条、第46条以及第49条均赋予公司章程对股东会、董事会以及经理职权单独约定的权利。因此,公司章程中可针对公司的治理机构,

---

① 参见江苏省高级人民法院民事判决书,(2010)苏商终字第0043号。

结合法律强制性规定与具体决策事项,明确并细化股东会、董事会及经理层的各级职权范围与审批权限,避免各层级权限边界模糊的情况。此外,针对目前监事会大多无法发挥实质作用的情形,也可通过公司章程适当扩充监事会及监事职权。

《公司法》第42条规定,股东会会议由股东按照出资比例行使表决权;但是,公司章程另有规定的除外。因此,特殊情况下,公司章程中为股东表决权的行使进行合理的制度安排,也是必要的。在夏某中诉贵州省黔西交通运输联合有限公司(以下简称黔西交通公司)等公司决议效力确认纠纷案①中,黔西交通公司章程规定"每一股东有一表决权",黔西交通公司股东会会议系按股东人数行使表决权,符合《公司法》及黔西交通公司章程的相关规定。因此,贵州省高级人民法院对于上诉人夏某中提出的黔西交通公司股东会会议应由股东按照出资比例行使表决权与事实不符,其股东会决议无效的主张,不予支持。法律允许有限公司通过公司章程选择一人一票或其他表决机制,把"每一股东有一表决权"写入章程,具体可描述为"股东会会议表决,不按照出资比例行使表决权,实行一人一票制"。

公司章程中规定利害股东、董事表决回避制度,也可在一定程度上避免股东或董事在关键决议事项上损害公司和其他股东利益。为避免公司僵局,对公司僵局的处理办法同样可以在公司章程中预先规定。例如,赋予董事长或执行董事在表决僵局时的最终决定权;规定董事会成员与股东会成员不得完全重合;在董事会出现表决僵局时将该事项提交股东会表决等。

最后,公司章程中设置公司强制回购制度,明确在一定条件下由控制一方股东以合理价格受让弱势一方或者反对票股东的股权,也是在公司僵局出现时可借鉴的股东退出机制。具体可规定为"如果连续两次股东会或董事会对重大事项无法达成有效决议,则持有公司50%以上股权的股东或一致行动人,有权收购投反对票股东的股权,收购的价格以公司上一会计年度的股权价格计算"。

三、印章与证照保管

在许多公司控制权争夺战中,常常会出现股东各方争夺公司营业执照、公

---

① 参见贵州省高级人民法院民事判决书,(2015)黔高民商终字第10号。

司印章的情况。而对于公司营业执照或印章的管理和保存,《公司法》并没有具体规定。因此,在公司日常经营管理中,为更好地掌握公司控制权,也应重点关注印章及营业执照原件的保管,完善其保管和使用制度,并在公司章程中明确约定相应保管人。

在张某民与宿迁市金圆五金交电化工有限公司(以下简称金圆五交化公司)证照返还纠纷案①中,公司名义上的法定代表人拒不配合交出公司印章,导致实质的法定代表人无法开展任何工作。由于证照返还纠纷只能以公司作为原告,公司股东无法以个人名义索要公司证照。当名义上的法定代表人与实质法定代表人发生冲突时,应以实质的法定代表人作为公司的诉讼代表人。正是这一法律逻辑,使得法院最终认为"因本案未决之原因王某军无法在诉状上加盖公司印章,但其仍有权代表金圆五交化公司提起本案对张某民的诉讼",从而帮助王某军夺回了公司的印章和证照,更重要的是确认了其法定代表人的地位并协助他夺回了公司的控制权。

因此,当相关股东试图取得公司印章与证照时,可通过公司董事会或股东会对证照保管人作出明确决议,此时印章和证照的实际占有人应及时将印章和证照交由新的保管人保管。否则,决议确认的新保管人或公司权力机构决议指定的其他人员亦可提起证照返还之诉。

关于公司印章和证照保管,最重要的是建立并使用统一的印章证照使用、审批,以及登记制度。杜绝在空白文件上盖章。对印章证照丢失、错用、伪造以及公司内部部门变更或裁撤等行为,要有针对性地处置应对方案和措施。建立职权责清晰明确的印章证照管理规范,才能避免不必要的纠纷。

---

① 参见江苏省宿迁市中级人民法院民事判决书,(2013)宿中商终字第0042号。

2 如何处理股权转让中其他股东的优先购买权？

咨询问题 ▶▶

我公司股东李某、胡某拟将所持公司股份转让给第三方苏州某科技有限公司。现公司股东张某不同意该股权转让行为，决定行使股东优先购买权，并提出其作为小股东一直未参与公司的经营管理，为充分合理地行使股东优先购买权，要求公司在收到其邮件之日起2日内提供与第三方某科技有限公司达成的收购意向书，以及苏州某科技有限公司对我公司进行的法律和财税尽职调查报告。如公司无正当理由拒不配合，其将依法维护自身的合法权益，并在必要时寻求司法救济。

请问：对小股东提出的优先购买权以及其他相应要求，我公司该如何回复和操作？

律师答疑 ▶▶

在有限责任公司的股权转让交易中，其他股东的同意权和优先购买权属重要的法定权利，需要得到切实保障和执行。

一、同意权和优先购买权的法律规定

有限责任公司股权转让交易中其他股东的同意权体现在现行《公司法》第71条第1、2款中，该条款规定："有限责任公司的股东之间可以相互转让其全部或者部分股权。股东向股东以外的人转让股权，应当经其他股东过半数同意。股东应就其股权转让事项书面通知其他股东征求同意，其他股东自接到书面通知之日起满三十日未答复的，视为同意转让。其他股东半数以上不同意转让的，不同意的股东应当购买该转让的股权；不购买的，视为同意转让。"但2021年《公司法(修订草案)》[①]第85条第2款规定："股东向股东以外的人转让股权的，应当就股权转让的数量、价格、支付方式和期限等事项书面通知

① 《公司法(修订草案)》于2021年12月24日发布，截至本书定稿之日，尚未生效。

其他股东,其他股东在同等条件下有优先购买权……”该条款相较于之前的规定,删除了须经过其他股东过半数同意的规则。可以看出,在股权交易规则上立法更倾向于保护交易自由。

《公司法》第71条第3款规定:“经股东同意转让的股权,在同等条件下,其他股东有优先购买权。两个以上股东主张行使优先购买权的,协商确定各自的购买比例;协商不成的,按照转让时各自的出资比例行使优先购买权。”《公司法》第72条还规定,人民法院依照法律规定的强制执行程序转让股东的股权时,应当通知公司及全体股东,其他股东在同等条件下有优先购买权。其他股东自人民法院通知之日起满20日不行使优先购买权的,视为放弃优先购买权。这就是《公司法》关于有限责任公司其他股东优先购买权的规定。

但是,《公司法》还有一条排除其他股东优先购买权行使的规定,即第71条第4款:“公司章程对股权转让另有规定的,从其规定。”这就表明,除非有限责任公司章程另有规定,否则有限责任公司股东对外转让其股权时,其他股东享有优先购买权。当然,从另外一个角度来理解,有限责任公司股东的优先购买权也可以通过公司章程约定,由股东选择自愿放弃,而不能适用多数决原则被强行剥夺。

二、优先购买权行使期间

最高人民法院《关于适用〈中华人民共和国公司法〉若干问题的规定(四)》(以下简称《公司法司法解释(四)》)第19条规定:“有限责任公司的股东主张优先购买转让股权的,应当在收到通知后,在公司章程规定的行使期间内提出购买请求。公司章程没有规定行使期间或者规定不明确的,以通知确定的期间为准,通知确定的期间短于三十日或者未明确行使期间的,行使期间为三十日。”

对于该条规定中的“通知”如何确定,需要具备什么内容下面通过司法实践中的两个判例做说明。

在丁某明、李某、冯某琴与被申诉人瞿某建优先认购权纠纷案[①]中,最高人民法院认为,股东行使优先购买权的前提是,拟出让股东与股东以外的人已经就股权转让达成合意,该合意不仅包括对外转让的意思表示,还应包括价款数

---

① 参见最高人民法院民事判决书,(2012)民抗字第31号。

额、付款时间、付款方式等在内的完整对价。

而在钟某全与杨某淮股权转让纠纷案[①]中，四川省高级人民法院则认为："拟对外转让股权的股东不仅需要向其他股东告知自己欲对外转让股权，还应当告知受让人、转让数量、转让价格、支付方式、履行期限等主要内容"。

三、优先购买权同等条件的认定

《公司法》第71条第3款规定："经股东同意转让的股权，在同等条件下，其他股东有优先购买权。两个以上股东主张行使优先购买权的，协商确定各自的购买比例；协商不成的，按照转让时各自的出资比例行使优先购买权。"《公司法司法解释（四）》第18条规定："人民法院在判断是否符合公司法第七十一条第三款及本规定所称的'同等条件'时，应当考虑转让股权的数量、价格、支付方式及期限等因素。"

笔者认为，"同等条件"既不能仅限于同等价格，也不能对其做扩大解释，而应当认定为"同等的股权转让合同条件"。

在杨某、梁某与上海气门厂有限公司（以下简称气门厂）、徐某、郝某股权转让纠纷案[②]中，上海市第二中级人民法院认为："所谓优先购买权的同等条件，是指出让股东与股东以外的第三人之间合同确定的主要转让条件，如出让股东与受让人约定的投资、业务合作、债务承担等条件，也应认定为主要条件。梁某在向杨某转让股份的同时，杨某承诺向气门厂借款300万元，相当于是杨某对气门厂的一种投资方式，是股权转让的条件之一，可视为是一种'同等条件'。"

在涂某与亿企赢网络科技有限公司（以下简称亿企赢公司）、宋某等股权转让纠纷案[③]中，上海市浦东新区人民法院认为："同等条件包括股权数量、价格、支付条件以及与公司股权有关的合理的附加条件。本案中被告宋某等人与被告亿企赢公司的股权转让条件中除了数量、价格外还包括受让方应向出让方提供股权转让价款同等金额的银行存款锁定证明及受让方保证对神计公司现有研发人员的薪酬待遇等条款。上述条件前者可确保股权转让价款的按期履行，后者与神计公司的经营发展有关，应属于股权转让同等条件的范畴。"

综上，公司应按照《公司法》有关其他股东优先购买权的相关规定，履行通

① 参见四川省高级人民法院民事判决书，(2019)川民再377号。

② 参见上海市第二中级人民法院民事判决书，(2012)沪二中民四(商)终字第16号。

③ 参见上海市浦东新区人民法院民事判决书，(2018)沪0115民初12817号。

知与意见征询义务，并按照行使期限、同等条件等标准履行相应前置程序，依法保障其他股东的优先购买权。但对于小股东提出的其他不合理、不符合法律规定的要求，可以不予理会。

四、律师建议

针对股东的优先购买权受到侵害时应如何防范法律风险，笔者提出如下建议：

股东优先购买权受到侵害，公司首先面临的就是其他股东提出的确认股权转让合同无效的诉讼，即因股权出让方与受让方存在恶意串通行为损害其他股东优先购买权，股权转让合同被确认无效。此诉讼会导致股权受让方向出让方主张缔约过失责任。当然，其他股东也可以以股权转让合同没有履行《公司法》第 71 条第 2、3 款规定的义务为由，主张损害其优先购买权，此时股权转让合同确认有效，但因侵犯其他股东优先购买权而无法继续履行，导致股权受让方依据有效合同向出让方主张违约责任。

因此，无论对于出让方还是受让方来说，其他股东主张股东优先购买权受到侵害，均会导致股权转让无法继续，受让方亦无法正常取得标的公司股权。对出让方而言，应尽量在公司成立初期或该股东通过增资、股权转让方式进入公司时，通过公司章程对其优先购买权事项进行明确约定。

如果公司章程对股东行使优先购买权没有明确约定，转让股东应尊重其他股东对股权转让的知情权，避免侵犯其他股东的优先购买权，充分履行通知义务。通知应以确认股东本人能够收悉的方式向股东本人作出，并且注意保存确认对方收悉的凭证。通知应包含股权转让通知和优先购买权通知，以确保股权转让的效力无瑕疵。另外，通知中务必格外重视“同等条件”的内容，出让方应将标的股权的数量、价格、支付方式、付款期限等进行详细告知。如其他股东不行使优先购买权，为避免风险，争取获得其他股东“放弃优先购买权”的书面承诺。

在与受让人签订的股权转让合同中，可以通过条款进行约定，防范因其他股东行使优先购买权而可能构成的违约，例如，可以将“取得其他股东出具的放弃优先购买权承诺函”作为股权转让的前提条件。如果其他股东不放弃优先购买权，此时因股权转让的前提条件无法达成，可以解除合同且无须承担任何违约责任。

3 小股东投资后不定时要求对公司进行查账，公司该如何应对？

咨询问题 ▶▶

我公司是一家汽车零部件企业，受行业不景气影响，公司经营资金紧张，经推荐吸收了两名小股东。小股东进入后，频繁要求行使股东知情权，并提出审计、查账、审阅公司财务凭证等。起初公司基于合作考虑，均尽可能满足其诉求。但近期年度股东会刚开完，小股东便又提出要求查阅公司审计报告并要求提供相对应的原始会计凭证、账册、银行流水、经营业务合同等原始材料。

请问：法律上关于股东知情权是如何规定的？面对小股东查账等各种诉求，公司该如何应对？

律师答疑：▶▶

一、股东知情权范围的法律规定

关于有限责任公司股东知情权，《公司法》第33条规定："股东有权查阅、复制公司章程、股东会会议记录、董事会会议决议、监事会会议决议和财务会计报告。股东可以要求查阅公司会计账簿。股东要求查阅公司会计账簿的，应当向公司提出书面请求，说明目的。公司有合理根据认为股东查阅会计账簿有不正当目的，可能损害公司合法利益的，可以拒绝提供查阅，并应当自股东提出书面请求之日起十五日内书面答复股东并说明理由。公司拒绝提供查阅的，股东可以请求人民法院要求公司提供查阅。"

而针对股份有限公司的股东知情权，《公司法》第97条规定，"股东有权查阅公司章程、股东名册、公司债券存根、股东大会会议记录、董事会会议决议、监事会会议决议、财务会计报告，对公司的经营提出建议或者质询。"

上述条款是我国法律对于有限责任公司和股份有限公司股东行使知情权范围的具体规定。结合上述规定，特别是针对有限责任公司股东对会计账簿查询的规定，可以看出，股东查阅公司会计账簿，其查阅本身须有正当目的要求。最高人民法院《关于适用〈中华人民共和国公司法〉若干问题的规定(四)》(以下简称《公司法司法解释(四)》)第8条规定:“有限责任公司有证据证明股东存在下列情形之一的,人民法院应当认定股东有公司法第三十三条第二款规定的‘不正当目的’:(一)股东自营或者为他人经营与公司主营业务有实质性竞争关系业务的,但公司章程另有规定或者全体股东另有约定的除外;(二)股东为了向他人通报有关信息查阅公司会计账簿,可能损害公司合法利益的;(三)股东在向公司提出查阅请求之日前的三年内,曾通过查阅公司会计账簿,向他人通报有关信息损害公司合法利益的;(四)股东有不正当目的的其他情形。”

实务中,法院在对“股东行使知情权是否具有不正当目的”进行裁判审查时,会通过举证责任的分配,要求相关当事人进一步举证。在南宁国祥装饰有限责任公司与邹某娜股东知情权纠纷案①中,广西壮族自治区高级人民法院认为,公司一方已就申请查阅的股东存在自营或为他人经营与公司主营业务有实质性竞争关系的情形提供初步证据予以证明,主张知情权的股东此时应进一步承担反证义务,就其不具有不正当目的以及行使查阅权不会损害公司利益进一步举证。而对于股东要求查阅会计账簿时未能提供必须查阅会计账簿的目的的,法律可判决驳回其诉讼请求。

在徐某辉与江苏牧羊集团有限公司股东知情权纠纷案②中,股东要求查阅公司会计账簿是基于其对公司经营、利润分配情况不了解,怀疑公司销售收入被不正当转移。江苏省高级人民法院认为,股东上述查阅目的,通过查阅股东会会议记录、董事会会议记录、监事会会议记录和财务会计报告等即可实现。因此,在股东无法进一步提供充分证据证明前述财务会计报告虚假或对之有合理怀疑的情况下,法院驳回了股东请求查阅公司会计账簿的再审申请。

二、股东知情权范围实务观点

(一)司法审计

我国《公司法》并未规定股东可以直接对公司进行审计。《公司法》第164条第1款规定了公司应当在每一会计年度终了时编制财务会计报告,并依法经会计师事务所审计。上述条款规定的是公司义务,股东并非公司直接经营

---

① 参见广西壮族自治区高级人民法院民事判决书,(2018)桂民再76号。

② 参见江苏省高级人民法院民事裁定书,(2017)苏民申4285号。

管理人员,股东对公司的经营管理是通过股东会决议方式实现的,对公司进行审计是公司经营管理相关的事项。因此,股东行使股东知情权,有权要求公司提供财务会计报告、查阅公司会计账簿。

在黄某与甲公司股东知情权纠纷案①中,上海市第一中级人民法院认为,司法审计并不属于股东知情权的范围,况且黄某通过行使知情权、查阅、复制公司的会议资料、财务报告以及查阅公司的会计账簿,也可以对甲公司的财务状况进行了解和核实,以保护自己的合法权益,故对其提出的要求对甲公司的财务状况进行司法审计的主张,法院依法不予支持。

需注意的是,如果投资股东需要对公司财务有全面了解,并在合作前通过公司章程进行明确约定"股东有权对公司财务进行审计",那么股东的这一权利主张是可以得到支持的。

(二)会计原始凭证

现行《公司法》第 33 条和第 97 条以列明形式对股东可查询和复制的材料进行了规定。

在富巴投资有限公司(以下简称富巴公司)与海融博信国际融资租赁有限公司(以下简称海融博信公司)股东知情权纠纷再审案②中,最高人民法院认为,《公司法》第 33 条明确查阅、复制公司章程、股东会会议记录、董事会会议决议、监事会会议决议和财务会计报告是股东的权利,股东查阅公司会计账簿应以没有不正当目的,不会损害公司合法利益为前提。富巴公司系海融博信公司的股东,股东对于公司的运营状况享有知情权,有权查阅公司的相关资料。同时,《会计法》第 13 条第 1 款规定:"会计凭证、会计帐簿、财务会计报告和其他会计资料,必须符合国家统一的会计制度的规定。"第 14 条第 1 款规定:"会计凭证包括原始凭证和记帐凭证。"根据前述法律规定,会计账簿不包括原始凭证和记账凭证。《公司法》仅将股东可查阅财会资料的范围限定为财务会计报告与会计账簿,没有涉及原始凭证,二审判决未支持富巴公司查阅海融博信公司原始凭证的请求,并无不当。《会计法》未赋予股东查阅公司原始凭证的权利,富巴公司依据以上规定请求再审本案之主张,不能成立。

但 2021 年《公司法(修订草案)》③拟对股东查阅、复制材料的范围进行扩

---

① 参见上海市第一中级人民法院民事判决书,(2013)沪一中民四(商)终字第 1007 号。

② 参见最高人民法院民事裁定书,(2019)最高法民申 6815 号。

③ 《公司法(修订草案)》于 2021 年 12 月 24 日发布,截至本书定稿之日,尚未生效。

大，其中第 51 条第 2 款新增了股东可要求查阅会计凭证。长期以来，实务中对于股东知情权的范围是否涵盖会计凭证争论不休，本次修订明确了股东可以对会计凭证进行查阅，将解决实务中裁判不统一的情况。

（三）经营业务合同

对于公司经营业务合同是否属于股东行使知情权的范围，《公司法》以及相关司法解释没有明确规定。但实务中的判例显示，法院对此主张多不予支持。在北京丰隆温室科技有限公司与杨某股东知情权纠纷案①中，北京市第三中级人民法院认为："《中华人民共和国会计法》第十五条规定，会计账簿包括总账、明细账、日记账和其他辅助性账簿。该法条中并没有合同的相关表述，据此难以认定合同属于会计账簿的一部分。"基于此，北京市第三中级人民法院驳回了杨某要求查阅相关合同的请求。

实践中，由于多数股东并不参与公司经营，对于大股东或者董事、高管可能侵犯公司利益的行为需要有监督举措，以保障多数股东的利益。股东知情权作为一项法定权利，应该受到法律保护。赋予股东充分知情权，也是保护股东特别是中小股东利益、防止大股东权利滥用的重要手段。公司内部应当建立一套行之有效的关于股东知情权行使的规章制度，明确与细化行使的主体、程序和范围等。另外，基于有限责任公司和股份有限公司不同的法律属性，也可通过公司章程设置不同的查阅范围并区别对待，真正使股东知情权的行使落到实处并得到切实执行。

---

① 参见北京市第三中级人民法院民事判决书，(2017)京 03 民终 12720 号。

4 以股权作为对公司的出资，有哪些注意事项？

咨询问题 ▶▶

本人拟联合其他几方共同成立一家有限责任公司，有合作方提出，想以持有的其他公司股权作为出资。但本人担心该股权的市值会因相关公司资产和经营状况的变化而不稳定。

请问：从被投公司角度出发，这种出资形式有哪些注意事项？

律师答疑 ▶▶

以股权置换方式完成对被投资公司的出资，已经越来越普遍地成为设立公司时被优先选择的出资方式。股权出资具有明显优势：（1）增加了股权利用的渠道，同时降低了转让的交易成本，能有效调动投资人的积极性；（2）根据财政部、国家税务总局《关于股权转让有关营业税问题的通知》的规定，股权转让无须缴纳营业税。另外，如股权转让方为公司，则在一些特定情况下对企业所得税的缴纳也将拥有一定的自主选择权。当然，与货币、实物、知识产权、土地使用权等出资方式相比，股权出资确实具有不稳定性。一方面，股权的价值并不恒定，需要参照公司资产情况、负债情况或其在证券市场上的行情来确认价值；另一方面，股权出资无法为被投公司提供可以直接处分的财产，且其实质为将同一项资产进行重复投资，并未有新的资本进入市场流转，往往会对被投公司的资本稳定造成影响。

最高人民法院《关于适用〈中华人民共和国公司法〉若干问题的规定（三）》（以下简称《公司法司法解释（三）》）第11条第1款规定："出资人以其他公司股权出资，符合下列条件的，人民法院应当认定出资人已履行出资义务：（一）出资的股权由出资人合法持有并依法可以转让；（二）出资的股权无权利瑕疵或者权利负担；（三）出资人已履行关于股权转让的法定手续；（四）出资的股权已依法进行了价值评估。"该条文对司法实践中涉及如何认定股权出资不实的问题，做出了基础性的规定。以该规定为基础，考察股权出资这一公司投资方式，有以下几个方面值得注意。

一、避免瑕疵出资是股权出资的基础

《公司法司法解释(三)》第11条前3款的内容,是对避免瑕疵股权出资的基础性规定。首先,出资的股权必须由出资人合法持有,不存在非法事由;其次,出资的股权不能存在任何第三人的在先权利,或存在基于该出资股权提出任何合法权利主张的可能性;最后,出资人需要履行法律规定的转让手续,如有限责任公司的股权出资应当变更股东名册和申请工商变更登记,股份有限公司则可能涉及证券的转让过户。由于股权出资具有显著的不确定性,其不能为被投公司提供可以直接占有处分的财产,而更像是一种对其他公司财产的分配请求权。因此,遵循出资的程序性规定,避免瑕疵出资,是保护公司其他股东权利的基础和诚意。

二、股权估值是股权出资的必要环节

股权的价值不取决于被投公司成立时的投资额,也不取决于股东取得股权时所支付的对价。股权估值需要对股权所在公司进行全面的资产评估和审计,考察公司的总资产及负债情况。《公司法司法解释(三)》第9条规定:"出资人以非货币财产出资,未依法评估作价,公司、其他股东或者公司债权人请求认定出资人未履行出资义务的,人民法院应当委托具有合法资格的评估机构对该财产评估作价。评估确定的价额显著低于公司章程所定价额的,人民法院应当认定出资人未依法全面履行出资义务。"股权价值随着公司经营和资产变化而变动,因此根据上述规定,如股权出资时未进行价值评估,对出资人而言,存在被认定为出资不实的风险。而对被投公司或其他投资方而言,股权估值更是为了考量股权出资与被投公司价值的匹配程度,以便作出是否接受股权投资的决策。

三、程序合法是股权出资的必要条件

《公司注册资本登记管理规定》明确,具有下列情形的股权不得用作出资:(1)已被设立质权;(2)股权所在公司章程约定不得转让;(3)法律、行政法规或者国务院决定规定,股权所在公司股东转让股权应当报经批准而未经批准;(4)法律、行政法规或者国务院决定规定不得转让的其他情形。股权所在公司的性质不同,在股权转让时的要求也会有所不同。有限责任公司股东对外转让股权首先要保障其他股东的优先认购权；而股份有限公司的发起人、董事、监事、高级管理人员将所持有的股份进行转让时，还受到时间、比例等方面的限制和约束。《公司法》第 141 条[①]规定："发起人持有的本公司股份，自公司成立之日起一年内不得转让。公司公开发行股份前已发行的股份，自公司股票在证券交易所上市交易之日起一年内不得转让。公司董事、监事、高级管理人员应当向公司申报所持有的本公司的股份及其变动情况，在任职期间每年转让的股份不得超过其所持有本公司股份总数的百分之二十五；所持本公司股份自公司股票上市交易之日起一年内不得转让。上述人员离职后半年内，不得转让其所持有的本公司股份……"

除法律规定以外，被投公司和其他投资人还需要考察出让股权的公司在其公司章程、股东协议等文件中是否对股权转让有其他的特殊约定和限制，以规避某一股东的转让行为因违背股东之间的约定而被其他股东主张权利的风险。值得一提的是，如被投公司是拟上市公司，还必须注意股权出资是否会导致公司的实际控制人发生变化。如发生变化，在其他上市条件不变的情况下，拟上市公司还需要再顺延 3 年才能向证券监督管理部门申请公开发行股票。[②]

四、出资股东的股东权利与资格确认

被投公司在受让股权前后，作为出让股权公司的股东，应全面考察原章程与股东协议等的约定内容，对自身作为股东的权利进一步争取及确认，并及时办理变更公司章程、调整参与公司管理权限范围等事项。另外，在受让股权投资前，被投公司应当核查出让股权公司所处的行业是否对其股东身份或资格存在特殊的监管要求。如有特殊要求的，则可能无法受让其股权。例如，作为商业银行的股东，还需要满足银行业监督管理部门对股东资格的特殊要求。

---

① 该条规定在 2021 年 12 月 24 日发布的《公司法（修订草案）》第 171 条对现行《公司法》第 141 条进行了调整，具体如下："公司公开发行股份前已发行的股份，自公司股票在证券交易所上市交易之日起一年内不得转让。公司控股股东持有的公司公开发行股份前已发行的股份，自公司股票在证券交易所上市交易之日起三年内不得转让。公司董事、监事、高级管理人员应当向公司申报所持有的本公司的股份及其变动情况，在就任时确定的任职期间每年转让的股份不得超过其所持有本公司股份总数的百分之二十五……"

② 《首次公开发行股票并上市管理办法》第 12 条规定："发行人最近 3 年内主营业务和董事、高级管理人员没有发生重大变化，实际控制人没有发生变更。"

五、律师建议

1. 在接受股权出资前，要求拟以股权出资的合作方聘请专业评估公司对出让股权进行估值并承担相关费用。在对股权进行价值评估后，因各种情况变化导致股权价值变化甚至最终无法实现股权价值时，将不能因此认定为出资不实。对于被投公司而言，清楚的估值能够维护内部股东之间的稳定，也可以对出资股权的公司进行尽调，了解其经营状况、企业资产，对可能存在影响商誉和股权价值的情况做尽可能全面的掌握。

2. 股权出资实质上是将一项资产进行重复投资，使一般的公司具有类似于银行的资本派生功能，加重了经济风险。相比银行受到我国完善而严格的监管体系的控制，股权出资并未受到我国法律的严格监管和限制。如股东多次以股权进行“嵌套式”出资，一旦受到政策调整或行业风险，可能引发多家公司经营的不良连锁反应。因此，建议在公司章程或股东协议中，限制以股权出资的股东再次以被投公司股权对外出资，或者对被投公司再以股权出资的比例进行限制。

3. 避免接受有权利瑕疵的股权出资，要了解当地市场监督管理机关的具体办理要求，及时办理股权变更登记。股权出资相关的公司变更登记可能会涉及不同省份、地区，每个省、市、地区对于股权出资变更登记的要求可能并不完全一致。因此，在办理股权出资的工商变更登记时，还应当详细咨询所属市场监督管理部门，在不违反有关规定的前提下，根据当地实际要求完成变更登记程序。

5 工商登记中被他人冒名登记为股东，应当如何救济？

咨询问题 ▶▶

陈某拟与他人共同出资成立公司，但在登记过程中，却发现自己已经被人冒名登记为多家公司的股东、高管，并且部分公司在国家企业信用信息网上已显示经营异常。

请问：被他人冒名工商登记为股东有哪些法律风险？应该如何救济？

律师答疑 ▶▶

由于行政机关对于公司登记采取形式审查方式，且冒名登记的违法成本低，给利用冒名登记谋取不法利益的人提供了可乘之机。冒名登记行为严重侵害了被冒用人的合法权益，极大地扰乱了市场秩序。

一、冒名登记的法律风险

最高人民法院《关于适用〈中华人民共和国公司法〉若干问题的规定（三）》（以下简称《公司法司法解释（三）》）第28条明确规定："冒用他人名义出资并将该他人作为股东在公司登记机关登记的，冒名登记行为人应当承担相应责任；公司、其他股东或者公司债权人以未履行出资义务为由，请求被冒名登记为股东的承担补足出资责任或者对公司债务不能清偿部分的赔偿责任的，人民法院不予支持。"

在湖南久益建设工程有限公司（以下简称久益公司）与湖南绿普森农业高科技有限公司（以下简称绿普森公司）、刘某稻等建设工程施工合同纠纷案①中，债权人久益公司要求股东谢某明、王某文在未出资范围内对债务人绿普森公司的债务承担补充赔偿责任，湖南省株洲市中级人民法院认为，虽然债务人绿普森公司登记的股东中有谢某明、王某文二人，但是登记资料中谢某明、王某文的名字均不是本人签名，绿普森公司的庭审答辩意见中也陈述"股东登记

---

① 参见湖南省株洲市中级人民法院民事判决书，（2020）湘02民终233号。

手续是公司委托他人办理”，绿普森公司也未提交谢某明、王某文授权他人办理股东登记的证据资料，且结合一审法院函件调查结果，长沙市雨花区市场监督管理局就绿普森公司股东登记问题给出的答复是：初步认定谢某明、王某文身份信息被他人冒用设立绿普森公司，因此一审法院认定谢某明、王某文系被冒名股东。一审法院依照《公司法司法解释（三）》第 28 条“冒用他人名义出资并将该他人作为股东在公司登记机关登记的，冒名登记行为人应当承担相应责任；公司、其他股东或者公司债权人以未履行出资义务为由，请求被冒名登记为股东的承担补足出资责任或者对公司债务不能清偿部分的赔偿责任的，人民法院不予支持”的规定驳回久益公司要求谢某明、王某文承担本案责任的诉讼请求于法有据。

需要注意的是，司法实践中关于被“冒名”的认定，并非注册文件上签名虚假，法院就一定会认定注册文件无效。鉴于在企业实际经营活动中，股份代持、借用他人名义登记的情形比较常见，同时第三人对工商登记的公示内容具有合理的信赖利益，随意撤销登记内容将使得公司债权人的利益无法得到充分保护。故在遇到此类案件时，公司登记机关或法院一般除了对登记申请文件签名真伪进行形式审查之外，还会通过审查被冒名股东意思表示是否真实、是否知情、是否实际出资、是否真实订立公司设立/变更协议、是否实际参与公司经营等要素进行综合判断。

在黄某荣、靳某然因与陆某林、泰安御锦置业有限公司追加、变更被执行人异议之诉案①中，山东省泰安市中级人民法院认为，在陆某林股东资格确认标准问题上，不能以单一的登记外观事项作为标准，应当根据签署章程、投资行为等具体情形，综合考虑股权权属的实质要件、公司股权名册记载和公司登记机关的登记形式要件，公平合理地做出判断。此外，山东省高级人民法院《关于审理公司纠纷案件若干问题的意见（试行）》第 26 条亦就如何认定股东资格问题作出如下规定：“当事人对股东资格发生争议时，人民法院应结合公司章程、股东名册、工商登记、出资情况、出资证明书、是否实际行使股东权利等因素，充分考虑当事人实施民事行为的真实意思表示，综合对股东资格作出认定。”

---

① 参见山东省泰安市中级人民法院民事判决书，（2021）鲁 09 民终 1732 号。

二、冒名登记的救济措施

一旦发现被冒名工商登记，被冒名者可以尝试从以下几个途径寻求法律救济。

（一）向公司登记机关投诉

国家市场监督管理总局《关于撤销冒用他人身份信息取得公司登记的指导意见》规定，被冒名者在发现被冒名登记后，可以直接向登记的公司登记机关（市场监管部门）反映情况，并可提供身份证件丢失报警回执、身份证件遗失公告、银行挂失身份证件记录、由专业机构出具的笔迹鉴定报告等有助于认定冒名登记基本事实的文件材料。综合上述证据确认注册文件系虚假事实后，公司登记机关直接撤销公司登记或责成公司股东内部先自行处理冒名股东的股份问题，然后办理变更登记。

（二）行政诉讼途径

如果确实是冒名登记，但是通过向公司登记机关投诉未能处理的，可以采取行政诉讼的方式寻求救济，即被冒名登记者直接起诉公司登记机关，请求法院判决公司登记机关撤销虚假登记。正常情况下，公司登记机关的履职方式主要为形式审查，其客观上无法对每份注册文件签章的真实性通过文件鉴定或实际调查进行全面的实质审查。但如果有确实的证据可以证明该份文件并非自己所签署，且存在身份证件遗失等客观事实，被冒名登记者可以请求法院判决公司登记机关撤销错误登记。

在郭某诉北京市海淀区市场监督管理局工商注销登记案①中，被冒名登记人提供了笔迹鉴定证实相关文件并非自己所签署，北京市海淀区人民法院行政判决书认定："懿宸公司在申请公司注销登记时，虽然按照上述规定提交了相关申请材料，但《懿宸（北京）医疗投资管理有限公司股东决定》中'郭某'的签名并非郭某本人所签，明显存在虚假内容。因此，海淀区市监局虽然尽到了审慎审查义务，但依据虚假材料作出的注销登记，显然缺乏事实和证据支持，依法应当予以撤销。"

（三）民事诉讼途径解决

《民法典》人格权编中明确规定任何组织或者个人不得以干涉、盗用、假冒

① 参见北京市海淀区人民法院行政判决书，（2021）京0108行初377号。

等方式侵犯他人的姓名权，冒名登记从民事侵权角度看，构成了《民法典》规定的侵权行为，被冒名人可以提起侵权之诉或根据《公司法》相关规定提起股东资格确认之诉，先由法院做出注册文件无效或类似文件无效的判决书，再请求市场监管部门依据法院判决书撤销公司登记或做出相应变更。

(四)刑事诉讼途径

在冒名股东案件中，往往伴有伪造和变造身份证、私刻印章、伪造公司文件、伪造验资证明等行为，这些行为情节严重的，或构成伪造、变造身份证罪，或构成伪造公司、企业、事业单位人民团体印章罪，或构成虚报注册资本罪。对涉嫌构成刑事犯罪的，被冒名登记者可以通过向公安机关举报、报案请求追究刑事责任，然后再凭刑事判决结果，请求公司登记机关撤销登记或作出处理。

综上，在冒名登记中，因被冒名的主体没有出资的意思表示，故其不享有公司股东身份，并不承担作为股东应负有的出资责任，相应的法律责任应由冒用他人名义的冒名登记人自行承担。上述咨询问题中，陈某虽被他人冒名登记为股东、高管，但只要能核实其被冒名登记的事实，按照法律规定其无须承担相关责任。但为避免麻烦，建议陈某积极采取救济措施，以维护自身的合法权益。

6 未经实际出资人的同意，名义股东对外转让股权是否有效？

咨询问题 ▶▶

王某与他人共同出资设立一家公司，占股比例为30%，并由其亲属李某代为持股。双方签订《股权代持协议书》，并在工商部门办理股权登记。事后，李某在王某不知情的情形下，与他人签订了《股权转让协议》，将其代持的30%股份转让给了第三人刘某，并在工商部门办理了股权转让登记。

请问：李某擅自签订《股权转让协议》的行为是否有效？王某该如何维权？

律师答疑 ▶▶

通常情况下，股权代持涉及有限责任公司和股份有限公司代持两种情形。

一、有限责任公司股权代持情形

关于有限责任公司的股权代持的效力问题，最高人民法院《关于适用〈中华人民共和国公司法〉若干问题的规定（三）》（以下简称《公司法司法解释（三）》）第24条明确规定，有限责任公司的实际出资人与名义出资人订立合同，约定由实际出资人出资并享有投资权益，如无法律规定的无效情形，该合同有效。根据该规定，笔者认为，在股权代持协议内容为双方真实意思表示的情况下，如果不存在法律规定的无效情形时，实际出资人与名义股东之间的《股权代持协议书》是合法有效的。而上述规定中的"法律规定的无效情形"，通常除"行为人不具备民事行为能力""非真实意思表示""恶意串通"等情形外，实践中主要是指不存在利用隐名股东形式来规避法律强制性、禁止性规定的情形，例如根据《公务员法》第59条第16项的规定，公务员不得"违反有关规定从事或者参与营利性活动，在企业或者其他营利性组织中兼任职务"，如果公务员以隐名股东的方式作为公司的出资人或控制人，属于违反法律规定，面临隐名出资行为无效的法律风险。

另外，保险公司的股权代持行为亦有可能因违反禁止性规定和损害公共利益而无效。在福建伟杰投资有限公司（以下简称伟杰公司）与福州天策实业有限公司(以下简称天策公司)营业信托纠纷案[①]中,最高人民法院认为:“天策公司、伟杰公司签订的《信托持股协议》内容,明显违反中国保险监督管理委员会制定的《保险公司股权管理办法》第八条关于‘任何单位或者个人不得委托他人或者接受他人委托持有保险公司的股权’[②]的规定……违反中国保险监督管理委员会《保险公司股权管理办法》有关禁止代持保险公司股权规定的行为,在一定程度上具有与直接违反《中华人民共和国保险法》等法律、行政法规一样的法律后果,同时还将出现破坏国家金融管理秩序、损害包括众多保险法律关系主体在内的社会公共利益的危害后果……由于双方签订的《信托持股协议》违反了中国保险监督管理委员会《保险公司股权管理办法》的禁止性规定,损害了社会公共利益,依法应认定为无效”。

需要注意的是,虽然法律规定了有限责任公司股权代持协议的有效性,但根据《公司法司法解释(三)》第 24 条第 2、3 款的规定,在股权代持行为中,法院仅支持已实际履行出资义务的出资人就“代持协议中投资权益部分”主张的权利。而涉及股东身份关系方面的内容,例如,请求公司变更股东、签发出资证明书、记载于股东名册、记载于公司章程并办理公司登记机关登记的,必须事先经公司其他过半数以上股东同意,否则法院将不予支持。

综上,法院在处理涉及有限责任公司股权代持案件中,对当事人签订的股权代持协议,无法律规定的无效情形的,其协议中关于财产方面的约定是有效的。而涉及股东身份关系的内容,则还需要获得公司其他过半数以上股东同意。在上述咨询问题中,在李某尚未私下转让股份的情形下,即使王某与李某的《股权代持协议书》经法院认定有效,但是如果未经该公司其他过半数以上股东同意,王某请求公司根据该代持协议办理股东变更登记、签发出资证明等行使股东身份权的要求亦无法得到法院支持。

二、股份有限公司股权代持情形

对于有限责任公司的股权代持的效力问题,司法解释已予以明确规定,但是关于股份有限公司股权代持合法性问题,我国法律目前无明确规定。在杨

---

① 参见最高人民法院民事裁定书,(2017)最高法民终 529 号。

② 此条款为 2014 年修订的《保险公司股权管理办法》,2018 年版未将此条作为独立条款,而是将其设置为第 18 条第 3 项内容。

某国、林某坤股权转让纠纷案①中，最高人民法院认为，如果涉及上市公司的股份代持的，上市公司的股份代持协议违背了上市公司监管的相关法律法规，属于无效协议。

关于名义股东擅自转让股权的行为是否具备法律效力问题。《公司法司法解释（三）》第25条第1款规定："名义股东将登记于其名下的股权转让、质押或者以其他方式处分，实际出资人以其对于股权享有实际权利为由，请求认定处分股权行为无效的，人民法院可以参照民法典第三百一十一条的规定处理。"根据上述法律规定，名义股东擅自转让股权的行为是否有效，必须先就受让人是否符合善意取得情形进行分析，如果符合善意取得情形的，该转让行为将被认定合法有效。《民法典》中关于"善意取得"前提条件的规定如下：(1)受让人受让该不动产或者动产时是善意；(2)以合理的价格转让；(3)转让的不动产或者动产依照法律规定应当登记的已经登记，不需要登记的已经交付受让人。

综上，笔者认为，在主张股权善意取得的案件中，首先，善意取得的主体必须基于工商登记的信赖而进行股权受让行为，如此才能够取得相应的股权，否则一般不能适用善意取得。其次，应结合案件具体情况，就受让人对"实际出资人与名义股东之间存在股份代持事实"知晓的情况及"是否尽到合理注意义务"进行分析。如果受让人明知存在代持情况却仍旧受让该股权，则不构成善意，该股权转让行为应属无效，应当予以撤回。在李某民等与加和（北京）信息科技有限公司（以下简称加和公司）等股权转让纠纷案②中，北京市第三中级人民法院认为："首先，《股权代持协议》明确约定李某民系名义股东，其在未受到精硕公司明确指令下向第三人转让其代持的涉案股权，属于无权处分，王某作为受让人，其在涉案股权转让发生前并非加和公司股东，对李某民与精硕公司之间股权代持情况并非当然知情，精硕公司亦未举证证明王某存在主观恶意及重大过失或涉案股权转让过程存在恶意串通情形；其次，王某与李某民主张在涉案股权转让时系依照加和公司提供的资产负债表中的'所有者权益'确定对价，精硕公司虽不认可，但精硕公司并未提交充分有效证据证明涉案股权转让价格具有不合理性，且公司的资产及负债亦系确定股权价值的关键性因素及交易惯例，结合李某民提交的加和公司2017年度审计报告，能够认定涉案股

① 参见最高人民法院民事裁定书，(2017)最高法民申2454号。

② 参见北京市第三中级人民法院民事判决书，(2020)京03民终4963号。

权转让对价的确定方式合理……再次，王某已依法被登记为加和公司股东，完成法定登记程序”。最终，法院认定王某受让涉案股权符合善意取得的构成要件。

从上述法律规定和各地司法审判实践中可以看出，名义股东未经实际出资人同意，擅自将所持有的股权转让给第三人，在第三人符合善意取得的情况下，如果该转让行为已经取得公司其他股东过半数同意，并且已经办理股权变更登记，则该股权转让行为并不因为名义股东所持股权存在瑕疵而无效，第三人可以取得股权。而名义股东擅自转让股权的行为造成实际出资人损失的，实际出资人可以根据《民法典》第 311 条规定和《公司法司法解释（三）》第 25 条的规定，请求名义股东承担赔偿责任。

综上，咨询问题中，王某与李某之间的股份代持行为系有限责任公司的股份代持行为，系双方真实意思表示，不存在法律规定的无效情形，双方之间签署的《股权代持协议书》合法有效。而对于李某擅自转让股权的行为，笔者建议王某首先了解刘某受让股权是否存在“善意取得”情形，比如刘某对股权代持行为是否明知或其转让价格是否合理、李某与刘某转让股权时是否按照《公司法》和公司章程规定履行了相应的股东决议和内部表决程序。如果有足够证据证实刘某不符合善意取得情形的，可以依法提起民事诉讼，请求确认该股权转让行为无效，如果法院最终认定受让人刘某符合善意取得，王某可以要求李某承担其相应的损失。

7 未完全履行出资义务的股东是否可以正常参与分红？

咨询问题 ▶▶

甲公司为有限责任公司，股东分别为刘某、王某、宋某。2020年年底，甲公司股东会决议通过年终税后利润分配方案，在该份方案中，以刘某未足额出资，也未参加公司经营或股东会议为由，拒绝向刘某分配红利。

请问：甲公司是否可以拒绝向未履行出资义务的刘某分配红利？

律师答疑 ▶▶

《公司法》第28条、第83条规定，股东、发起人应当按期足额缴纳公司章程中规定的各自所认缴的出资额。公司的发起人/股东及时、足额缴纳所认购的出资额是保证公司独立、高效运转的关键，但是实践中股东未及时足额缴纳所认缴出资额的情形时有发生。那么，未缴出资的股东是否享有分红权？

一、具备股东资格即享有资产收益的权利，未足额出资不影响盈余分配请求权行使

《公司法》第4条规定："公司股东依法享有资产收益、参与重大决策和选择管理者等权利。"资产收益权是股东的一项基本权利，而股东参与公司盈余分配则是股东享有资产收益权的重要体现。我国现行的《公司法》实行的是注册资本认缴制，按照公司章程的规定或者内部协议约定按期足额缴纳认缴的出资额，这仅是股东的基本义务之一，如股东没有按章程的规定缴纳出资，就是出资瑕疵。《公司法》针对出资瑕疵问题仅规定股东应当承担违约责任。除此之外，并无相关法律规定股东未实缴出资将影响其股东资格。而通常情况下，公司在设立时，出资人通过签订公司设立协议、章程来认缴公司出资。在公司成立后，出资人便取得股东资格，享有股权，工商登记形式在股东资格认定方面更是具有对外公示和公信的效力。

由此可见，未实缴出资与股东资格是两个问题，未实缴出资并不影响股东资格的确认，除在公司章程或者股东之间对此作出限制性规定或约定外，只要

享有股东资格,即享有参与公司盈余分配的权利。在徐某红与浙江义乌佳盈织针有限公司(以下简称佳盈公司)盈余分配纠纷案[①]中,浙江省金华市中级人民法院的裁判观点亦表明,“在股东身份得到确认的情况下,股东参与公司分红并不必然以实缴出资为前提,在全体股东一致同意的基础上,可按股东人数或其他标准分配公司盈余,以其标准进行盈余分配的公司,不得以股东未认缴出资阻碍其享有盈余分配的权利”。[②]

在广西叶道网络科技有限公司与刘某雄的公司盈余分配纠纷案[③]中,广西壮族自治区高级人民法院亦认为:“根据《中华人民共和国公司法》第四条规定,公司股东依法享有资产收益、参与重大决策和选择管理者等权利。参与公司盈余分配是股东享有资产收益权的重要体现,只要具有股东资格,即享有参与公司盈余分配的权利,除非公司章程或者股东之间对此作出限制性规定或约定。虽然《公司法》第三十四条规定,股东按照实缴的出资比例分取红利;但是结合该条文的全文理解,该条规定实际是如何确定股东分取红利的标准予以规制,并未规定未实缴出资的股东不能分取红利。”

二、未足额出资股东获得盈余分配的标准

《公司法》第34条规定,股东按照实缴的出资比例分取红利,但是全体约定不按照出资比例分取红利的除外。如前述广西叶道网络科技有限公司与刘某雄公司盈余分配纠纷案中的法院观点。《公司法》第34条规定的主要是股东分取红利的一个标准问题,即原则上股东是按照实际缴纳的出资比例分取红利,但是如果全体股东约定“不按照出资比例分取红利的”,则按照股东约定执行。此处应注意的是,股东资产收益权中的盈余分配权与公司的盈余分配方案是两个问题,若公司盈余是按照实缴的出资比例分配,那么,未实缴出资的股东则无法参与分配,虽然股东出资不足并不影响其股东资格的取得,但是,民事主体的权利义务应当是对等的,股东享有股东权利的前提是承担股东义务,与出资义务相对应的股东权利只能按照实际出资比例来行使。正常情况下,如果公司章程或者股东决议规定了按照实缴出资比例分配盈余,某股东

---

① 参见浙江省金华市中级人民法院民事判决书,(2018)浙07民终313号。

② 谢慧:《浙江金华中院判决徐月红诉佳盈公司公司盈余分配案》,载《人民法院报》2018年10月18日,第6版。

③ 参见广西壮族自治区高级人民法院民事裁定书,(2020)桂民申3425号。

虽然认缴了出资却并未实际出资,或者未足额出资,则该股东只能以实际出资所占的比例行使上述权利。但是如果公司在全体股东一致同意的基础上,形成按股东人数或其他标准分配公司盈余的盈余分配方案,则公司不得以股东未认缴出资阻碍其享有盈余分配的权利。如在上述徐某红与佳盈公司公司盈余分配纠纷案中,法院便认为,徐某红系佳盈公司的股东,其有权取得公司的利润分配。2008 年至 2016 年,佳盈公司将公司经营收入用于向 170 名股东人均发放过节费共计 32,000 元的事实清楚,该发放行为可以认定为对公司经营利润的分配,且相关分配决议已由佳盈公司临时股东大会通过。佳盈公司应支付徐某红上述款项。

三、股东权利的限制与解除

公司可依法通过公司章程或者股东会决议对未足额出资的股东的利润分配请求权、新股优先认购权、剩余财产分配请求权等股东权利作出相应的合理限制,符合法定条件的可以解除其股东资格。

对于未足额出资的股东,其出资不到位并不影响其股东资格的取得和盈余分配权的主张,但是由于股东出资瑕疵,其享有的利益理应不能按完全出资对待,根据最高人民法院《关于适用〈中华人民共和国公司法〉若干问题的规定(三)》(以下简称《公司法司法解释(三)》)第 16 条的规定,股东未履行或者未全面履行出资义务或者抽逃出资,公司可以根据公司章程或者股东会决议对其利润分配请求权、新股优先认购权、剩余财产分配请求权等股东权利作出相应的合理限制。但是,公司适用上述法律条款应同时具备以下条件:一是股东未履行或者未全面履行出资义务或者抽逃出资,二是公司根据公司章程或者股东会决议对其相应权利作出相应合理限制。两者缺一不可。

在郑州中禾文化发展有限公司(以下简称中禾文化)与河南讯唯网络发展有限公司(以下简称讯唯网络)、登封民丰永泰生态农场发展有限公司(以下简称民丰永泰)股东出资纠纷案①中,河南省登封市人民法院认为:限制股东利润分配请求权、新股优先认购权、剩余财产分配请求权等股东权利,应当同时具备两个条件:一是股东未履行或者未全面履行出资义务,或者有抽逃出资的行为;二是应当根据公司章程或者股东会决议作出限制。本案中,讯唯网络、民

---

① 参见河南省登封市人民法院民事判决书,(2018)豫 0185 民初 5370 号。

丰永泰虽未全面履行出资义务，但一方面天地之中公司的章程中并未明确规定未全面履行出资义务的股东将被限制股东权利，另一方面中禾文化也没有提交限制讯唯网络、民丰永泰股东权利的股东会决议，故法院不予支持中禾文化主张讯唯网络、民丰永泰因未履行出资义务，不享有在天地之中公司的表决权、剩余财产分配请求权等股东权利项的诉讼请求。在亿中制衣厂有限公司与惠州市乐生实业发展总公司南澳公司股东出资纠纷案[①]中，最高人民法院亦持相同裁判观点。

此外，《公司法司法解释（三）》第 17 条规定，有限责任公司的股东未履行出资义务或者抽逃全部出资，经公司催告缴纳或者返还，其在合理期间内仍未缴纳或者返还出资，公司可以通过股东会决议解除该股东的股东资格。根据该解释规定，对于恶意不履行出资义务的股东，公司可依法召开股东会做出决议，解除出资不实股东的股东资格，此不失为一种行之有效的方法。但需要指出的是，公司应依照《公司法》及章程规定召开股东会，做出有效决议，以保证决议的合法性和正当性。

综上，盈余分配权和盈余分配方案是两个不同的概念，对于未足额出资的股东，正常情况下，其出资不到位并不影响其股东资格的取得和盈余分配权的主张。违反出资义务的股东，虽然名义上取得了股东资格，由于其没有实施真实的投资行为，不仅没有使公司以其资本进行经营产生利润，也没有以其投资承担公司经营风险，如果不履行出资义务的股东与其他股东享受同等的利润分配方案，必然违背了股东合作共赢的初衷。在此情形下，根据《公司法》的立法精神及《民法典》中权利和义务统一、利益与风险一致的原则，公司可以依法通过股东会决议、章程规定的方式对未足额出资股东相应的分红权加以限制，例如在章程或利润分配方案中明确规定股东按照实缴的出资比例分取红利。

在前述咨询问题中，甲公司可以拒绝向未足额出资的股东刘某分配红利，但必须通过章程或有效的股东会决议明确，否则刘某仍有权要求公司按照分配方案进行盈余分配。

---

① 参见最高人民法院民事判决书，(2016)最高法民再 357 号。

8 如何建立公司的股权激励平台？

咨询问题

我公司是一家小微企业，希望通过股权激励平台方式招揽更多人才、鼓励现有员工积极工作。但是，我公司担心员工持股比例增大会影响原始股东在公司中的管理权限，对股东会决议造成阻碍。如果未来员工离职，会更加难以管理。

请问：如何在实现激励的目的同时，确保公司的管理体系保持较为简洁的形式？在此过程中应当如何确保原始股东对公司的控制？

律师答疑

随着市场经济不断发展，许多公司都面临人才吸引和挽留、提高员工工作积极性等问题。近年来，越来越多的公司开始尝试通过让员工直接或间接持有公司股权的方式对员工进行激励。

最简单的股权激励方式，就是将目标公司作为激励使用的股权直接转让给员工持有。这种方式所需股权需要目标公司的原始股东不断从自己持有的股权中分割，或者通过增资扩股的方式调整股权比例。虽然初期操作很便捷，但是长此以往会导致目标公司股东数量过多，原始股东的股权被不断稀释，直接影响原始股东对目标公司的管理控制权。此外，根据《公司法》的相关规定，有限责任公司股东不得超过50人，股份有限公司股东不得超过200人，这也就意味着直接分割目标公司股权的方式无法长久使用。

对于小微企业而言，想要通过调整股权架构的方式进行股权激励，应当注意最终架构的简洁、高效，便于管理，同时还需要注意控制成本。实践中较为常见的股权激励持股平台包括公司型持股平台、有限合伙企业型持股平台、信托计划持股平台等形式。每种形式有各自的优缺点，公司可以根据自身需求进行选择适用。

一、公司型持股平台

公司型持股平台，就是员工共同出资设立有限责任公司或股份有限公司作为持股公司,持有目标公司的股权,而员工作为持股公司的股东,也就实现了间接持有目标公司股权的目的。此处的“出资”常见为象征性出资或以较为优惠的价格出资。现行《公司法》对公司注册资本未设置最低要求,员工设立该持股公司的成本和持股公司的管理运营成本均不会很高。此外,如果未来员工发生变动,只需要变更持股公司的工商登记信息和股权比例即可,不需要变更目标公司的工商信息,操作较为便捷。

从公司管理层面看,由于员工是通过持股公司间接持有目标公司的股权,不能直接参加目标公司的股东会,也不能直接在目标公司行使股东权利,不会直接影响目标公司的股东会决议。操作中只需要目标公司的原始股东(或其可信任的代表)在持股公司中作为大股东,即持有持股公司50%以上股权,这样在目标公司召开股东会时,持股公司的投票权事实上是由目标公司的原始股东掌控,也就可以最大程度确保持股公司的可控性。

而公司型持股平台的缺点是员工为取得分配利润所需缴纳的税率可能较高。持股公司从目标公司取得分配利润需要缴纳企业所得税,员工从持股公司取得分配利润需要缴纳个人所得税,即可能涉及双重征税。因此除非持股公司可以取得地域或领域等特殊政策优惠,否则最终员工能够取得的实际利润会被大幅减少。

二、有限合伙型持股平台

有限合伙型持股平台是目前最为常见的股权激励形式。2006年《合伙企业法》颁布实施后,有限合伙企业在我国崭露头角。与一般意义上的公司不同,有限合伙企业的合伙人分为普通合伙人(GP)和有限合伙人(LP)。执行事务合伙人一般由普通合伙人担任,履行有限合伙企业的管理工作,有限合伙人不参与企业管理。

有限合伙型持股平台就是由目标公司原始股东(或其成立的公司)和激励员工共同成立有限合伙企业,由该持股企业持有目标公司的股权,由原始股东担任普通合伙人控制整个持股企业,员工则作为持股企业的有限合伙人,只享受收益分红,不参与持股企业的管理。根据《合伙企业法》的相关规定,有限合伙人不执行合伙事务,因此在这种模式下,原始股东只需要持有持股企业的少量份额即可掌握完整的控制权。待目标公司召开股东会时,持股企业的投票权事实上由原始股东完全控制。

此外，合伙企业的合伙人在取得目标公司分配利润时，仅需支付个人所得税，可以避免公司型持股平台的双重征税问题。同时还能够保留公司型持股平台工商变更较少、操作便捷的优势。

有限合伙企业型持股平台的缺点是人数限制。根据《合伙企业法》的规定，有限合伙企业的合伙人人数不得超过 50 人。如果目标公司未来激励员工人数较多，则需要成立多个持股平台才能够满足激励需要。为了避免目标公司召开股东会及投票表决程序过于烦琐，届时可能需要所有的持股企业与原始股东通过成立一个大型有限合伙企业以集中控制权、简化表决流程。

有限合伙型持股平台的另一个风险点是针对普通合伙人的原始股东。根据有限合伙企业的性质，普通合伙人个人需要对有限合伙企业的债务承担无限连带责任。如果该有限合伙企业仅用于持股平台，不对外开展任何业务，那么普通合伙人的风险较低。但如果该有限合伙企业还可能对外开展业务，则建议原始股东成立一家有限责任公司，担任有限合伙企业的普通合伙人，以降低原始股东个人承担责任的比例和风险。

三、信托计划持股平台

信托计划持股平台就是目标公司通过委托信托公司，以设立信托计划的方式管理持股，员工仅作为获取派息方。此方式通过第三方进行管理和操作，将目标公司与员工分隔开，方便管理和风险控制。员工还可以通过信托公司对自己所享有的股权信托进行其他投资、融资等行为，充分享受激励措施给自己带来的利益。

信托计划持股平台现在面临的最大问题是 IPO（首次公开募股）隐患。由于信托平台方式意味着最终利益主体并不会对外公开，可能导致目标公司股权架构不足以满足证监会对上市公司股权架构清晰度的要求，在审核发行股票过程中会遇到阻碍。因此，如果目标公司没有 IPO 计划，可以根据自身的需要，综合考虑财务成本、操作便捷度等条件来选择持股平台的模式；但如果目标公司未来有 IPO 计划，则建议避免通过信托计划持股平台的方式进行员工激励，以避免未来发行股票受阻，面临解散平台、安抚员工等问题。此外，信托公司作为独立第三方，会收取部分管理费用，因此该模式的管理成本相较其他模式可能会偏高。

除了上述三种持股平台以外，还有私募基金持股、资管计划持股、境外持股平台、期权等多种途径,但存在适用的局限性较强、对目标公司的要求较高、与信托计划持股平台类似存在 IPO 隐患等问题,且实践案例数量较少,一般不会作为小微企业的优选方案。

无论采取哪种持股平台模式,除了模式本身,公司还需要考虑就"未来与员工解除劳动合同时如何将股权收回"制定切实可行的操作方案。员工持股平台必然会面临员工的不断变化,因此建议无论是持股公司的公司章程、有限合伙企业的合伙协议,还是与员工签订的相关激励协议,都需要明确约定"加入和退出需经全体股东或合伙人同意、员工退出时必须将自己持有的股权或份额退回平台、退出员工的股权或份额由原始股东代持,待新员工加入后转让给新员工、平台其他既有员工必须放弃对该部分股权或份额的优先购买权"等内容,避免份额转移过程中出现纠纷。

在上海市浦东新区人民检察院诉上海安基生物科技股份有限公司(以下简称安基生物公司)、郑某擅自发行股票案[①]中,上海市浦东新区人民法院从受让人是否属于不特定对象,转让股权的价格是否具有不确定性、是否采用公开的形式转让股权等方面,最终认定安基生物公司和郑某构成擅自发行股票罪。因此,需要提醒公司的是,持股平台的相对方必须是公司员工,而非任意希望持有目标公司股权的个人。如果持股公司招揽社会不特定对象购买股权,则存在被认定为非法集资,甚至可能构成擅自发行股票罪的风险。

---

① 参见上海市浦东新区人民法院刑事判决书,(2009)浦刑初字第 917 号。

9 股权激励持股平台的税负如何承担?

咨询问题

我公司拟针对核心创业骨干进行股权激励。经财务部门反馈,股权激励操作过程中,会涉及很多税负问题,需要公司提前了解清楚。否则,股权激励计划可能无法推进。

请问:股权激励会涉及什么样的税负承担?持股平台又是怎么回事?

律师答疑

员工股权激励在当前互联网经济以及创业浪潮时代背景下,越来越多地被企业提起和实践,而好的股权激励方案,对于企业与经理人、核心员工等实现利益捆绑,留住人才、吸引人才,实现企业与员工的共赢具有重要作用。有报道称,世界 500 强企业中超过 85% 的企业使用了股权激励。而在股权激励过程中,结合激励目的及税负承担选择适宜持股平台,则又是好的股权激励方案能够落地实施的关键。

非上市公司股权激励主要适用的财税规定,是财政部、国家税务总局《关于完善股权激励和技术入股有关所得税政策的通知》(以下简称 101 号文件)。该文件较之先前的相关规定主要变化有两点:一是合并为一个纳税环节,即取得股权时不征税,转让环节征税;二是改变了所得的性质,即按照"财税转让所得"项目纳税,不再按"工资薪金所得"项目纳税,税负可降低 10% ~20% 。101 号文件第 1 条第 1 款具体规定为:"非上市公司授予本公司员工的股票期权、股权期权、限制性股票和股权奖励,符合规定条件的,经向主管税务机关备案,可实行递延纳税政策,即员工在取得股权激励时可暂不纳税,递延至转让该股权时纳税;股权转让时,按照股权转让收入减除股权取得成本以及合理税费后的差额,适用'财产转让所得'项目,按照 20% 的税率计算缴纳个人所得税"。该条款同时规定,股权转让时,股票(权)期权取得成本按行权价确定,限制性股票取得成本按实际出资额确定,股权奖励取得成本为零。

101 号文件还对股权激励的类型进行了列举,包括股票期限、股权期权、限制性股票和股权奖励4种。具体而言,股票(权)期权,是指公司给予激励对象在一定期限内以事先约定的价格购买本公司股票(权)的权利。限制性股票,则是公司按照预先确定的条件授予激励对象一定数量的本公司股权,激励对象只有工作年限或业绩目标符合股权激励计划规定的条件时才可以处置该股权。股权奖励,指的是公司无偿授予激励对象一定份额的股权或一定数量的股份。因此,在股权激励过程中,公司需要结合实际情况选择适用更切合公司实际的激励方式。

另外,股权激励员工持股的方式,一般分为直接持股和间接持股两大类。直接持股,是指员工以自己的名义持有公司股权,直接行使股东权利。间接持股,是指员工不以自己的名义直接持有公司股权,而是通过他人代持或者搭建持股平台等方式间接持有公司股权。间接持股的主要形式是搭建持股平台,持股平台主要包括有限责任公司、有限合伙企业以及发行金融产品等。而股东持有股权的收益包括股权转让收入和股息分红。根据税法相关规定,两者的税负也是不同的。

一、员工直接持股形式

员工以本人名义,通过原股东受让、赠与股权或对拟上市主体公司增资扩股的方式直接持有拟上市主体公司的股份或股权。在该方式下,员工直接持有主体公司股权,按股权比例行使相应股东权利,不需要额外设立持股平台,程序简便。但是,较多的持股主体将造成股权分散,不利于主体公司的集中决策和管理,且股权变更需要到市场监管局办理变更登记,手续烦琐。

员工直接持股模式下,税负成本如下:在股权转让阶段,根据《股权转让所得个人所得税管理办法(试行)》第4条第1款"个人转让股权,以股权转让收入减除股权原值和合理费用后的余额为应纳税所得额,按'财产转让所得'缴纳个人所得税"的规定,自然人股东转让股权按照"财产转让所得"缴纳个人所得税。而根据《个人所得税法》规定,财产转让所得税率为20%。在股权激励的股息分红阶段,根据《个人所得税法》规定,利息、股息、红利所得利率为20%。个人取得非上市公司股息红利,全额缴纳个人所得税。

二、公司间接持股形式

公司形式持股,则是员工通过出资设立有限或股份公司形式持股。关于人数上限，有限责任公司员工持股人数不得超过 50 人，股份有限公司持股人数不得超过 200 人。同时，对于公司形式下的持股平台，其治理结构、责任形式、权益转让、增减资等均受《公司法》调整。

而在税负承担方面，以公司形式作为持股平台的模式下，持股平台公司本身是一层纳税主体，而平台的股东则是另外一层纳税主体，即需要征收公司和个人层面双重所得税。具体为：在股权转让阶段，持股公司需要缴纳 25% 的企业所得税，股东则需要缴纳 20% 的个人所得税。此双重征税下，其综合税率则为 40%，即综合税率 25% +（1 -25%）×20% =40%。而在股权激励的股息分红阶段，根据《企业所得税法》《企业所得税法实施条例》的相关规定，居民企业直接投资于其他居民企业取得的股息、红利等权益性投资收益为免税收入，但公司持股平台将得到的股息红利分配给个人股东时，需按 20% 税率缴纳个人所得税，即平台公司取得分红时免征企业所得税，但平台公司向员工分红时自然人股东需要缴纳 20% 的个税。

三、有限合伙间接持股形式

员工出资成立有限合伙企业，则是企业进行股权激励较多采取的一种方式。此种模式下，合伙人通过签订合伙协议，约定普通合伙人和有限合伙人的行为，界定合伙人的权利和义务。而合伙企业内部治理结构、权益转让、增减资等事项依据《合伙企业法》的相关规定，可通过合伙协议灵活约定。

在税负承担上，有限合伙企业作为持股平台，其纳税主体适用穿透原则，即合伙企业平台本身不是纳税主体，穿透至各合伙人进行纳税申报。在股权转让阶段，其适用 5% ~35% 超额累进税率，并可根据不同区域政策，享受一定的税收优惠。合伙人为自然人的，征收个人所得税。而在股息分红阶段，根据财政部、国家税务总局《关于印发〈关于个人独资企业和合伙企业投资者征收个人所得税的规定〉的通知》的内容可知，合伙企业对外投资分回的股息红利，不并入合伙企业的收入，而是单独作为有限合伙企业个人所得的利息、股息、红利所得应税项目计税，即合伙企业取得分红时不对合伙企业征税，各合伙人按照 20% 缴纳个税。

综上，相较于个人直接持股以及有限公司持股，有限合伙企业税负成本相对较低；同时，持股平台的注册地可以灵活设置在有税收优惠政策的地区。需注意的是，税收优惠，包括个别地方的财政返还等政策，并不适合作为企业长期战略发展规划所需考虑的因素，因为个别地方政府使用财政奖励或补贴来吸引外地企业落户，本质是地方争夺税源的行为。因此，此种政策具有一定的不稳定性，企业若基于长期持股平台或长期战略考虑，建议综合考虑税务清算、工商变更便利等因素，慎重选择注册地址。另外，根据以往的上市企业数据统计，员工持股平台占公司总股本10% ~20%的比例被多数上市企业所选，这也是实施股权激励方案过程中需要重点把控的因素之一。

CHAPTER 7

第七章

公司涉诉案件管理与应对

1 电子数据证据如何认定与举证?

咨询问题 ▶▶

我公司与某公司长期存在买卖合同关系,主要交易方式为双方签订框架协议后,通过电子邮箱下单并按月进行结算。交易过程中,该公司的对接人员不一致且邮箱地址也不一致,还存在通过微信进行沟通的情形。该公司已经逾期半年未支付我公司货款,现我公司决定对该公司提起诉讼。

请问:我公司应当如何举证?

律师答疑 ▶▶

公司采用签订框架协议、电子邮件或微信下单并结算的方式系交易过程中,特别是存在长期交易关系的商事主体间的常用方式,双方通过电子邮件形式结算有效。但从证据组织层面分析,若企业作为出卖人欲向客户主张货款,主要需从“双方之间存在买卖合同关系”“已按约定向客户提供货物”“货款支付条件已满足”三个方面进行举证。根据咨询问题的公司反映的信息来看,为证明前述内容,需明确电子邮件、微信等记录是否能够作为证据及其如何举证等问题。公司在交易过程中,虽存在对接人员不一致、往来电子邮件所使用邮箱地址不一致等瑕疵,由于民事诉讼证据讲究的是高度盖然性,若所提供的证据能够相互佐证并形成证据链,出卖人的主张仍能得到法院的支持。具体分析如下。

一、电子数据法律规定

《民事诉讼法》第66条规定,证据包括:当事人的陈述、书证、物证、视听资料、电子数据、证人证言、鉴定意见、勘验笔录。其中,电子数据是指通过电子邮件、电子数据交换、网上聊天记录、博客、微博客、手机短信、电子签名、域名等形成或者存储在电子介质中的信息。同时,最高人民法院《关于民事诉讼证据的若干规定》(以下简称《证据规定》)进一步明确了电子数据的主要内容,包括网页、博客、微博客等网络平台发布的信息;手机短信、电子邮件、即时通信、通讯群组等网络应用服务的通信信息;用户注册信息、身份认证信息、电子交易记录、通信记录、登录日志等信息;文档、图片、音频、视频、数字证书、计算机程序等电子文件;其他以数字化形式存储、处理、传输的能够证明案件事实的信息。

因此,电子邮件往来信息、微信沟通记录以及微信、支付宝产生的转账记录属于电子数据,证据形式合法,可作为证据提交法院以支持自身的主张。

二、电子数据证据认定

由于电子数据具有可增删、可修改、可伪造等特点,且增删、修改、伪造后无法直接通过外观呈现,故在司法实践中,对于电子数据真实性的审查比较慎重,一般通过如下方面进行分析:(1)电子数据的生成、存储、传输所依赖的计算机系统的硬件、软件环境是否完整、可靠;(2)电子数据的生成、存储、传输所依赖的计算机系统的硬件、软件环境是否处于正常运行状态,或者不处于正常运行状态时对电子数据的生成、存储、传输是否有影响;(3)电子数据的生成、存储、传输所依赖的计算机系统的硬件、软件环境是否具备有效防止出错的监测、核查手段;(4)电子数据是否被完整地保存、传输、提取,保存、传输、提取的方法是否可靠。

《证据规定》第 15 条规定,以电子数据作为证据的,应当提供原件。电子数据的制作者制作的与原件一致的副本,或者直接源于电子数据的打印件或其他可以显示、识别的输出介质,视为电子数据的原件。《证据规定》第 94 条第 2 款还明确,“电子数据的内容经公证机关公证的,人民法院应当确认其真实性,但有相反证据足以推翻的除外”。

根据前述规定,为保证电子证据能够成为定案的依据,一般电子证据的提交形式为制作成公证书或在法庭现场演示,以达到核查原件的目的。在北京智恒网安科技有限公司(以下简称智恒网安公司)、北京信诺瑞得软件系统有限公司(以下简称信诺瑞得公司)侵害计算机软件著作权纠纷案①中,最高人民法院认为,信诺瑞得公司提交的电子邮件为 Outlook 中包含信息内容的可识别输出方式,其应视为电子数据的原件,且智恒网安公司并未提供任何证据推翻该组邮件的真实性,故法院对该组邮件予以采信。

---

① 参见最高人民法院民事判决书,(2021)最高法知民终 1269 号。

如结合案件事实、当事人陈述无法认定的,法院还会通过鉴定或者勘验等方法进行审查判断。此外,《证据规定》第94条还规定了五种可以推定电子证据为真实的情形:(1)由当事人提交或者保管的于己不利的电子数据;(2)由记录和保存电子数据的中立第三方平台提供或者确认的;(3)在正常业务活动中形成的;(4)以档案管理方式保管的;(5)以当事人约定的方式保存、传输、提取的。

综上,在诉讼、仲裁程序中,电子数据可通过保全或现场展示的方式予以提交,即出卖人需注意保存、搜集微信聊天记录、电子转账凭证记录以及相应的电子邮件。

三、电子数据证据固定

为方便交易,双方采用“框架协议+订单”的交易模式,且订单系通过电子邮件、微信等通信方式确认。此种交易模式下,往往存在交易双方对接人员、通信方式经常变更,或电子证据遗失等问题,为证明双方真实的交易关系,需对相关微信聊天及电子邮件往来记录进行审查。

司法实务中,对于微信聊天及电子邮件往来记录的审查主要包括:微信及电子邮件记录的来源是否符合法律规定;微信及电子邮件记录的双方身份信息是否真实;微信及电子邮件记录是否与案件事实关联;微信及电子邮件记录内容是否真实、清晰,具有相对完整性,能够反映当事人想要证明的事实。对此,在证据固定过程中,需注意如下内容:

1. 双方是否在合同中约定双方通过微信及电子邮件沟通,且是否约定了具体的电话号码、电子邮箱地址,如有约定且按照合同约定履行的,则推定电子证据真实。

2. 对方采用多个电子邮箱与公司联系的情况,存在合同中并未一一确认的可能。对于未能在合同中进行确认的联系方式,如为电子邮件的,需区分电子邮箱采用的是企业邮箱还是个人邮箱;如为企业邮箱,一般可直接推定属于对方公司人员;如为个人邮箱或微信聊天记录的,需根据相关证据予以综合判断。

3. 公司也可提供对方曾按照电子邮件或微信中相关内容予以履行的证据,如按照电子邮件或微信中的对账数额进行款项支付等证据。如交易相关的微信记录、电子邮件存在瑕疵,除证明电子证据的真实性、有效性外,还可能存在证据原始载体灭失，无法核对打印件、副本与原始文件一致性的风险。如前所述，因电子证据具有易被修改、伪造的特点，如产生纠纷，容易因无法达到证明标准而败诉，故需尽量搜集对己方有利且有原始载体的记录，如能相互佐证并形成证据链的，亦能达到相应证明目的。

在交易过程中，对于容易灭失的证据或者关键证据，有必要提前采取一定保全措施，为敦促销售或相关人员积极履责，可将相应责任义务在相关管理规章中予以明确。值得注意的是，随着技术的进步，第三方存证平台运用新技术存证在互联网案件中得到了广泛认可。虽然目前最高人民法院《关于互联网法院审理案件若干问题的规定》第 11 条第 2 款规定①仅适用于互联网法院审理的案件，但实务中也有较多法院在其他案件中参照这一规定，如没有相反证据，法院一般会予以采信。

综上，因咨询问题中重要订单、结算等文件均通过电子数据予以确认，此种情况下，笔者建议双方在合同中指定手机号码、电子邮箱或传真号码等联系方式，并将证据提交第三方存证平台保存、以档案管理方式予以保管。当然，对于重要的合同、对账单等文件，笔者仍建议通过公证等方式进行证据固定，以降低法律风险，保障合法权益。

---

① 具体规定为："当事人提交的电子数据，通过电子签名、可信时间戳、哈希值校验、区块链等证据收集、固定和防篡改的技术手段或者通过电子取证存证平台认证，能够证明其真实性的，互联网法院应当确认。"

2 买受人怠于验收,出卖方如何主张货款?

咨询问题 ▶▶

我公司供应的货物需要安装调试后才能投入使用,所以与客户签署的采购合同通常会将到货安装调试并通过客户验收作为付款的前提条件。项目履行过程中,我公司供应的货物并没有质量问题,但时常会出现客户在货物投入使用后迟迟不出具书面验收报告,或客户迟迟不组织验收的情况。

请问:客户怠于出具书面验收凭证,我公司如何举证证明货物已实际通过验收?如果客户因其自身原因不组织验收,我公司如何主张货款?

律师答疑 ▶▶

在合同中明确约定验收作为付款条件之一时,需区分合同中有无约定检验异议期,并结合合同的实际履行情况进行证据的组织与固定。

一、检验异议期的审查

《民法典》第 621 条第 1 款规定,当事人约定检验期限的,买受人应当在检验期限内将标的物的数量或者质量不符合约定的情形通知出卖人。买受人怠于通知的,视为标的物的数量或者质量符合约定。买受人怠于验收时,应首先审阅合同中有无明确约定检验异议期条款,例如,“买受人应自收到出卖人关于完成货物安装调试的通知之日起××日内进行验收,买受人未在前述期限内验收亦未提出异议的,前述期限届满之日即视为验收合格之日”。若有相应的验收异议条款,可通过出卖人通知买受人验收的日期,推算付款到期日。但《民法典》第 622 条也规定,合同约定的验收异议期应根据货物的性质及买卖双方的交易习惯来确定,不宜过短,如果约定异议期内买受人无法完成全面检验,则该异议期限仅视为买受人对货物外观瑕疵提出异议的期限。

如果合同中未明确约定货物验收异议期,根据《民法典》第 621 条第 2 款的规定,买受人应在发现或应当发现货物的数量或者质量不符合约定的合理期限内通知出卖人。虽然《民法典》对“合理期限”没有明确的定义,但限定了买受人应在自收到货物之日起2年内将异议通知出卖人,否则视为货物的数量或质量符合约定;但是,出卖人对货物承诺了质量保证期的,适用质量保证期,不适用该2年的规定。此外,根据《民法典》第623条的规定,买受人签收的送货单、确认单等载明标的物数量、型号、规格的,可推定买受人已经对数量和外观瑕疵进行了检验。

二、通过验收的证据固定

对于货物实际通过验收但买受人不配合出具书面验收凭证的情况,笔者建议出卖人从以下几个方面进行证据固定及补强:首先,妥善留存货物交付时的送货单、交货单等凭证,并确保该等交货凭证上罗列了货物名称、规格、数量、型号、交期等基本信息;其次,货物完成调试验收后,可通过向买受人发送邮件等留痕的方式告知对方通过验收并敦促付款,也可通过制作客户满意度调查表、回访等方式进一步固定证据,双方如上的沟通往来通常也可以间接证明货物已验收并投入使用的事实;最后,对于承诺质保期的货物,在出卖人向买受人提供售后服务时,应制作相应的售后服务记录并标明质保期限要求对方确认,经确认的售后服务记录也可证明货物何时实际投入使用的事实。

三、出卖人质量瑕疵担保责任

需要注意的是,结合《民法典》第621条的规定,质保期可以视作检验异议期的一种,但验收异议期并不当然等同于质保期。检验异议期针对的是,在约定期限内出卖人是否应当就货物的数量、规格不符或外观瑕疵而应承担违约责任的问题。而质保期针对的是,在货物合理预期的期限内,货物是否可能存在交货检验时所不能及时发现的隐蔽瑕疵问题。即便买受人没有在检验异议期内提出异议,也并不代表可以就此免除出卖人的质量担保责任。如在合同约定的质保期限内,发现货物存在不符合合同约定的质量瑕疵,则买受人仍然可以要求出卖人采取相应的补救措施,如维修、重做、更换、退货以及承担相应的费用,并按照合同约定承担相应的违约责任。

在陕西海通化工机械有限公司(以下简称海通公司)与安徽海德化工科技

有限公司（以下简称海德公司）买卖合同纠纷案[①]中，出卖人海通公司与买受人海德公司签署的《工业产品购销合同》中约定，设备的检验异议期为安装调试验收合格后 15 天，质保期为设备交货后 18 个月或设备运行后 12 个月。海通公司按约完成交货及安装，且海德公司未在检验异议期内提出异议。但在使用过程中海德公司发现设备存在质量问题，并在合同约定的质保期届满前向海通公司提出了异议。之后，双方协商无果致讼，诉讼中海通公司以海德公司未在合同约定的异议期内提出异议为由，抗辩其不应承担质量责任。然而，安徽省马鞍山市中级人民法院认为："……案涉的设备多数是管状，管内部的质量瑕疵在较短的时间内难以完成全面检验的，对合同约定的验收期限应认定为对外观的检验异议期……海德公司起诉时，该设备仍在质保期内……设备在使用很短的时间里就不断出现了质量问题，经海通公司多次派员进行维修，仍不能正常使用，须重新购置更换，致使海德公司的合同目的不能实现，故海通公司构成违约，海德公司要求退还海通公司九台设备的违约主张，应予支持。"

四、怠于验收时的救济措施

在出卖人按约备货、完成安装调试的情况下，若买受人因其自身原因长期不予收货或验收，即便合同约定了货物验收合格后付款，通常也会被认定为合同的付款条件成立。在美高工业器材（上海）有限公司（以下简称美高公司）与厦门广成实业有限公司（以下简称广成公司）买卖合同纠纷案[②]中，出卖人美高公司与买受人广成公司签署的合同约定，在货物交付至指定地点并经广成公司验收合格后 60 天付款。合同生效后，美高公司按约完成了全部的备货，但广成公司要求美高公司延期发货并持续不予确认具体的交期，造成美高公司货物积压在仓库近两年无法完成交付；后双方协商无果致讼，诉讼中广成公司便以货物还未交付且没有通过验收为由，抗辩合同约定的付款条件未能成就，其无义务支付货款。然而，上海市第一中级人民法院根据《合同法》第 45 条（已失效，参见《民法典》第 158 条）之规定，以广成公司不正当地阻止合同条件成就为由，认定双方合同约定的货款支付条件成就，最终判决广成公司应当立即自行至美高公司仓库提货，并同时向美高公司支付全部货款。

① 参见安徽省马鞍山市中级人民法院民事判决书，（2017）皖 05 民终 1084 号。
② 参见上海市第一中级人民法院民事判决书，（2020）沪 01 民终 4204 号。

即便如此,出卖人亦负有先行举证证明货物已具备交付条件且催告买受人履约的举证责任。因此,笔者建议,出卖人在履行合同的过程中可通过以下方式固定己方积极促成合同条件成就的相关证据:通过发送电子邮件(尽量发送至公司邮箱、避免发送给个人邮箱)、快递公函(保留底单及妥投记录)等留痕的方式,多次敦促买受人组织验收。需要注意的是,如果买受人因遭受不可抗力的原因或存在一些合同约定的"背靠背"之情形(如合同中明确约定货物验收是以非买受人的第三方验收结果为准时),仍要具体情况具体分析,不宜一概而论。

3 债权的诉讼时效如何计算?

咨询问题 ▶▶

买方与我公司签订货物买卖合同,约定买方于2018年1月31日之前付清货款,但直至2022年3月仍未付款。后我公司起诉买方,要求其偿付货款。但买方抗辩债权已过诉讼时效期间,拒绝承担付款义务。

请问:为避免诉讼时效经过,我公司应当如何维护自身合法权益?

律师答疑 ▶▶

一、诉讼时效的相关法律依据

诉讼时效,是指权利人在法定期间内不行使权利,即丧失请求司法机关以强制力保护其请求权的法律制度。诉讼时效期间经过,义务人即取得诉讼时效期间经过的抗辩权,若义务人以此抗辩,权利人即丧失请求法院强制义务人履行义务的权利。《民法典》第一编第九章规定,诉讼时效期间分为三类:第一类为普通诉讼时效期间,为3年;第二类为特别时效期间,由其他法律另行规定,如国际货物买卖合同和技术出口合同争议的时效期间为4年;第三类为最长诉讼时效期间,为20年。除第三类诉讼时效期间外,诉讼时效期间均适用中断、中止的规定,且均自权利人知道或者应当知道权利被侵害之日起计算。而第三类诉讼时效为固定时间,不适用中断、中止的规定,且自权利人权利受到损失之日起算。

主张诉讼时效未届满,需要固定诉讼时效中止、中断等相关证据。其中,诉讼时效中止,是指在诉讼时效期间的最后6个月内,因发生一定事由不能行使请求权的,诉讼时效中止,自中止时效的原因消除之日起满6个月,诉讼时效期间届满。能够导致诉讼时效中止的法定事由包括:(1)不可抗力;(2)无民事行为能力人或者限制民事行为能力人没有法定代理人,或者法定代理人死亡、丧失民事行为能力、丧失代理权;(3)继承开始后未确定继承人或者遗产管理人;(4)权利人被义务人或者其他人控制;(5)其他导致权利人不能行使请求权的障碍。关于诉讼时效中止的运用因时间阶段要求比较严格,且发生的事实比较单一,公司可参照上述所列情形判断是否可以适用。

二、中断诉讼时效的法律措施

诉讼时效中断,是指因发生法定事由,导致诉讼时效从该法定事由终结时起,诉讼时效期间重新计算,该法定事由包括:权利人向义务人提出履行请求;义务人同意履行义务;权利人提起诉讼或者申请仲裁;与提起诉讼或者申请仲裁具有同等效力的其他情形。公司在管理合同债权的诉讼时效时,可以采取的措施包括:

1. 要求债务人出具还款计划或双方签订还款协议。此时诉讼时效从还款计划的履行期限届满时起再开始计算,诉讼时效因此而得以延长。

2. 与债务人对账并签章确认。通过此种方式延长诉讼时效需要注意,对账函是双方基于一定基础关系而发生的、对债权债务数额予以确认的一种书面表现形式。一般认为,只有债权人向债务人明确表达催收债务的意思表示,才能导致诉讼时效中断。为避免出现诉讼时效期满的风险,建议债权人在诉讼时效期内与债务人进行对账,或出具对账函时一定要有催收债务的明确意思表示。

3. 定期主张债权并保留证据。发催款函或律师函催收是最常用的一种方式,特别是在债务人不配合出具还款计划或签署还款协议时。采用该种方式,需要注意留取以下证据:如直接向债务人送交主张债权的文书的,需债务人在文书上签字、盖章,签收人须是债务人的法定代表人,或是能够代表债务人的员工(不能代表债务人的签收人即使在回执上签字,其效力也可能存在瑕疵)。如向债务人直接快递发送函件的,需注意采用邮政快递,按照合同约定的地址邮寄并留取催收字样的底单存根,同时保留快递跟踪记录;如债务人下落不明的,可以在国家级或者下落不明的债务人住所地省级有影响力的媒体刊登具有主张权利内容的公告。

4. 提起诉讼或申请仲裁。向法院提起诉讼或向仲裁机构申请仲裁,是债权人以法定的权利主张债权的方式,可以产生中断诉讼时效的效力。但需要注意,通常认为当事人起诉后,在法院或仲裁机构还没有通知到债务人的情况下又撤诉的,不能产生诉讼时效中断的效果,因为此时债权人主张债权的意思表示并没有到达债务人。

5. 其他手段。主要指与提起诉讼或申请仲裁具有同等效力的情形，包括申请支付令、申请破产、申报破产债权、为主张权利而宣告债务人失踪或死亡、申请保全、申请强制执行、申请追加债务人为当事人参加诉讼等情形。

三、诉讼时效起算的方式

债权人除需利用诉讼时效中断制度保障自身债权外，还需知晓诉讼时效从何时起算。普通诉讼时效的起算点为权利人自知道或者应当知道权利被侵害之日，就合同债权而言，一般权利人知晓自身权利受到侵害的时间为合同相对方逾期付款之日，即一般合同债权的诉讼时效起算点为合同相对方逾期付款的次日。除此之外，还有几种特殊的方式需注意：

1. 如合同采用分期付款或分期交货的方式，在同一债务分期履行的情况下，债务虽然进行了分期，但本质上属于同一债务，故诉讼时效期间自最后一个履行期限届满之日起计算。

司法实务中有法院认为，在建设工程领域的质保金和工程款并非同一性质的债务，不属于"同一债务分期履行"的情形。在云南东方红节能设备工程有限公司与英属维尔京群岛德润集团有限公司建设工程施工合同纠纷案①中，云南省高级人民法院认为，适用最高人民法院《关于审理民事诉讼案件适用诉讼时效制度若干问题的规定》的前提是分期履行的债务应该是同一债务，质量保证金是工程款的一部分，但是，其还有另外一种属性，根据《建设工程质量保证金管理暂行办法》（已失效）第 2 条第 1 款②的规定，质量保证金具有担保功能，其发放以工程质量是否有缺陷为条件。具体而言，是以约定的缺陷责任期内的工程是否有缺陷以及缺陷大小来确定该保证金是否返还或者返还的比例。但是，工程款并无担保功能，其发放是以完成工程量的大小为结算依据，两种款项的性质并不相同。由于质量保证金的属性与工程款存在区别，诉讼时效的计算也不同于工程款。故公司在处理建设工程合同时需特别注意。

2. 如合同约定在一定年限内随时供货、随时结账，俗称"滚动支付"，该种合同一般仅确定履行期限或债务总额。一般认为该类合同即使仅明确履行期

---

① 参见云南省高级人民法院民事判决书，(2010) 云高民三终字第 62 号。

② 本办法所称建设工程质量保证金（保修金）是指发包人与承包人在建设工程承包合同中约定，从应付的工程款中预留，用以保证承包人在缺陷责任期内对建设工程出现的缺陷进行维修的资金。

限，在此期间产生的债权也基本能够确定，分期履行仅是总债务项下的具体履行方式，债务具有一定整体性，故其诉讼时效自最后一期履行期限届满之日起算。但是，如果合同中明确约定结算后付款的，诉讼时效从结算之日起算。

四、律师建议

为避免日后在民商事纠纷中因诉讼时效问题导致丧失胜诉权，公司可以采取如下措施：

1. 制定诉讼时效管理制度，完善催收责任制，保障制度落实。建立诉讼时效管理制度是规范时效最有效的办法，确保每一笔债权都配备管理人员，相应管理人员对每一笔债权建立催收档案，对每一笔债权都应当明确何时催收、何种方式催收，并对有效的催收证据逐一登记归档，确保在岗期间不发生诉讼时效丧失问题；如有工作变动的，需有书面交接清单，防止人员变动造成催收工作断档等。另外，为确保相应制度落实，公司也可制定相应的监督及惩罚措施。

2. 加强员工债权管理的意识。有的员工对于债权管理缺乏经验，公司应当给予相应业务培训，加强诉讼时效等方面法律知识的辅导与培训，使员工能更好地理解和掌握诉讼时效的知识点，知晓在日常工作中的注意事项，切实做好诉讼时效管理，确保债权不因超过诉讼时效而丧失胜诉权。

综上，诉讼时效期间的起算、中断效力的判断均需根据案件的具体情况予以确定，且诉讼时效在审判中的运用与各层法律关系相连接，具有一定的复杂性及不确定性。公司在经营过程中需注意建立有效的管理制度，加强对债权的管理，及时通过有效方式延长诉讼时效，切实维护自身合法利益。另外，还需注意，诉讼时效的期间、计算方法以及中止、中断的事由由法律规定，当事人约定无效，故也不得对诉讼时效利益预先放弃。

4 确认合同无效是否适用诉讼时效制度?

咨询问题 ▶▶

我公司于2018年与出租人签订了《租赁合同》,承租其位于某地的种植大棚一栋,期限为30年。合同签订后,我公司全额交纳租金并进行了装修,部分区域用于休闲居住。2021年,某县自然资源局向出租人下发了行政处罚告知书,确认其建设大棚房的行为违法,责令出租人退还非法占用土地,并将土地恢复原状。后大棚房被拆除。我公司拟起诉维权,要求确认双方的租赁合同无效,并要求出租人返还相关租赁费。

请问:我公司要求确认双方的租赁合同无效的请求是否受3年诉讼时效的约束?

律师答疑 ▶▶

民事权利受到侵害的权利人,在法定的诉讼时效期间内不行使权利,当时效届满时,债务人获得诉讼时效抗辩权。即在法律规定的诉讼时效期间内,权利人提出请求的,人民法院可强制义务人履行所承担的义务,而在法定的诉讼时效期间届满之后,权利人行使请求权的,人民法院不再予以保护。诉讼时效制度旨在维护既有事实状态,稳定既成的法律关系及法律后果。

一、诉讼时效的权利基础

最高人民法院《关于审理民事案件适用诉讼时效制度若干问题的规定》第1条规定了"当事人可以对债权请求权提出诉讼时效抗辩"。第5条第1款规定:"享有撤销权的当事人一方请求撤销合同的,应适用民法典关于除斥期间的规定。对方当事人对撤销合同请求权提出诉讼时效抗辩的,人民法院不予支持。"第7条第1款规定:"管理人因无因管理行为产生的给付必要管理费用、赔偿损失请求权的诉讼时效期间,从无因管理行为结束并且管理人知道或者应当知道本人之日起计算。"由此可见,诉讼时效只适用于请求权,而且是请求权中的债权请求权,包括合同债权请求权、侵权请求权、不当得利请求权、无因管理请求权、缔约过失请求权等;而不适用于支配权、形成权、抗辩权以及请求权中的物权请求权(排除妨害、消除危险、返还原物等)与占有保护请求权。

笔者认为,请求法院确认合同无效的权利属于形成权。同时,形成权又可以分为单纯形成权[①]和间接形成权。单纯形成权,是指依权利人单方意思表示就能使权利发生、变更、消灭,无须通过诉讼行使的形成权。间接形成权,又称形成诉权,是指需要通过向法院或者仲裁机构主张,才能使权利发生、变更、消灭的形成权。请求确认合同无效的权利即需要通过向法院或者仲裁机构主张才能实现,故此权利应属于间接形成权,不应适用诉讼时效的相关规定。在肖某洪与王某义等确认合同无效纠纷案[②]中,湖南省郴州市中级人民法院认为:"请求确认合同无效的权利行使不需要合同另一方的同意或给付,经权利人单方主张并由法院确认即可实现,其法律性质属于形成权,而诉讼时效适用于债权请求权,因此本案诉讼不受诉讼时效的限制。"

二、无效合同返还财产请求权是否适用诉讼时效

在本咨询问题中,租赁合同最终因为违反《土地管理法》等相关法律、法规规定而被认定为无效。那么,承租人要求出租人返还租金的诉求能否得到支持?此处主要涉及三个方面的法律问题:(1)该财产返还请求权的性质;(2)财产返还请求权是否适用诉讼时效;(3)如果适用诉讼时效,如何确定诉讼时效的起算点。

通常情况下,根据权利人知道或应当知道权利被侵害的时间不同,对诉讼时效的起算可做如下区分:

1. 合同签订时,权利人明知合同无效仍继续履行合同。在财产交付时,权利人就知道或应当知道其权利被侵害,此时返还财产请求权的诉讼时效应自财产交付时开始计算。返还义务人提出诉讼时效的抗辩应负举证责任,因合同无效造成的损失,义务人无过错的,则应由权利人承担。

2. 合同签订时,权利人并不知道合同存在无效情形而作为有效合同履行。若义务人能够举证证明在合同被判决或裁决确认无效之前,权利人就已知道或应当知道合同无效,则应从权利人要求返还并遭拒绝之次日起计算诉讼时效。若义务人无法证明的,则从合同被判决或裁决确认无效时开始计算诉讼

---

① 普通形成权在德国法学界被称为单纯形成权,王泽鉴教授将其译为单纯形成权。

② 参见湖南省郴州市中级人民法院民事判决书,(2021)湘10民终2693号。

时效。在马某华与王某泉确认合同无效纠纷案[1]中，山东省枣庄市中级人民法院认为："当事人请求确认合同无效不应受诉讼时效的限制。但合同经确认无效后，当事人关于返还财产等请求应当受诉讼时效限制，诉讼时效从确认合同无效后开始计算。故马某华起诉要求确认合同无效并返还财产的诉讼请求，没有超过法定诉讼时效，王某泉有关超过诉讼时效的上诉主张，本院不予支持。"

上述两种情形均适用于合同尚未完全履行的情况。而对于已经支付对价、履行完毕的无效合同，其返还请求权应作为一个特例给予时效的限制。由于我国现行法律对因合同无效提起诉讼没有时间限制，即使时隔多年当事人就无效合同起诉，法院也应受理并予以确认。对于违反法律、法规强制性规定或公序良俗的合同，由于其违法状态持续存在，因此，确认无效不应受时间的限制。

而对于已经履行完毕的无效合同，若将返还请求权诉讼时效自被确认无效时开始计算，则必然会推翻已经形成的社会关系和经济秩序，使法律关系长期处于不稳定状态，这是违背诉讼时效制度宗旨的，其结果将会使法院或仲裁机构投入大量精力去查明各种经济因素，从而确定返还财产的价值及损失数额，造成资源的浪费，同时也会在一定程度上纵容当事人恶意诉讼。因此，对于已经履行完毕的无效合同，权利人请求返还的诉讼时效应自合同履行完毕之日起进行计算。

三、租赁合同被认定为无效时，承租人能否主张损失

《民法典》第 157 条规定："民事法律行为无效、被撤销或者确定不发生效力后，行为人因该行为取得的财产，应当予以返还；不能返还或者没有必要返还的，应当折价补偿。有过错的一方应当赔偿对方由此所受到的损失；各方都有过错的，应当各自承担相应的责任。法律另有规定的，依照其规定。"最高人民法院《关于审理城镇房屋租赁合同纠纷案件具体应用法律若干问题的解释》第 7 条规定："承租人经出租人同意装饰装修，租赁合同无效时，未形成附合的装饰装修物，出租人同意利用的，可折价归出租人所有；不同意利用的，可由承租人拆除。因拆除造成房屋毁损的，承租人应当恢复原状。已形成附合的装

---

① 参见山东省枣庄市中级人民法院民事判决书，(2021)鲁 04 民终 1238 号。

饰装修物,出租人同意利用的,可折价归出租人所有;不同意利用的,由双方各自按照导致合同无效的过错分担现值损失。”第11条规定:“承租人未经出租人同意装饰装修或者扩建发生的费用,由承租人负担。出租人请求承租人恢复原状或者赔偿损失的,人民法院应予支持。”第12条规定:“承租人经出租人同意扩建,但双方对扩建费用的处理没有约定的,人民法院按照下列情形分别处理:(一)办理合法建设手续的,扩建造价费用由出租人负担;(二)未办理合法建设手续的,扩建造价费用由双方按照过错分担。”通常情况下,承租人可参照以上相关规定,决定是否有必要针对已经投入的相关装修花费,向出租方主张赔偿。

基于上文分析可知,因请求法院确认合同无效的权利属于形成权,故不适用诉讼时效之规定。而请求返还租金的诉求属于请求权,应该适用诉讼时效制度。

5 如何通过公司人格否认制度实现债权?

咨询问题 ▶▶

我公司与某公司互有业务往来,但该公司管理不规范,经常要求我公司直接付款至其股东的个人账户,而该公司也时常通过其股东账户向我公司支付货款。近期该公司经营状况不佳,存在逾期付款的情况。我公司向该股东主张欠款时,该股东却声称公司欠款与其个人无关。

请问:该股东的抗辩是否可以成立?我公司应如何实现自身债权?

律师答疑 ▶▶

一、公司人格否认制度

《公司法》第 3 条规定:"公司是企业法人,有独立的法人财产,享有法人财产权。公司以其全部财产对公司的债务承担责任。有限责任公司的股东以其认缴的出资额为限对公司承担责任;股份有限公司的股东以其认购的股份为限对公司承担责任。"该规定体现了《公司法》的基本原则,即公司法人人格独立和股东有限责任。有限责任意味着公司责任的不可转换性,即公司对其债权人承担的清偿责任通常并不会直接转变为股东责任。股东责任以其出资份额为上限,而非将股东个人财产与公司财产全部融为一体。因此,股东不会因公司经营不善承担个人财产被连带追偿的风险。

然而,有限责任制度也存在明显缺陷:股东作为公司的所有者,享有公司经营管理权,如果公司持续正常经营,股东往往能够获得超过其投资额的红利和收益。如果公司因经营不善发生亏损,股东却仅以出资额为限对公司债务承担责任,不足部分若由债权人承担,明显有失公正。此外,公司虽为独立法人,但公司股东也可能会利用有限责任制度损害公司利益,实现股东的个人利益。

为了防止股东滥用公司独立人格损害债权人利益,在维护公司人格独立的基础上,《公司法》第 20 条第 3 款规定:"公司股东滥用公司法人独立地位和股东有限责任,逃避债务,严重损害公司债权人利益的,应当对公司债务承担连带责任。”这一条款允许公司债权人在特定情况下直接请求股东偿还公司债务，使公司的有限责任变为股东的无限责任，也称“公司人格否认”或“刺破公司面纱”制度。这是指在某些特殊情况下，否认公司独立法人人格，由滥用公司法人人格的股东对公司债务承担连带责任。

二、公司人格否认制度适用标准

公司人格否认所产生的直接索赔权突破了法律对股东的有限责任保护，因此对于适用情形有着极为严格的限制。从公司法本身来看，否认公司独立人格需要同时具备两个要素：(1)股东实施了滥用公司法人独立地位和股东有限责任的行为逃避债务；(2)上述行为严重损害公司债权人利益。实践中各地法院适用标准不尽相同。2019 年最高人民法院《全国法院民商事审判工作会议纪要》(以下简称《九民纪要》)的第 10 条第 1 款针对公司人格否认制度的适用标准进行了明确：“认定公司人格与股东人格是否存在混同，最根本的判断标准是公司是否具有独立意思和独立财产，最主要的表现是公司的财产与股东的财产是否混同且无法区分。在认定是否构成人格混同时，应当综合考虑以下因素：(1)股东无偿使用公司资金或者财产，不作财务记载的；(2)股东用公司的资金偿还股东的债务，或者将公司的资金供关联公司无偿使用，不作财务记载的；(3)公司账簿与股东账簿不分，致使公司财产与股东财产无法区分的；(4)股东自身收益与公司盈利不加区分，致使双方利益不清的；(5)公司的财产记载于股东名下，由股东占有、使用的；(6)人格混同的其他情形。”结合司法实践，笔者对公司人格否认制度的适用标准归纳如下。

(一)公司是否具有独立人格

否认公司独立人格的前提是公司具有独立人格。公司人格是法律授予的，在该公司完全符合法定设立要件并依法登记后，法律即授予其人格。如果一家公司尚未成立，就未曾拥有独立人格，自然也就不存在否认人格之说。而对于取得独立人格但被依法取消的公司，法律已经对各方利益规定了特殊的救济方法，不需要适用公司人格否认制度。

(二)股东是否存在滥用公司独立人格的行为

根据司法实践，股东滥用公司独立人格的行为，可以总结为以下几类：

1. 公司资本显著不足

此处的资本显著不足，不仅指公司注册资金不到位、低于法定限额或是股东存在虚假出资、抽逃出资等情形，还包括公司的资产总额与其经营性质及风险不匹配。股东虚假出资、抽逃出资等情况在法律中有另行规定，在此不做赘述。《九民纪要》第12条规定："……股东利用较少资本从事力所不及的经营，表明其没有从事公司经营的诚意，实质是恶意利用公司独立人格和股东有限责任把投资风险转嫁给债权人……"在这种情况下，可以适用公司人格否认制度。

在王某进与史某兵、上海深赜企业发展有限公司（以下简称深赜公司）等股权转让纠纷案[①]中，上海市第一中级人民法院认为："史某兵利用较少的资本从事力所不及的经营，表明其并没有从事公司经营的诚意，实质上就是利用深赜公司独立人格和股东有限责任把投资风险转嫁给债权人王某进。"深赜公司已符合《九民纪要》项下"资本显著不足"的情形。

2. 公司与股东人格混同

公司与股东人格混同主要体现在财产混同，如股东的财产或账目与公司混在一起没有明确界限，股东为个人目的随意无偿使用、占有公司财产，公司财产没有完整记录等情况。财产混同违反了公司与股东财产严格分离的法律要求，也是股东侵害公司财产权的一种表现。公司变成了股东的"外壳"，在与交易相对人达成交易后，股东采取"金蝉脱壳"的方法将利润归为己有，违背了设立公司人格独立制度的初衷，应当否认公司人格，由股东承担公司债务。人格混同还会伴随公司业务和股东业务混同；公司员工与股东员工混同，特别是财务人员混同、公司住所与股东住所混同等情况。

3. 过度支配与控制

过度支配与控制意味着公司丧失决策独立性，彻底成为股东的工具，公司决策出发点变为"股东的利益"而非"公司的利益"。常见表现如股东代收款、主导经营行为、未经股东会决议即转移公司财产或其他损害债权人利益的行为。在北京斯普乐电线电缆有限公司与德州锦城电装股份有限公司（以下简称锦城公司）、天津市日拓高科技有限公司（以下简称日拓公司）股东损害公司债权人利益责任纠纷案[②]中，北京市第三中级人民法院认为，锦城公司在成为日拓公司一人股东的短短几个月内，将日拓公司的重要客户资源转让给自己，且没有日拓公司的股东书面决议或其他形式能证明系日拓公司独立决策，亦

---

① 参见上海市第一中级人民法院民事判决书，(2021)沪01民终4825号。

② 参见北京市第三中级人民法院民事判决书，(2019)京03民终2577号。

未支付任何对价。此不正当支配和控制的行为,难以认定具有正当目的,且使得日拓公司利益受损,符合过度控制的构成要件。在该种情况下,锦城公司应当就日拓公司债务承担连带责任。

公司人格否认制度的适用标准还包括股东的行为严重损害公司债权人利益。严重损害公司债权人利益最直接的评判标准是股东的滥用行为导致公司完全丧失债务清偿能力。换言之,公司人格否认制度仅在公司财产不足以清偿债务时方可使用。

需要注意的是,关于公司人格否认制度的举证责任,法院会基于案件的具体情况进行合理分配。在三亚嘉宸房地产开发有限公司与海马汽车集团股份有限公司股东损害公司债权人利益责任纠纷案[①]中,最高人民法院认为:“在审理法人人格否认案件时,考虑到债权人处于信息劣势而举证困难等因素,人民法院通常会根据上述规定合理分配举证责任,在债权人用以证明股东滥用公司法人独立地位和股东有限责任的证据令人产生合理怀疑的情形下,将没有滥用的举证责任分配给被诉股东。但上述举证责任调整的前提,应是作为原告方的债权人已举出盖然性的证据证明股东存在滥用公司法人独立地位和股东有限责任的行为以及由此产生了损害的结果,而不是当然的举证责任倒置。”

此外,只有实施了滥用法人独立地位和股东有限责任行为的股东才对公司债务承担连带清偿责任,而其他股东不应承担此责任。公司人格否认不是全面、彻底、永久地否定公司的法人资格,而只是在具体案件中依据特定的法律事实、法律关系,突破股东对公司债务不承担责任的一般规则,例外地判令其承担连带责任。

---

① 参见最高人民法院民事判决书,(2015)民二终字第85号。

6 票据遗失且过期，如何救济？若兑付不能，可否直接向前手主张合同债权？

咨询问题 ▶▶

某客户向我公司背书了一张票面金额为50万元的银行承兑汇票，用以支付相应的合同价款。后该票据被我公司会计不慎遗失，因会计没有及时汇报，导致我公司知悉票据遗失时已经超过票据到期日两年。经联系出票银行，该50万元仍然在银行账户上，其间一直无人兑付。但出票银行因我公司无法提供票据原件，拒绝向我公司兑付票据金额。

请问：票据到期两年后，是否必须先向法院申请公示催告程序，才能要求银行支付票据金额？如果票据未丢失但兑付不能，是否可以选择直接向前手主张合同债权？

律师答疑 ▶▶

票据权利，是指持票人向票据债务人请求支付票据金额的权利，而汇票的票据权利自票据到期日起二年不行使即消灭。根据《票据法》第18条的规定，持票人因超过票据权利时效而丧失票据权利的，仍享有民事权利，可请求出票人或承兑人返还其与未支付票据金额相等的利益。

一、公示催告程序和适用

根据《民事诉讼法》第225条及第226条的规定，合法持票人，因票据被盗、遗失或者灭失，可以向票据支付地的基层人民法院申请公示催告；法院决定受理申请后，将同时通知支付人停止支付并发出公告，催促利害关系人申报权利，公告的期间不少于60日。如果期间内无人申报的，法院将作出判决，宣告票据无效。自判决公告之日起，失票人即可以向支付人请求支付票据金额。由此可知，公示催告程序的申请人必须是“合法持票人”，如果发现失票时，票据已经超过票据权利时效，此时失票人就不再是“合法持票人”。

结合《票据法》第15条第3款：“失票人应当在通知挂失止付后三日内，也可以在票据丧失后,依法向人民法院申请公示催告,或者向人民法院提起诉讼。”及最高人民法院《关于审理票据纠纷案件若干问题的规定》第 24 条:“票据丧失后,失票人直接向人民法院申请公示催告或者提起诉讼的,人民法院应当依法受理”的规定可知,失票人向法院申请公示催告或向法院提起诉讼以主张返还票据权益是一种选择关系,而非前置关系。在广东金明精机股份有限公司(以下简称金明公司)与招商银行股份有限公司杭州钱塘支行票据利益返还请求权纠纷案①中,二审法院肯定了一审法院的观点,认为:“失票人向人民法院申请公示催告、向人民法院提起诉讼是选择关系,而不是前置关系。本案中,金明公司选择通过普通诉讼的方式进行救济,符合法律规定,本院予以准许。”在宣威市大亚建工集团有限公司(以下简称大亚公司)与江苏银行股份有限公司北京分行票据付款请求权纠纷案②中,北京市第三中级人民法院认为:“大亚公司向一审法院申请公示催告,但未于公示催告期间届满之日起一个月内提出除权判决申请而被终结程序,其可通过诉讼程序寻求失票救济。”上述法院都明确认可公示催告程序与票据利益返还请求权之诉之间的“选择关系”。

在本咨询问题中,持票人面临的情况是,遗失票据原件且票据权利过期。因票据权利过期并不导致持票人所享有的民事权利消灭,所以持票人无须事先申请公示催告(并且因丧失票据权利,其也无权申请公示催告),可以直接向出票行所在地法院提起诉讼,主张出票行返还票据利益 50 万元。

对于主张票据利益返还,笔者建议持票人从以下几个方面准备证据:

(1)持票人从前手获得票据所对应的合同、发票、送货(服务)凭证等,以证明持票人是根据真实交易而合法持有的票据;

(2)从第一手背书人到前一手背书人关于票据信息及票据背书情况的签章说明,以证明票据背书的连续性;

(3)票面及背书记录的复印件;

(4)证明持票人票据不慎遗失的相关证据,如报警记录等。

实务中,前一手背书人因与失票人存在交易往来,往往愿意向失票人出具情况说明。但其他前手,因与失票人没有商务往来,可能并不愿意配合出具书面说明,证明票据连续背书的情况。这种情形下,建议持票人可向法院主动申

---

① 参见浙江省杭州市中级人民法院民事判决书,(2020)浙 01 民终 10735 号。

② 参见北京市第三中级人民法院民事判决书,(2019)京 03 民终 15195 号。

请追加不愿意出具书面说明的其他前手作为第三人参与案件诉讼，最大限度地配合法院查清事实。否则，无论是提起公示催告程序，还是票据利益返还请求权之诉，法院均可能因无法查清票据背书的连续性和交易真实性，而难以支持失票人的请求。

二、合同债权请求权的行使

票据到期被拒付时，目前司法实务中普遍认为，持票人接受票据并不等同于合同之债已得到清偿，票据追索权及合同债权两种请求权存在竞合，持票人可就两项权利择一主张，当其中一项权利得以全部实现时，另一项权利才真正得以消灭。以买卖合同为例，买受人的主要合同义务为支付标的物对价，将票据背书给出卖人仅是给付标的物对价的一种形式，但票据的背书并不必然等同于出卖人实际取得了标的物对价。此外，在法律没有强制性规定的情况下，如裁判机关要求持票人必须优先主张票据权利，可能有违当事人意思自治之原则。再者，即便票据被拒付并非合同债务人的原因所致，但根据《民法典》第593条的规定，合同债务人因第三人原因造成违约的，也应承担违约责任，持票人可以合同债务人履行合同不符合约定为由要求其退票，并以其他方式给付合同价款。

在青岛青锻锻压机械有限公司（以下简称青锻公司）与东营晨辉机械制造有限公司（以下简称晨辉公司）承揽合同纠纷案①中，一审法院及二审法院东营市中级人民法院认为，“青锻公司为支付双方承揽合同中的欠款向晨辉公司交付了商业承兑汇票一张，但该汇票承兑人事实上已经拒绝承兑……晨辉公司并未实现该汇票上的支付功能，在承揽合同中并未实际获得相应价款。此时，晨辉公司作为出卖方及电子汇票持票人享有两种债权，即原因债权和票据债权。票据虽为支付工具，但取得票据并不完全等同于取得货币，存在可能不获付款的情形。因此，当事人如有明确的意思表示，约定交付票据后原因债权消灭，债权人只能行使票据债权，不能行使原因债权。当事人意思不明时，原因债权与票据债权并存，原因债权并不消灭。本案中，双方并未约定交付票据后原因债权即消灭，因此不能直接以票据的交付来认定双方合同权利义务消灭……晨辉公司可依据承揽合同原因债权向青锻公司主张权利”。

---

① 参见山东省东营市中级人民法院民事判决书，（2021）鲁05民终1855号。

三、持票人诉讼策略的选择

合同债务人仅为合同的相对方，而出票人、承兑人、背书人、保证人等各方负有票据义务的人均为票据债务人，持票人可在法定期限内对一人或数人行使追索权。从最大程度保障权益实现的角度考虑，持票人可综合各前手的偿付能力、法院管辖、诉讼成本、是否存在担保等因素，确定票据追索权之诉的一个或数个被告；一般而言，笔者不建议将票据的全部前手均列为被告，如法院诉讼文书送达不畅则可能会造成诉讼进度的延缓。

《全国法院民商事审判工作会议纪要》中明确要求，票据纠纷中法院应严格审查票据前后手之间的票据行为及基础法律关系，在保护合法票据权利的同时，严格规制前后手之间的非票据行为，并反复强调非票据行为不享有票据权利。持票人行使票据权利的前提是在票据上进行有效的签章，如持票人并非基于票据行为而获得票据，则应选择合同法律关系主张权利。以金融机构的贴现义务为例，金融机构之间办理票据转贴现业务，但双方无票据背书行为的，则仅成立合同关系。

此外，应警惕出票人、前手可能存在的票据犯罪行为，如出票人可能涉嫌的票据诈骗或非法融资行为、无资质民间机构存在的违法贴现行为。因一旦涉及民刑交叉问题，则相关票据纠纷的民事诉讼将会被法院中止审理甚至被驳回起诉，此时，持票人应在发现票据兑付不能后尽快选择行使合同债权请求权，向前手主张退票并以其他方式给付合同价款。

7 总承包单位代为偿付农民工工资后,如何追偿?

咨询问题 ▶▶

2020 年 3 月,我公司将总承包的土建与安装工程分包给了某公司。同年 9 月,因该公司及其分包单位在施工过程中拖欠农民工工资,致使农民工向有关部门进行投诉、举报等。同年 11 月,本工程所在地人力资源和社会保障局要求我公司承担清偿责任。

请问:我公司应当如何向分包单位追偿?

律师答疑 ▶▶

总承包单位依据《保障农民工工资支付条例》(以下简称《工资支付条例》)中关于施工总承包单位需清偿分包人所拖欠的农民工工资的规定,为分包单位清偿了其所拖欠的农民工工资后,拟向分包单位进行追偿的,总承包单位需从代付行为的必要性、合法性,代付款项的真实性,以及在分包过程中无过错予以举证。

一、代付主体的确认

近年来,为进一步提升工程建设质量和效益,国家大力推行工程总承包模式。2016 年 5 月公布的《关于进一步推进工程总承包发展的若干意见》提出优先采用工程总承包模式。2017 年 2 月 21 日公布的《关于促进建筑业持续健康发展的意见》要求加快推行工程总承包,按照总承包负总责的原则,落实工程总承包单位在工程质量安全、进度控制、成本管理等方面的责任。同时,《工资支付条例》规定,施工总承包单位、分包人对于农民工工资支付负有直接责任,且施工总承包单位对分包人欠付的农民工工资的支付负清偿责任。但《工资支付条例》仅明确施工总承包单位应当对分包人拖欠的农民工工资进行清偿,未明确工程总承包单位承担清偿责任。在工程总承包模式下的工程总承包单位需对代付的必要性、主体的适当性作出说明。

在工程总承包模式之下,工程总承包单位与建设单位直接签订合同并直接从建设单位处收取工程款，负责整个项目的全面管理。2021 年 7 月 7 日公布的《工程建设领域农民工工资专用账户管理暂行办法》中明确，总承包单位是指从建设单位承包施工任务，具有施工承包资质的企业，包括工程总承包单位、施工总承包企业、直接承包建设单位发包工程的专业承包企业。另外，《建筑工人实名制管理办法（试行）》中亦明确，总承包企业（包括施工总承包、工程总承包以及依法与建设单位直接签订合同的专业承包企业，下同）对所承接工程项目的建筑工人实名制管理负总责，分包企业对其招用的建筑工人实名制管理负直接责任，配合总承包企业做好相关工作。

前述相关办法均对施工总承包单位的范围进行了扩大，明确与建设单位直接签订合同的总承包单位对农民工工资专用账户管理、工人实名制管理负总责。参照前述办法，工程总承包单位与其管理的施工总承包单位共同对农民工工资支付负相应的主体责任，也符合《工资支付条例》关于“保障农民工按时足额获得工资”的基本原则，故笔者认为工程总承包企业系适格的代付主体。

二、代付行为的追偿

就本咨询问题而言，为实现总承包单位代付后的追偿，需要证明其代付行为的真实性，包括分包单位拖欠农民工工资的事实，以及总承包单位清偿金额与其拖欠金额一致。对此，总包单位可收集人力资源和社会保障部门依其职权进行询问形成的询问笔录、农民工花名册、考勤、工资支付等文件。除此之外，还需提供工资领用表、代付协议，以及向农民工支付的银行转账记录等，证明总承包单位已实际向农民工代付相应工资。

总承包单位进行追偿的方式主要有直接要求分包单位支付，或以公司未付工程款进行抵扣两种，具体选择方式主要根据总承包单位是否有未付给分包单位的工程款而定。

（一）如有未付工程款的，可通过抵销的方式予以追偿

结合《民法典》第 568 条：“当事人互负债务，该债务的标的物种类、品质相同的，任何一方可以将自己的债务与对方的到期债务抵销；但是，根据债务性质、按照当事人约定或者依照法律规定不得抵销的除外。当事人主张抵销的，应当通知对方。通知自到达对方时生效。抵销不得附条件或者附期限。”及第 569 条：“当事人互负债务，标的物种类、品质不相同的，经协商一致，也可以抵

销”的规定，抵销的方式有相互协商抵销或直接行使法定抵销权。如分包单位配合协商抵销的，双方签署相关抵销协议即可。如分包单位不配合协商抵销，可直接行使法定抵销权的，可在代付后及时发函通知分包单位，明确代付款项的事实，以及代付款项与未付的工程款进行抵扣的意思表示。

（二）如已结算完毕，可直接向分包单位主张代付款项

在此种情况下，如分包单位拒绝支付款项的，还可以通过诉讼方式进行追偿。届时，总承包单位除需证明代付的合法性以及代付金额的真实性外，还需确认总承包单位对分包单位是否有过错。需注意的是，如总承包单位存在过错，将存在无法全额追偿的风险。司法实践中，法院对总承包单位是否有过错的认定，一般从该等过错是否导致合同无效进行分析。结合最高人民法院《关于审理建设工程施工合同纠纷案件适用法律问题的解释（一）》第1条和第3条的规定，可能导致施工合同无效的情形有：(1)未取得建筑施工企业资质订立的施工合同；(2)超越建筑施工企业资质订立的施工合同；(3)借用建筑施工企业资质订立的施工合同；(4)转包工程订立的施工合同；(5)违法分包工程订立的施工合同；(6)应当招标而未招标订立的施工合同；(7)中标无效订立的施工合同；(8)未取得建设工程规划许可证订立的施工合同。

因此，对于总承包单位是否能够全额追偿，还需根据分包单位资质情况、总承包单位与分包单位签订的合同效力等进行综合分析。如法院认定总承包单位确有过错并要求总承包单位承担相应责任，该种责任承担的具体方式主要有两种情形：(1)要求总承包单位自行承担由此支付的律师费、诉讼费、交通费等直接损失；(2)要求总承包单位承担代付金额一定比例的费用，该等比例将按照总承包单位的过错程度综合确定，一般为20%、40%、50%不等。

另外，如分包单位拒绝向总承包单位清偿款项或以各种不合理要求拖延清偿的，总承包单位还应当注意对分包单位代付款项追偿的诉讼时效问题。

三、律师建议

《工资支付条例》实施前，在合法发包和分包中，总承包单位是否有义务垫付农民工工资，需根据总承包单位是否有因拖欠工程款致使分包人拖欠农民工工资的情况而定。而《工资支付条例》实施后，无论总承包单位是依法分包还是违法分包或转包、是否拖欠分包人工程款，只要分包人拖欠农民工工资，总承包单位均承担先行清偿责任。由此可见，该规定不但加重了总承包单位

的负担,同时也对总承包单位的分包单位选择以及现场管理提出了更高要求。

在中建三局集团有限公司西北分公司(以下简称中建三局西北公司)与胡某刚、湖北中里程建筑工程劳务有限公司(以下简称中里程公司)、雷某平建设工程分包合同纠纷再审案①中,陕西省高级人民法院认为:"中建三局西北公司作为涉案富力湾项目总包合同的实际履行主体,其对中里程公司违法分包事实及中里程公司存在拖欠农民工工资等情况明知,对违法分包持放任态度,且在中里程公司未足额支付农民工工资情况下,与中里程公司进行结算,致使发生欠付农民工工资问题,依照《保障农民工工资支付条例》第三十条规定,应由中建三局西北公司先行清偿。"

综上,笔者对总承包单位提出如下建议:首先,对分包单位进行资信调查。由于实践中建设工程施工领域存在大量挂靠现象,且挂靠的实际施工人往往不具有施工资质,在施工过程中容易出现分包单位在项目亏损时卷款跑路,导致拖欠农民工工资的恶性事件。因此,总承包单位在选择分包单位时应当对其经营许可和资质、注册资金、人员结构、施工技术、安全施工管理、财务报表、纳税情况、工程业绩、涉诉情况等方面进行考察,并严格禁止挂靠、转包等情形。其次,总承包单位还应严格按照《工资支付条例》的要求进行项目管理,具体包括:总承包代发制度、农民工工资专用账户、用工实名制管理制度、工资保证金制度和现场维权公示制度,并对自身的管理情况进行实时监督,以有效管控风险。

---

① 参见陕西省高级人民法院民事判决书,(2021)陕民申695号。

8 总、分公司在诉讼中的法律地位如何确定？法律责任如何承担？

咨询问题 ▶▶

我公司与 Y 公司的分公司签署了《买卖合同》及补充协议。现该分公司未支付货款，我公司致函 Y 公司要求其支付款项，但 Y 公司回复称我公司与其分公司签订合同，并由其分公司实际履行，与 Y 公司无关，且其分公司有一定偿付能力，因此应由分公司自行承担责任。现我公司拟通过诉讼方式主张债权。

请问：我公司应当如何主张权利？

律师答疑 ▶▶

如分公司取得了营业执照，则其能以自己的名义从事民事活动，其对外签订的合同应为有效，且取得了营业执照的分支机构可以作为独立的诉讼主体参加诉讼，故诉讼中可直接起诉依法取得营业执照的分公司。但分支机构不具备独立的法人资格，其民事责任最终应由其所属的总公司承担，故诉讼中当事人亦有权要求总公司承担责任。对于诉讼主体的选择，还需根据案件管辖以及具体案件中分公司的履行能力等综合分析。

一、分公司的主体资格

《民法典》第 74 条规定："法人可以依法设立分支机构。法律、行政法规规定分支机构应当登记的，依照其规定。分支机构以自己的名义从事民事活动，产生的民事责任由法人承担；也可以先以该分支机构管理的财产承担，不足以承担的，由法人承担。"《公司法》第 7 条第 1 款规定："依法设立的公司，由公司登记机关发给公司营业执照。公司营业执照签发日期为公司成立日期。"第 14 条规定："公司可以设立分公司。设立分公司，应当向公司登记机关申请登记，领取营业执照。分公司不具有法人资格，其民事责任由公司承担。公司可以设立子公司，子公司具有法人资格，依法独立承担民事责任。"据此可知，公司可以成立分公司，且分公司具有一定的独立性，分公司自取得登记机关颁发的营业执照之日起，即可以自身名义从事民事活动，享有对外签订合同的主体资格，故本咨询问题中，与 Y 公司分公司签署的合同当属有效。

《民事诉讼法》第 51 条规定，公民、法人和其他组织可以作为民事诉讼的当事人。其中，其他组织，是指合法成立、有一定的组织机构和财产，但又不具备法人资格的组织，包括依法设立并领取营业执照的法人的分支机构。最高人民法院《关于适用〈中华人民共和国民事诉讼法〉的解释》第 53 条规定，法人非依法设立的分支机构，或者虽依法设立，但没有领取营业执照的分支机构，以设立该分支机构的法人为当事人。

因此，判断分公司是否具备民事诉讼主体资格，需根据该分公司是否依法设立或是否领取营业执照进行判断。如分公司依法设立并领取营业执照，则是民事诉讼的适格主体。

二、诉讼主体的选择

虽然领取营业执照的分支机构可以自己的名义对外从事民事活动，但由于分公司没有独立出资人，其财产隶属于总公司，经营权限也基于总公司的概括授权，其本质属于法人的组成部分。故如前所述，依据《民法典》第 74 条的规定，分公司以自己的名义从事民事活动，产生的民事责任可由法人承担，也可以先以该分公司管理的财产承担，不足以承担的，由法人承担。

从诉讼成本的角度考虑，笔者建议在起诉时将总、分公司列为共同被告一并起诉。对于当事人而言，判断应当仅起诉分公司还是应当一并起诉总公司，可根据分公司是否具有足够的履行能力、管辖法院选择等进行分析，具体为：

1. 若分公司有足够的财产承担责任，也可以选择仅起诉分公司。如分公司无足够的财产承担或分公司财产是否足够承担责任难以判断时，建议将分公司和总公司列为共同被告。

2. 如双方签订的协议中已有效约定争议解决方式，则应由约定的法院或仲裁机构管辖。如未约定或约定无效的，可根据规定选择分公司、总公司或合同履行地法院进行诉讼或仲裁。

根据上述分析，若存在不便将总公司一并作为共同被告或分公司确有足额资产等相关情形的，也可选择仅将分公司作为诉讼主体。后续如发现分公司财产不足的，仍可根据最高人民法院《关于民事执行中变更、追加当事人若干问题的规定》第 15 条的规定，申请追加总公司为被执行人，执行总公司的财产或总公司其他分支机构的财产进行补救。在朱某民、张某、陈某旺与哈尔滨市益民房地产开发有限责任公司、黑龙江省宏林建筑工程有限公司(以下简称宏林公司)买卖合同纠纷案[①]中,最高人民法院认为:“虽然《还款担保协议》由宏林公司第六分公司签订,但张某并未将宏林公司第六分公司作为被告,而是直接将宏林公司作为被告起诉,张某的起诉并未违反民事诉讼法的相关规定……宏林公司第六分公司作为宏林公司的分支机构在本案中并非必须参加诉讼的当事人,一、二审判决并未遗漏诉讼主体。”即若存在不便将分公司一并作为共同被告等相关情形的,也可选择仅将总公司作为诉讼主体。

需要注意的是,当并不符合前述条件时,原告有权对诉讼主体进行选择。中国人民银行在《关于中国人民保险公司分支机构诉讼主体资格的说明的函》和《关于对商业银行分支机构民事责任问题的复函》中明确,“凡因保险合同发生纠纷诉诸法院解决的,签订保险合同的分支机构应该作为诉讼主体起诉或应诉”;“商业银行的分支机构在总行授权范围内开展业务时,与其他公民、法人和其他组织发生纠纷引起民事诉讼的,应以分支机构作为诉讼主体,而不应以其总行作为诉讼主体”。因此,该类民事诉讼中,分支机构应作为民事诉讼的当事人参加诉讼并独立承担责任。

三、总、分公司法律责任承担

如对总、分公司一并提起诉讼,总公司应当承担直接责任还是承担补充责任?就目前实践中的司法裁判来看,法院一般判决总公司承担直接或补充责任的依据在于分公司是否领取营业执照,具体为:(1)当分公司为非法设立或未领取营业执照等情形时,因分公司本身不具备民事诉讼主体资格,法院一般会判决由总公司直接承担相应的责任;(2)当分公司为依法设立且已领取营业执照时,因分公司本身为适格民事诉讼主体,法院一般将按照《民法典》第74条之规定,由分公司先以其财产承担责任,不足部分由总公司承担补充责任。

对本咨询问题而言,Y公司的分公司取得了营业执照,其可以作为独立的诉讼主体参加诉讼,存在法院判决总公司承担补充责任的可能。届时,当事人在实现债权过程中将存在先后顺序,即需先向分公司主张债权,在分公司的财产不足以清偿债务时,才能向总公司主张债权,这将给当事人实现债权增加难度和成本。基于此,可考虑在诉讼过程中适度调查分公司财产情况及总、分公

---

① 参见最高人民法院民事判决书,(2016)最高法民申80号。

司之间的管理模式,如能够证明分公司无财产或存在其他不具有支付能力的情形,可请求法院直接判决由总公司承担相应责任。

四、其他问题

根据前述分析,分公司在符合一定条件下具有主体资格及诉讼主体资格,具有一定的独立性,但其仍属于总公司的分支机构,其营业执照核准经营的范围是总公司对分公司授权经营的范围。在与分公司开展业务时,需注意审查分公司营业执照登记的经营范围,或总公司对分公司的授权委托书、授权的范围,明确分公司业务范围,如超出总公司的授权范围或超出经营范围的,需由总公司另行出具授权委托书。超过经营范围且未取得总公司授权的,如要求总公司承担责任,还需分析分公司的该种行为是否构成表见代理,将增加相应的举证责任。

另外,还需要特别注意要求分支机构提供担保的情形。根据相关规定,公司对外提供担保,必须以公司股东(大)会、董事会等公司机构的决议作为授权的基础和来源,故在要求分支机构提供担保时需注意取得总公司股东(大)会或者董事会的相关决议。

从另一角度来看,在总、分公司经营模式下,总公司存在因分公司经营行为而被动参加诉讼的可能性,甚至可能会承受由分公司责任导致的直接或补充责任风险。基于此,为避免总公司承担分公司相关责任,总公司应加强对分公司承担债务、对外签约等法律行为的管理。除此之外,总公司也可考虑从源头上规避该种风险,如将总、分公司的经营模式变更为母、子公司。当然,公司经营模式的选择需全面考虑具体业务等内容,从而进行综合决策。

综上,在合同相对方为分公司时,当事人应综合分公司的具体经营情况、资产状况、管辖法院等因素选择诉讼主体。当然,如不存在其他考虑因素的,笔者还是建议一并将总公司作为共同被告进行诉讼,以增加实现债权的可能性。

9 《保障中小企业款项支付条例》能否作为裁审依据？违反该条例的合同条款是否无效？

咨询问题 ▶▶

我公司属于行业内比较有实力的大型企业，但下设的很多子公司并不属于大型企业。与供应商签署的合同中，约定的账期和付款条件都比较有利于我公司一方。但自2020年9月1日《保障中小企业款项支付条例》（以下简称《款项支付条例》）正式实施后，许多供应商都援引这个条例的规定向我公司催款，而置双方合同约定于不顾，并且认为双方合同中关于付款期限的约定违反了《款项支付条例》，应属无效。

请问：《款项支付条例》中大型企业和中小型企业是如何划分的？《款项支付条例》可否作为法院、仲裁机构的裁审依据？违反《款项支付条例》的合同条款是否必然无效？

律师答疑 ▶▶

一、《款项支付条例》的适用对象及大中小型企业的划分

《款项支付条例》第2条、第3条规定，机关、事业单位和大型企业采购货物、工程、服务支付中小企业款项均应当遵守《款项支付条例》，并明确不属于国务院批准的中小企业划分标准的企业均属大型企业。目前国务院所批准的中小企业的划分标准的规范性文件为《中小企业划型标准规定》和《统计上大中小微型企业划分办法(2017)》，以不同行业作区分，主要从从业人员、营业收入、资产总额三个方面进行划分，并依具体合同订立时的企业规模类型确定。

二、企业自身或合同相对方的规模发生变更，是否影响《款项支付条例》的适用及合同的履行

由于企业的经营发展状况具有较大的不确定性，合同签署后，企业规模很有可能会发生变化，从而导致企业在签署合同时为中小型企业，但履行期间变

更为大型企业(或大型企业变为中小企业)。但根据《款项支付条例》第 3 条的规定,企业的定性应依合同订立时的企业规模类型确定。同时,因双方当事人签订合同时,已经共同对合同价款的支付条件、期限等进行了确认,为维护交易稳定,双方当事人本就应当按照原合同的约定继续履行。因此,无论从法律规定角度,还是从保护交易稳定原则出发,合同履行期间企业自身或合同相对方的规模发生变更,并不影响《款项支付条例》的适用,也不应影响已生效合同的履行。

三、大型企业下属子公司是否当然被认定为大型企业

虽然子公司处于受母公司实际控制的地位,但根据《公司法》第 14 条的规定,子公司处于受母公司实际控制的地位,但子公司具有独立的法人资格、以自己的名义对外从事经营活动,并对外独立承担法律责任。即便公司属于大型企业,但笔者仍然倾向认为,大型企业的下属子公司(或股权上有控制关系的关联公司)并不当然属于大型企业,应结合合同订立时各个子公司的从业人员、营业收入、资产总额、企业规模类型来判断其企业类型,从而判断是否适用《款项支付条例》的规定。

四、《款项支付条例》是否能作为裁审依据以及违反《款项支付条例》的合同条款的效力

最高人民法院《关于裁判文书引用法律、法规等规范性法律文件的规定》第 4 条规定,民事裁判文书对于应当适用的行政法规、地方性法规或者自治条例和单行条例,可以直接引用。《款项支付条例》的发文机关为国务院,属于行政法规,法院或仲裁机构可以将其作为裁判文书中的裁审依据。

依据《民法典》第 153 条的规定,违反法律、行政法规的效力性强制性规定的合同无效。虽然《款项支付条例》中未明确规定与之相违背的合同条款均无效,但基于《款项支付条例》所规范的内容是机关、事业单位、大型企业向中小企业付款的行为,从优化营商环境的立法目的来看,笔者倾向认为,若合同相关条款违反《款项支付条例》的内容,则应当认定为无效。合同条款无效的情况下,机关、事业单位及大型企业仍应当按照《款项支付条例》的规定向中小企业履行支付合同款项的义务。

在息县粮食和物资储备局(以下简称粮食局)与河南玺鑫房地产开发有限

公司(以下简称玺鑫公司)委托纠纷案[①]中,粮食局与玺鑫公司(中小型企业)就某项目地块房屋征收职工安置补偿事宜签署了《协议书》,约定由粮食局委托玺鑫公司全权代理该项目的土地出让、拆迁安置等相关工作,同时约定期间所产生的相关费用由玺鑫公司全额垫资。《协议书》签署后长达3年的时间里,该粮食局既不告知拆迁安置款支付的情况,也不垫支拆迁补偿安置款,同时也不与玺鑫公司就账目进行结算。后玺鑫公司提起诉讼,主张项目垫支款及资金占用损失,粮食局以账目未通过审计且合同未约定付款期限为由予以抗辩,并认为不应承担合同未约定的资金占用损失。河南省信阳市中级人民法院认为:"……《保障中小企业款项支付条例》第七条第二项规定,政府投资项目所需资金应当按照国家有关规定确保落实到位,不得由施工单位垫资建设……机关事业单位从中小企业采购货物、工程服务,交付之日起30日内支付款项;合同另有约定的,付款期限最长不得超过60日……原告据此请求被告偿还垫支款2059463元及赔偿资金占用费的损失请求本院予以支持……"

同时,实务中亦有较多案例参照《款项支付条例》第15条的规定,调整该类合同中的逾期利息。在亳州市鑫元建筑劳务有限公司与亳州市亚强架业租赁有限公司建设工程合同纠纷案[②]中,二审法院安徽省亳州市中级人民法院认为:"案涉合同第七条约定逾期支付工程款按应付款日1‰的标准支付违约金,亚强公司依据该条诉求利息。上述计付标准显然过高……本院参照《保障中小企业款项支付条例》第十五条规定,酌定亚强公司诉求的利息损失以欠付款总额563000元为基数按日利率万分之五计付。"

五、中小企业的主动告知义务及逾期付款公示、惩戒措施

《款项支付条例》第3条规定,中小企业与机关、事业单位、大型企业订立合同时,应当主动告知其属于中小企业。《款项支付条例》中未明确中小企业未主动告知的情况是否会影响合同的签订及履行,目前也尚未出台任何司法解释或指导性案例就该问题进行认定。但因中小企业的人员规模、营业收入、资产总额等信息无法从公开渠道完全获知,基于公平原则,也不应苛以大型企业在订立每份合同时调查每一个交易对象企业规模的义务。所以,笔者倾向认为,对于没有主动履行告知义务的中小企业,即便与之签署的合同条款违反

---

① 参见河南省信阳市中级人民法院民事判决书,(2020)豫15民终5051号。

② 参见安徽省亳州市中级人民法院民事判决书,(2021)皖16民终648号。

了《款项支付条例》,但并不必然导致合同条款无效。

为保障中小企业应收账款的及时入账及债权的实现,《款项支付条例》要求大型企业将逾期未向中小企业支付款项的合同数量及金额等相关信息纳入年度报告,并通过企业信用信息公示系统进行公示。此外,对于不履行及时向中小企业付款义务的大型企业,中小企业可以向省级以上人民政府负责中小企业促进工作综合管理的部门进行投诉,对于拖欠款项情节严重的,受理投诉的部门可将失信信息纳入全国信用信息共享平台并实施相关失信惩戒措施。基于此,相比关注诉讼、仲裁程序中对于合同条款效力的认定,笔者希望公司更加重视违反《款项支付条例》规定所可能产生的行政处罚后果,一旦行政主管部门就违规行为采取失信惩戒措施,将对公司的生产经营产生更为严重的影响。

综上,《款项支付条例》的立法主要目的在于纠正一些政府部门、大企业利用自身优势地位"以大欺小"的行为,防范该类单位或企业恶意拖欠中小企业合同款项,保障中小企业能够及时收到合同款项。作为机关、事业单位、大企业,在争取合同优势地位的同时亦应兼顾公平原则,遵守《款项支付条例》的相关规定,避免合同条款被认定为无效,从而导致自身承担逾期付款的违约责任。作为中小企业,应注意在订立合同时主动向合同相对方披露自身的企业性质,在机关、事业单位或大型企业出现恶意拖欠的情形时,应注意积极沟通协商,协商无果时亦可通过《款项支付条例》赋予的除诉讼仲裁外的救济渠道,及时进行维权。

10 一般违法失信企业以及严重违法失信企业如何划分？与“失信被执行人”有何区别？

咨询问题 ▶▶

某招投标项目的招标文件中，明确不接受“严重违法失信企业”的投标，我公司作为投标人进行了投标。然而，我公司曾因某产品以次充好的质量问题被处以约8万元的行政罚款（约为产品金额的50%），故该项目的招标人在资格预审中，就因此否决了我公司的投标资格。该招标项目对我公司很重要，希望有相应的法律依据向招标人提出异议。

请问：一般违法失信企业以及严重违法失信企业是怎么划分的，有没有法律依据支持？“违法失信”与法院执行程序中的“失信被执行人”有什么区别？

律师答疑 ▶▶

一、“严重违法失信行为”与“一般违法失信行为”的划分

现行有效的法律法规中，明确了企业“严重违法失信”行为范围的主要为国家发展和改革委员会办公厅《关于进一步完善“信用中国”网站及地方信用门户网站行政处罚信息信用修复机制的通知》（发改办财金〔2019〕527号，以下简称527号文）及《市场监督管理严重违法失信名单管理办法》（国家市场监督管理总局令第44号，以下简称44号文）。根据527号文第1条及44号文第2条的规定，企业的严重失信行为可以归纳为以下几个方面：

（1）因严重损害自然人身体健康和生命安全的行为被处以行政处罚的信息；因严重破坏市场公平竞争秩序和社会正常秩序的行为被处以行政处罚的。

（2）在司法机关、行政机关作出裁判或者决定后，因有履行能力但拒不履行、逃避执行，且情节严重的行为被处以行政处罚的。

（3）因拒不履行国防义务、危害国防利益、破坏国防设施的行为被处以行政处罚的信息。

（4）依照行政处罚裁量基准，按照从重处罚原则被处以罚款的。

(5)被降低资质等级,吊销许可证件、营业执照。

(6)被限制开展生产经营活动、责令停产停业、责令关闭、限制从业的。

(7)其他法律、法规、规章明确规定构成情节严重的或经行政处罚决定部门认定的涉及严重失信行为的行政处罚。

企业其他性质较轻、情节轻微、社会危害程度较小的违法失信行为,一般应认定为一般违法失信行为。

综上,本咨询问题中,公司虽曾因产品质量问题受到了处罚,但处罚结果并不涉及44号文第2条规定的被降低资质等级,吊销许可证件、营业执照,或被限制开展生产经营活动、责令停产停业、关闭或限制从业等情形。即便被处以了一定的罚款,但就罚款幅度而言,还不足以被认定为"从重处罚"。44号文第13条同时规定:"市场监督管理部门在作出行政处罚决定时应当对是否列入严重违法失信名单作出决定"。如主管机关仅作出行政处罚决定,而未另行作出决定将公司纳入严重违法失信企业名单,则也可以说明主管机关未将上述行为认定为"严重违法失信"的情形。

二、司法程序中的"失信被执行人"与"违法失信"之间的区别

(一)实行惩戒的机关以及适用情形不同

对于"违法失信"行为,惩戒机关一般为政府行政管理机关。而失信被执行人,通常是指有履行能力而不履行生效法律文书确定的义务,而被法院纳入失信被执行人名单的企业或个人,是司法程序中被法院处以信用惩戒的一种手段。

根据最高人民法院《关于公布失信被执行人名单信息的若干规定》(以下简称《失信被执行人信息若干规定》)第1条的规定,有下列情形之一的,人民法院应当将其纳入失信被执行人名单:(1)有履行能力而拒不履行生效法律文书确定义务的;(2)以伪造证据、暴力、威胁等方法妨碍、抗拒执行的;(3)以虚假诉讼、虚假仲裁或者以隐匿、转移财产等方法规避执行的;(4)违反财产报告制度的;(5)违反限制消费令的;(6)无正当理由拒不履行执行和解协议的。

(二)公示期限不同

纳入失信被执行人名单的期限为2年,被执行人以暴力、威胁方法妨碍、抗拒执行情节严重或具有多项失信行为的,可以延长1~3年。

而就"违法失信"行为而言,涉及一般失信行为的行政处罚信息自行政处

罚决定之日起，在信用网站最短公示期限为3个月，最长公示期限为1年。涉及严重失信行为的行政处罚信息自行政处罚决定之日起，在信用网站最短公示期限为6个月，最长公示期限为3年。最长公示期限届满的，信用中国、全国企业信用信息公示系统等官方信用网站将撤下相关信息，不再对外公示。

（三）信用信息修复、删除方式和适用情形不同

《失信被执行人信息若干规定》第10条规定，具有如下情形的法院才应删除相应的失信被执行信息：(1)被执行人已履行生效法律文书确定的义务或人民法院已执行完毕的；(2)当事人达成执行和解协议且已履行完毕的；(3)申请执行人书面申请删除失信信息，人民法院审查同意的；(4)终结本次执行程序后，通过网络执行查控系统查询被执行人财产两次以上，未发现有可供执行财产，且申请执行人或者其他人未提供有效财产线索的；(5)因审判监督或破产程序，人民法院依法裁定对失信被执行人中止执行的；(6)人民法院依法裁定不予执行的；(7)人民法院依法裁定终结执行的。

如需删除或修复"一般违法失信"信息，修复申请人按要求向信用网站或行政处罚决定机关提供相应已履行行政处罚的材料，公开做出信用修复承诺即可；如需删除或修复"严重违法失信"信息，修复申请人除按"一般违法失信"的修复要求提交材料外，还应按照国家发展和改革委员会办公厅、中国人民银行办公厅《关于对失信主体加强信用监管的通知》（发改办财金〔2018〕893号）的要求，主动参加信用修复专题培训，并向信用网站提交信用报告。

（四）实施惩戒及管理的措施不同

对于纳入严重违法失信企业名单的企业，主要从行政管制角度采取相应的管制措施：(1)被主管市场监督管理部门列为重点监督管理对象；(2)被列入严重违法失信企业名单的企业的法定代表人、负责人，3年内不得担任其他企业的法定代表人、负责人；(3)将无法通过"守合同重信用"企业公示活动申报资格审核；(4)将不被授予相关荣誉称号。

而对于被纳入"失信被执行人"名单的企业，更多的是对企业及其法定代表人、主要负责人、实际控制人等采取限制高消费的措施，诸如：(1)禁止乘坐飞机、列车软卧、轮船二等、G字头动车等交通工具；(2)禁止在星级以上宾馆、酒店、夜总会、高尔夫球场等场所进行高消费；(3)禁止购买不动产或者新建、扩建、租赁高档装修房屋；(4)禁止支付高额保费购买保险理财产品；等等。

尽管一般的违法失信情形可能并不会影响企业参与一些项目的招投标业

务经营,但如果企业已经面临被法院纳入失信被执行人名单的情况,其实际的信用状况可能远严重于“违法失信”所规定的标准,相信不仅在招投标活动中难以通过招标人的资格预审或被授予中标资格,而且会严重影响企业的日常经营活动。因此,企业诚信合规经营才是长远之道,才能从根本上提高企业的综合竞争力。